W0254705

ALLE·ZEIT·WACH
1842

Florian Matthes

Persistente Objektsysteme

Integrierte Datenbankentwicklung und Programmerstellung

Mit 39 Abbildungen

Springer-Verlag
Berlin Heidelberg New York
London Paris Tokyo
Hong Kong Barcelona
Budapest

Florian Matthes
Universität Hamburg
Fachbereich Informatik
Vogt-Kölln-Str. 30
D-22527 Hamburg

ISBN-13:978-3-540-56581-9

Die Deutsche Bibliothek – CIP-Einheitsaufnahme
Matthes, Florian: Persistente Objektsysteme: integrierte Datenbankentwicklung und Programmerstellung / Florian Matthes. – Berlin; Heidelberg; New York; London; Paris; Tokyo; Hong Kong; Barcelona; Budapest: Springer, 1993
ISBN-13:978-3-540-56581-9 e-ISBN-13:978-3-642-84948-0
DOI: 10.1007/978-3-642-84948-0

Satz: Reproduktionsfertige Vorlage vom Autor mit Springer TEX-Makros
33/3140-5 4 3 2 1 0 – Gedruckt auf säurefreiem Papier

Vorwort

Unter dem Begriff der *Persistenten Objektsysteme* werden komplexe Anwendungen zusammengefaßt, die aufgrund ihrer langen Lebensdauer, ihrer Nähe zu Endbenutzern und ihrer Sicherheitsanforderungen auf ein hohes Maß an Unterstützung durch externe Diensterbringer angewiesen sind. Beispiele kommerzieller Diensterbringer sind Objektspeicher, Transaktionsmonitore, Datenbanksysteme, Generatoren für graphische Benutzerschnittstellen oder generische Dienste zur Kommunikation zwischen verteilten Objekten. Bislang sind derartige Diensterbringer weitgehend unabhängig voneinander entwickelt worden und können nur über historisch gewachsene, schmale Schnittstellen miteinander kommunizieren.

Die Qualität zukünftiger persistenter Objektsysteme wird jedoch entscheidend durch die Flexibilität, Effizienz und Korrektheit *im Zusammenspiel* der Objekte dieser verschiedenartigen *generischen Dienste* und weniger durch die Leistungsfähigkeit einzelner isolierter Systemkomponenten bestimmt.

In diesem Buch wird im Detail die persistente polymorphe Programmierumgebung *Tycoon*[1] beschrieben, die eine Verbesserung der Qualität persistenter Objektsysteme dadurch erreicht, daß der Anteil der stereotypen, untypisierten Programmiertätigkeiten erheblich reduziert werden kann (verglichen etwa mit C, Modula-2 oder C++ Lösungen).

Konkret bietet das Tycoon System spezielle sprachliche und architekturelle Unterstützung für die vollständig transparente Verwaltung *langlebiger Daten- und Programmobjekte*, die mengenorientierte Verarbeitung von (benutzerdefinierten) Kollektionen, die Implementierung generischer Bibliotheken und die typsichere Anbindung externer Systemsoftware (z.B. SQL Datenbanken oder Fenstersysteme).

Das Buch beschreibt die zentralen Komponenten des Tycoon Systems nicht nur aus der Sicht des programmierenden Anwenders, sondern vermittelt auch Einblicke in die interne Systemarchitektur sowie die Algorithmen und Formalismen zur Analyse und Übersetzung generischer persistenter Programme. Schließlich enthält der Text substantielle Beispiele für die Konstruktion generischer Bibliotheken und Beispiele objekt-orientierter, funktionaler und relationaler Programmiertechniken in Tycoon.

[1] *Tycoon:* Typed communicating objects in open environments.

Das Tycoon Projekt wurde an dem von Herrn Prof. J.W. Schmidt geleiteten Arbeitsbereich "Datenbanken und Informationssysteme (DBIS)", Universität Hamburg, im Herbst 1990 begonnen und wird in erheblichem Umfang durch das ESPRIT *basic research* Projekt FIDE (*Fully Integrated Data Environments*) gefördert. Zum Zeitpunkt der Manuskripterstellung existieren Systemimplementierungen auf Sun Sparc, DEC Mips und IBM Power Architekturen. Portierungen des Tycoon Systems auf Macintosh und IBM Rechner sind geplant.

Kapitel 1 und 2 des Buches stellen existierende Sprachen und Systeme zur Programmierung persistenter Objektsysteme vor und erarbeiten gemeinsame Modellierungs- und Strukturierungsanforderungen für modellunabhängige Datenbankprogrammierumgebungen. Sie bieten dem Leser einen Überblick über bisherige Forschungs- und Entwicklungsarbeiten auf diesem Gebiet, die jedoch nicht unbedingt für das Verständnis des übrigen Textes erforderlich sind.

Kapitel 3 gibt einen knappen Modell- und Systemüberblick des Tycoon Systems und erläutert das eng verzahnte Zusammenspiel der Tycoon Systemkomponenten, dessen Details in nachfolgenden Kapiteln genauer vorgestellt werden.

Kapitel 4 und 5 bilden eine in sich abgeschlossene, schrittweise Einführung in TL (*Tycoon Langauge*), die integrierte System- und Anwendungsprogrammiersprache des Tycoon Systems. TL ist eine strikt typisierte, polymorphe Programmiersprache höherer Ordnung, die eine adäquaten Formulierung der bei der Definition, Integration, Erweiterung und Benutzung generischer Datenbankdienste benötigten Systemkomponenten gestattet.

Kapitel 6 und Anhang A.5 beschreiben die Typregeln (die statische Semantik) der Sprache TL. Zusammen mit der TL Syntax in § A.1 enthalten diese Kapitel alle Informationen, die zu einer vollständigen, unzweideutigen Sprachdefinition benötigt werden. Kapitel 6 ist so organisiert, daß auch Leser, die noch nicht mit den Formalismen der Typtheorie vertraut sind, einen Einblick in das TL Sprachmodell erhalten.

Kapitel 7 und 8 widmen sich internen Protokollen des Tycoon Systems, die für den Anwendungsprogrammierer nicht direkt sichtbar sind. Kapitel 7 definiert die Daten- und Programmrepräsentation und die Evaluationssemantik einer untypisierten Zwischensprache, TML (*Tycoon Machine Language*), die neben einer effizienten statischen Zielkodegenerierung insbesondere Portabilität, Interoperabilität in heterogenen Umgebungen und weitreichende dynamische Optimierungen von TL Programmen analog zur Anfrageoptimierung in Datenbanksystemen unterstützt. Kapitel 8 und § C.3 definiert ein datenmodellneutrales Objektspeicherprotokoll, TSP (*Tycoon Store Protocol*), das TML Evaluatoren eine Abstraktion von operationalen Speicherqualitäten wie Zugriffsgeschwindigkeit, Speicherrückgewinnung, Persistenz, nebenläufiger Zugriff, Fehlererholung oder Verteilung gestattet.

Kapitel 9 und Anhang B illustrieren den Einsatz des Tycoon Systems für innovative Problemlösungen auf dem Gebiet der Datenbankprogrammierung. Dazu gehört einerseits die Entwicklung neuartiger generischer Dienste (Iteratoren in § 9.1 und generische Parser in § 9.5) sowie die typsichere Einbettung existierender generischer Dienste (Fensterbibliotheken in § 9.3 und kommerzielle SQL Datenbanken in § 9.4).

An dieser Stelle möchte ich mich bei Joachim Schmidt für die vielfältige Förderung meiner Arbeit, die überaus stimulierende Atmosphäre innerhalb des Arbeitsbereiches DBIS und die fruchtbaren fachlichen und persönlichen Kontakte bedanken. Das im Arbeitsbereich DBIS erreichte hohe Niveau an internationaler wissenschaftlicher Zusammenarbeit und die ausgezeichneten technischen Arbeitsbedingungen haben diese Arbeit ganz entscheidend gefördert.

Weiterhin danke ich speziell Malcolm Atkinson, Catriel Beeri, Peter Buneman, Alex Borgida, Richard Connor, Giorgio Ghelli, Richard Hull, Ron Morrison, David Stemple und Fernando Velez für ihr Interesse am Thema dieser Arbeit und ihre konstruktive Kritik an meinen Ideen. Die Erläuterungen von Atsushi Ohori während eines dreimonatigen Aufenthalts in Hamburg waren von großer Hilfe zum Verständnis der Formalismen der Typtheorie. Mein Ideal einer effizienten und typsicheren Datenbankprogrammierumgebung wurde entscheidend durch die theoretischen und praktischen Arbeiten von Luca Cardelli geprägt. Herrn Professor Goos danke ich für konkrete Hinweise sowohl zur Verbesserung der Präsentation des vorliegenden Materials als auch zur fachgebietsübergreifenden Einordnung des Tycoon Projekts in seiner Gesamtheit.

Die Implementierung des Tycoon Systems und seiner inzwischen beachtlichen Zahl generischer Bibliotheksmodule wurde erst durch den engagierten Einsatz von Studenten und Diplomanden am Arbeitsbereich DBIS ermöglicht. Mein Dank geht daher an Bernd Mathiske (TL nach TML und TML nach C Übersetzer), Gerald Schröder (Tycoon Compilerwerkzeuge), Sven Müßig und Folker Kirch (generische graphische Benutzerschnittstellen), Claudia Niederée und Petra Münnix (Iterationsabstraktionen und transaktionsorientierte Integritätskontrolle), an Marcel Kornacker (dynamische SQL Schnittstelle) und nicht zuletzt an Andreas Rudloff für seine Unterstützung bei der NSE Versionsverwaltung.

Bei Helen Brodie möchte ich mich schließlich herzlich für ihre ständige tatkräftige Hilfe nicht nur bei der Bearbeitung englischer Texte bedanken.

Florian Matthes

Palo Alto, Kalifornien
Februar 1993

Inhaltsverzeichnis

1. Einführung und Motivation

Der Begriff *persistente Objektsysteme* bezeichnet eine Klasse von Softwaresystemen, die ihren Benutzern einen flexiblen, problemadäquaten und sicheren Umgang mit großen Mengen langlebiger Objekte unterschiedlichster Art ermöglichen.

Solche Softwaresysteme werden häufig auch als "Informationssysteme" oder einfach als "datenintensive Anwendungen" oder "Datenbankprogramme" bezeichnet. Da in diesem Buch die sprachlichen und architekturellen Grundlagen für die effiziente und sichere Programmierung von komplexen Informationssystemen und weniger die klassischen Aspekte der Systemanalyse oder dese Datenbankentwurfs im Vordergrund stehen, erscheint der eher technische Begriff *persistente Objektsysteme* als vorteilhafter.

Technologische und marktwirtschaftliche Entwicklungen erfordern den zunehmenden Einsatz von persistenten Objektsystemen für Anwendungen mit neuartigen Objekttypen, wie Texte (elektronische Post, Volltextrecherche, "intelligente" Textverarbeitung), zwei- oder dreidimensionale Grafiken (graphische oder geographische Informationssysteme), digitalisierte Rasterbilder (Bild- und Zeichensatzdatenbanken, Telefaxbearbeitung, Schrifterkennung), digitalisierte Töne ("Sprachpost") oder gar kurze, komprimierte Bildsequenzen (Präsentationssoftware, Bildsequenzanalyse). Gleichzeitig werden persistente Objektsysteme in substantiell veränderten (PC-basierten, interaktiven, vernetzten, verteilten, teil-autonomen) Gesamtsystemen eingesetzt [Blaser 90; Cattell 91; Balzer, Mylopoulos 91].

1.1 Anforderungen an persistente Objektsysteme

Zusätzlich zu den klassischen Aufgaben der Anwendungsprogrammierung im Großen (Modularisierung, Parameterisierung, Generalisierung) ist der Entwickler eines persistenten Objektsystems mit folgenden Aufgaben konfrontiert, die gleichzeitig als eine Charakterisierung peristenter Objektsysteme verstanden werden können (vgl. [Zdonik, Maier 89; Atkinson et al. 90; Stonebraker et al. 90]).

Persistente Datenspeicherung: In persistenten Objektsytemen steht die Manipulation der Zustände komplex strukturierter, langlebiger, eventuell durch mehrere Programme gleichzeitig genutzter Datenobjekte im Vordergrund des Interesses. Viele persistente Objektsysteme profitieren zusätzlich von der Möglichkeit, Programmobjekte ("Methoden") als gleichberechtigte Datenobjekte langlebig zu speichern, gemeinsam zu nutzen und zu modifizieren.

Generische Programmierung: Persistente Objektsysteme sind durch immer wiederkehrende algorithmische und strukturelle Muster (mengenorientierte Anfragen, Konsistenzbedingungen, generische Datenstrukturen) gekennzeichnet. Zahlreiche kommerzielle Werkzeuge setzen daher Generatortechnologien ein, um stereotype Programmfragmente (Formulardefinitionen, Formatkonvertierungen, Sortieroperationen, Benutzerinteraktionen, Konsistenzüberprüfungen, Iterationen, ...) aus parametrisierbaren hochsprachlichen Beschreibungen automatisch abzuleiten.

Externe Kommunikation: Das Schlagwort "Offene Systemarchitekturen" besitzt in persistenten Objektsysteme eine besondere Bedeutung, da zahlreiche der zu manipulierenden persistenten Objekte unter der Kontrolle externer, unabhängig entwickelter Systemprogramme stehen, die nur über wohldefinierte Schnittstellen auf verschiedensten Abstraktionsebenen manipuliert werden können. Typische Beispiele sind Eingabe- und Ausgabemedien (Bildschirm, Tastatur, Maus, Scanner, Audiokanäle, ...), Dateien und externe Datenbankobjekte (Objekte, Tupel, Fakten). Umgekehrt ist es erforderlich, aus verschiedenen Programmiersprachen und Werkzeugen heraus Methoden eines Objektsystems zu aktivieren, um externe Aktionen basierend auf dem persistenten Zustand des Objektsystems zu steuern.

Fig. 1.1 stellt die so verstandene grundlegende Struktur persistenter Objektsysteme symbolisch dar. Sie sollen es erlauben, eine Datenbankanwendung durch die koordinierte Manipulation zahlreicher heterogener Objekte auf verschiedenartigen Medien (D: Datenbankobjekte, P: Programmobjekte, B: Bildschirmobjekte, etc.) in einem unifizierenden sprachlichen Rahmen zu realisieren und dabei die Funktionalität existierender oder neu zu definierender generischer Diensterbringer maximal auszunutzen.

1.2 Ansätze zur Verbesserung der Qualität persistenter Objektsysteme

Die inzwischen allgemein anerkannten Defizite traditioneller Systemprogrammiersprachen (wie C, Modula-2 oder C++) bei der Lösung der oben genannten Aufgaben (vgl. [Atkinson, Bunemann 87; Kim, Lochowsky 89; Cattell 91; Bancilhon 91]) haben die Entwicklung des in diesem Buch beschriebenen Tycoon Systems motiviert[1].

[1] *Tycoon:* Typed communicating objects in open environments.

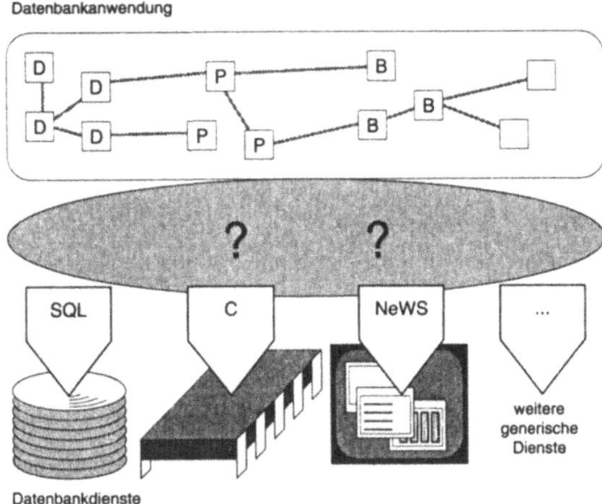

Fig. 1.1. Die grundlegende Struktur persistenter Objektsysteme

Das Tycoon System ist eine integrierte Programmierumgebung, die einen problemangepassten *sprachlichen und architektonischen Rahmen* für die Entwicklung persistenter Objektsysteme bietet.

Zahlreiche detaillierte Entwurfsentscheidungen im Tycoon System werden durch konkrete Erfahrungen am Arbeitsbereich DBIS der Universität Hamburg bei der Realisierung und langrfristigen Nutzung der Datenbankprogrammiersprache DBPL und ihres Mehrbenutzerdatenbanksystems in den Jahren 1987 bis 1991 motiviert. Kapitel 2 beschreibt, welche weiteren Erfahrungen beim Einsatz anderer Datenbanksprachen in den Entwurf des Tycoon Systems eingeflossen sind.

Bevor in den späteren Kapiteln auf konkrete Systemaspekte eingegangen wird, sollen zunächst im Rest dieses Abschnitts die drei im Tycoon System verfolgten konzeptuellen Ansätze zur Verbesserung der Qualität persistenter Objektsysteme hervorgehoben werden.

Leistungsfähige Benennungs-, Bindungs- und Typisierungsmechanismen

Eine Schlüsselaufgabe in jedem Softwarewerkzeug ist die Benennung semantischer Objekte, wie etwa Attribute, Relationen, Datenbanken, Sichten, Programmvariablen, Funktionen, Transaktionen, Anwendungsprogramme, Bibliotheksroutinen, Typen, Konstanten, Methoden oder Klassen. Dabei sind häufig Benennungsschemata zu unterstützen, die eine dynamische assoziative oder navigierende Objektidentifikation erlauben, wie sie z.B. durch Schlüssel und Objektidentifikatoren in Datenbanksystemen oder durch hierarchische Verzeichnisstrukturen in Betriebssystemen geboten werden [Schmidt 78; Atkinson, Morrison 88; Abiteboul, Kanellakis 89; Sebesta 89; Dearle 89; Schmidt, Matthes 91b].

Eine Vereinheitlichung dieser Benennungsmechanismen verspricht

- die Vermeidung redundanter Deklarationen für "identische" semantische Objekte in verschiedenen Werkzeugen. So werden z.B. strukturelle Typinformationen im Datenbankschema, bei der Definition von Programmvariablen, bei der Beschreibung von Bildschirmmasken oder bei der Protokolldefinition in Rechnernetzen benötigt;

- den Austausch semantisch reichhaltiger identifizierbarer Objekte (z.B. Tupel, Mengen, Funktionen) über Werkzeug- und Systemschnittstellen hinweg;

- die Wiederverwendbarkeit und Kombinierbarkeit individuell benennbarer Objekte kleiner Granularität wie z.B. benannte Sichten, Transaktionen oder Bibliotheksfunktionen.

Vereinheitlichte Benennungsmechanismen erlauben darüber hinaus die Orthogonalisierung der namensbezogenen Bindungs-, Lebensdauer- und Typisierungskonzepte. Von besonderem Interesse sind dabei die Konzepte der Typorthogonalität [Hull, Su 89], der orthogonalen Persistenz [Atkinson, Bunemann 87] und der uniformen Abstraktion durch Parametrisierung [Harland 84]. Gerade für die zahlreichen repetitiven Aufgaben datenintensiver Anwendungen ist die Möglichkeit zur Schematisierung nicht nur von Algorithmen durch Wert- und Funktionsparameter sondern auch von Datenstrukturen durch Typ- und Typoperatorparameter von besonderem Interesse.

Die leistungsfähigsten Typsysteme gegenwärtig existierender Sprachen wie z.B. C++ [Stroustrup 86], Modula-3 [Nelson 91], Eiffel [Meyer 88], Trellis [Schaffert et al. 86], SML [Milner et al. 90] oder Haskell [Hudak 89], sind stark auf spezialisierte Modellierungsparadigmen (z.B. strikt objekt-orientierte Programmierung in Eiffel und Trellis oder funktionale Programmierung in SML und Hakell) ausgerichtet. Diese Systeme werden nur bedingt den speziellen Modellierungsanforderungen datenintensiver Anwendungen gerecht und schränken die Offenheit gegenüber existierenden Diensterbringern unnötig ein.

Sprachen der vierten Generation wie Ingres-4GL [Ingres Corporation 90b], PL-SQL [Oracle Corporation 91] oder CO_2 [Lécluse, Richard 89] demonstrieren eindrucksvoll die konzeptionellen Vereinfachungen, die durch die im vorangegangenen Punkt geforderte uniforme Uniformität der Behandlung von Objekten auf verschiedenen Medien (*objects on disk, objects in memory, objects on screen*) erreichbar sind. Andererseits sind in diesen Sprachen und Systemen erhebliche Defizite bei der Sprachunterstützung für die Lösung komplexerer Programmieraufgaben oder gar für die Integration anderer generischer Dienste (z.B. CAD Datenstrukturen und die auf ihnen definierten Operatoren) festzustellen.

Vergleichbarkeit der Anforderungen von System- und Anwendungsprogrammierung

Im Anbetracht der geforderten Offenheit und Erweiterbarkeit der Tycoon Systemumgebung ist der Nutzen der in Sprachen der vierten Generation besonders ausgeprägten statischen Trennung zwischen Systemkomponenten und Applikationskomponenten eines Informationssystems in Frage zu stellen.

Neben den allgemein akzeptierten Vorteilen modularer und strikt typisierter polymorpher Programmierung (Korrektheit, Erweiterbarkeit, Robustheit, Wiederverwendbarkeit, s. z.B. [Meyer 88; Meyer 90]) verspricht die Homogenisierung von Datenbankapplikations- und Systemprogrammiersprachen zusätzliche Vorteile, die durch die Erkenntnis motiviert werden, daß die *Datenbanksystemprogrammierung selbst eine datenintensive Aufgabe* darstellt (s.a. [Matthes, Schmidt 91b]):

- Datenbanksysteme müssen große Mengen komplex strukturierter Metadaten in Datenwörterbüchern persistent, fehlererholend und mehrbenutzerfähig speichern (Namen, Bindungen, Strukturinformationen, Zugriffsrechte, Lokalitätsinformationen etc.);
- Datenbanksysteme benutzen intern hochgradig generische Datenstrukturen (Hashtabellen, B-Bäume, Freispeicherlisten, Graphen für lokale und globale Transaktionswartebeziehungen oder Abhängigkeitsbeziehungen zwischen Benutzerzugriffsrechten etc.), die gegenwärtig nur unzureichend durch die eingesetzten Systemprogrammiersprachen wie C oder Modula-2 unterstützt werden;
- Zahlreiche Komponenten eines Datenbanksystems (z.B. zur Anfrageauswertung oder zur Fehlererholung durch kompensierende Transaktionen) implementieren mit großem Aufwand (durch variante Records und umfängliche Fallunterscheidungen) eine Funktionalität, die adäquater durch (persistente) Funktionen höherer Ordnung erreicht werden könnte;
- Speziell in erweiterbaren Datenbanksystemen werden hohe sprachliche Anforderungen an die Schnittstelle zwischen Applikationsprogrammen und Systemprogrammen gestellt. Gegenwärtige treten an dieser Schnittstelle die Defizite der in Systemen wie Postgres, Starburst oder ORION [Stonebraker 90] zur Systemimplementierung verwendeten Programmiersprachen in Form unzureichender Typkompatibilitätsprüfungen, inadäquater Parametrisierung- und Benennungsmöglichkeiten und eines hohen Konvertierungsaufwandes zwischen interner und externer Datenrepräsentation zu Tage.

Abstrakte, formal definierte Zwischenrepräsentationen

Erfahrungen mit existierenden Datenbankprogrammierumgebungen zeigen, daß ihre Komplexität wesentlich durch die Definition stabiler interner Systemschnittstellen zur Entkopplung der dem Programmierer sichtbaren sprachlichen Abstraktionen von den sie unterstützenden Implementierungsmechanismen reduziert werden kann. Diese Trennung unterstützt in besonderem Maße

- die Offenheit der Systemumgebung durch Schnittstellen zur flexiblen Integration existierender Diensterbringer wie z.B. C-Compiler zur Zielkodegenerierung oder Objektspeicherungssysteme zur persistenten Datenspeicherung;

- die Skalierbarkeit der Systemfunktionalität durch das Hinzufügen zusätzlicher "Vermittlungsdienste" unterhalb der für den Programmierer sichtbaren Sprachebene (Datenkonvertierung, Kontrolle von Zugriffsrechten, Lokalitätskontrolle, Parallelitätskontrolle, Kommunikationsdienste);

- die Portierbarkeit von Applikationen und Systemkomponenten auf substantiell verschiedene Hardware- und Softwareplattformen;

- die Verwaltung multipler langlebiger Programmrepräsentationen (zusätzlich zu Quelltext und Objektkode), die den Einsatz optimierender *reflektiver* Analyse- und Transformationsalgorithmen gestatten. Neben Compilern, Debuggern und Datenbankbrowsern gehören auch Anfrageoptimierer zu dieser Klasse von Algorithmen. Sie wählen z.B. basierend auf Informationen über Anfrageprädikate für eine gegebene Funktionsapplikation (z.B. mengenwertige Selektion) eine geeignete Funktionsimplementierung (z.B. durch indizierten Schlüsselzugriff).[2]

[2]Eine radikale Generalisierung dieses Konzeptes zu einer "intelligenten", eigendynamischen Zuordnung von Klienten zu "geeigneten" Diensterbringern in global vernetzten Informationssystemen finden sich in Arbeiten auf dem Forschungsgebiet "Intelligent Information Systems" [Balzer, Mylopoulos 91].

2. Sprachen und Systeme zur Programmierung persistenter Objektsysteme

Durch die Betonung der Bedeutung sprachlicher Abstraktionsprinzipien für die Programmierung persistenter Systeme steht das Tycoon System in der Tradition der *Datenbankprogrammiersprachen.* Im ersten Teil dieses Kapitels wird daher zunächst eine überblicksartige Bestandsaufnahme datenbankspezifischer Benennungs-, Bindungs-, Typisierungs- und Abstraktionskonzepte anhand existierender Datenbankprogrammiersprachen gegeben, soweit diese zum Verständnis und zur Einordnung der Tycoon Sprache TL erforderlich erscheinen.

Der zweite Teil dieses Kapitels stellt die Architekturen typischer *Datenbankprogrammierumgebungen* vor und untersucht ihre relativen Stärken und Schwächen. Diese Analyse motiviert die Entwicklung der grundlegend veränderten Tycoon Systemarchitektur und die Ausgestaltung seiner internen Protokolle.

2.1 Datenbankprogrammierung: Sprachen und Konzepte

Datenbankprogrammiersprachen entstehen durch die konzeptionelle Integration von Datenbankmodellen und algorithmisch vollständigen Programmiersprachen. Sie leisten damit einen Beitrag zur Realisierung adäquater Entwicklungsumgebungen für datenintensive Anwendungen.

Motiviert wird diese Integration einerseits durch die inzwischen allgemein klar erkannte Diskrepanz zwischen mengenorientierter, deklarativer Datenverarbeitung in Datenbanksystemen und dem elementorientierten, prozeduralen Paradigma konventioneller Programmiersprachen (*impedance mismatch*). Darüber hinaus gibt es jedoch noch weitere Unverträglichkeiten wesentlicher Konzepte in Datenbankmodellen und Sprachen zur Anwendungsprogrammierung; Beispiele hierfür sind Benennbarkeits- und Strukturierungsmechanismen sowie Bindungszeitpunkte und Methoden zur Lebensdauerkontrolle (*competence mismatch*). Diese Inkompatibilitäten führen nicht nur zu oft beklagten Performanzverlusten an der Schnittstelle zwischen Wirtsprache und Datenbanksystem, sondern erzwingen vor allem redundante Deklarationen und aufwendige repetitive Konvertierungsoperationen auf niedrigem Abstraktionsniveau, die hohe Folgekosten im gesamten Lebenszyklus der Applikationsprogramme nach sich ziehen.

Zur Überwindung dieser konzeptionellen Schwierigkeiten bieten Datenbankprogrammiersprachen (DBPLs) linguistische Unterstützung auf drei Ebenen:

Persistenzabstraktion durch die uniforme sprachliche Behandlung flüchtiger sowie langlebiger Datenobjekte;

Typvollständigkeit unter besonderer Berücksichtigung von Massendaten (*bulk data types*);

Iterationsabstraktion z.B. durch quantifizierte Prädikate, mengenwertige Ausdrücke, Funktoren oder unifikationsbasierte Datendeduktion.

Ausgehend von ersten Arbeiten Mitte der 70er Jahre [Schmidt 77] wird die rasche Entwicklung dieses Forschungsgebiets durch zahlreiche Veröffentlichungen, Workshops [Bancilhon, Buneman 87; Hull et al. 89; Kanellakis, Schmidt 91; Rosenberg, Koch 89; Dearle et al. 90] und nicht zuletzt durch evaluierbare Systeme und Produkte dokumentiert. An dieser Stelle wird lediglich eine grobe Klassifikation in drei Hauptentwicklungslinien von Datenbankprogrammiersprachen vorgenommen sowie eine Einführung in Konzepte und einige realisierte Sprachen gegeben. Die angegebene Literatur, insbesondere [Atkinson, Bunemann 87; Schmidt, Matthes 90], ermöglichen eine tiefergehende Auseinandersetzung mit dem Thema.

2.1.1 Typorientierte Datenbankprogrammiersprachen

Eine wesentliche Sprachfamilie läßt sich durch ihre Ausrichtung an wohlverstandenen Konzepten prozeduraler Programmiersprachen charakterisieren (statische, blockstrukturierte Sichtbarkeitsregeln, statische, strikte Typüberprüfung, Typkonstruktoren, Parametrisierung, Modularisierung).

Mitglieder dieser Klasse sind die *Relationalen Datenbankprogrammiersprachen* (z.B., Pascal/R [Schmidt 77], Plain [Wasserman et al. 81], Rigel [Rowe, Shoens 79], Modula/R [Koch et al. 83], Modulex [Alagic 88], DBPL [Matthes, Schmidt 89]) mit Pascal-ähnlichen Sprachen als algorithmischen Kern, der um Relationstypen und mengenorientierte Operationen auf typisierten Relationenvariablen erweitert ist. Darüber hinaus existieren Mechanismen zur Deklaration von persistenten Daten und zur Definition von Transaktionen. Das in Fig. 2.1 dargestellte Beispiel in der Datenbankprogrammiersprache DBPL [Schmidt, Matthes 91c] illustriert die Vorteile eines solchen Ansatzes: Für Programmierer sind die zugrundeliegenden Sprachkonzepte wie Typisierung, Modularisierung und Parametrisierung bereits bekannt, und die (meist kalkülorientierten) Anfragesprachen sind leicht zu erlernen. Gleichzeitig gestatten die relational vollständigen mengenorientierten Anfragesprachen, die eng mit den übrigen Ausdrücken der Sprache verwoben sind, eine effiziente, dynamisch optimierende Implementierung.

```
from EmpDB import EmployeeRel;
transaction HireYoung(var E: EmployeeRelType);
begin
   if all e in E (e.age <25) then
EmployeeRel:+ E
   else
PrintEmployees({each e in E: e.age>=25});
   end
end HireYoung;
```

Fig. 2.1. Eine Transaktion in der Datenbankprogrammiersprache DBPL

Durch konsequente Anwendung des aus Programmiersprachen bekannten Orthogonalitätsprinzips bieten moderne Vertreter dieser Sprachfamilie *integrierte* Modellierungs- und Manipulationsmechanismen, wie sie beispielsweise in den historisch unabhängig voneinander entstandenen Datenmodellen für komplexstrukturierte Objekte und deduktive Datenbanken getrennt vorliegen. So werden etwa Strukturen wie die des NF^2-Modells durch das Prinzip der freien Schachtelung von Record-, Varianten-, Array- und Relationenkonstruktoren definierbar. Durch Lambda-Abstraktion und Parametrisierung von Anfrageausdrücken erreicht man die Ausdrucksmächtigkeit von Anfragesprachen mit stratifizierter Fixpunktsemantik. Entkoppelt man schließlich noch die Lebensdauer eines Datenobjektes von seinem Typ, so können auch nicht-relationale Strukturen (z.B. eine boolesche Variable oder eine Matrix) persistent gehalten werden [Schmidt, Matthes 91a].

Die Klasse der ebenfalls stark typorientierten *persistenten Programmiersprachen* (PS algol [Atkinson et al. 81], Napier88 [Dearle et al. 89], Amber [Cardelli 86a], P-Quest [Müller 91; Matthes 91]) konzentrierte sich zuerst auf den Aspekt der Langlebigkeit beliebigstrukturierter Datenobjekte. Ausgehend von dem Modell eines *persistent heap* können in diesen Sprachen alle semantisch relevanten Objekte (Records, Funktionen, abstrakte Datentypen, Module, Zeiger, ...) dynamisch in einem globalen, programmübergreifenden Adressraum alloziert und manipuliert werden. Alle Objekte, die transitiv von einem ausgezeichneten Wurzelobjekt (*persistent root*) durch statische Sichtbarkeitsreglen oder dynamische Bindungen erreichbar sind, werden langlebig gespeichert und stehen anderen Programmen (durch Navigation ausgehend von dem Wurzelobjekt) zur Verfügung. Das Konzept der orthogonalen Persistenz erfordert einen generalisierten Bindungsbegriff, der es Anwendungsprogrammen gestattet, dynamisch Bindungen an bereits existierende Datenstrukturen auf der persistenten Halde zu erzeugen und bestehende Bindungen wieder zu lösen [Dearle 89]. Eine große konzeptionelle und technologische Herausforderung stellt in diesem Zusammenhang die Balance zwischen statischer Typsicherheit und dynamischer Bindungsflexibilität dar, ein Problem, das sich ebenfalls in modernen Systemprogrammiersprachen (Modula-3 [Nelson 91]) und Sprachen für verteilte Anwendungen (Hermes [Strom et al. 91]) stellt.

Da auch Module und Anwendungsprogramme Bestandteil der persistenten Halde sein können, ist es möglich, Aufgaben von spezialisierten Werkzeugen, wie Schema- oder Formular-Editoren, Linker, Bibliotheks- oder Versionsmanager (*make*), durch die Mechanismen der Datenbankprogrammiersprache zu lösen.

Noch weitgehend unerforscht ist die Mächtigkeit der *reflektiven* Aspekte dieser Sprachfamilie. In der einfachsten Form bieten diese Systeme die Möglichkeit eines *callable compiler*, der Quelltexte (z.B. ad hoc Anfragen) in Funktionen übersetzt, die dynamisch zu dem in Ausführung befindlichen Programm gebunden werden. Dieser Mechanismus (*run time reflection*) wird z.B. erfolgreich zur Übersetzung von Kalkülanfragen in geschachtelte Schleifen eingesetzt [Cooper, Qin 89] und prototypisch für die typstrukturgesteuerte Generierung von Applikationsprogrammen benutzt [Kirby 92]. Eine andere Form der Reflektion (*compile time reflection*) erlaubt die Erweiterung der Syntaxanalysephase durch benutzerdefinierten Kode, der z.B. generische Spracherweiterungen durch Abbildung in geschachtelte Ausdrücke einer reduzierten Kernsprache implementiert [Stemple et al. 90].

Eine wesentliche Einschränkung persistenter Programmiersprachen für konventionelle Datenbankanwendungen ist jedoch bisher das Fehlen einfach zu handhabender generischer Datenstrukturen für Massendaten und sprachlicher Mechanismen zur Iterationsabstraktion.

2.1.2 Logikbasierte und funktionale Datenbanksprachen

Die Strukturen und Iterationsabstraktionen des relationalen Datenmodells (Mengen und Prädikate) bilden den Ausgangspunkt logikbasierter und funktionaler Datenbanksprachen. Sprachen deduktiver Datenbanken (Wissensbanken, Expertensysteme) unifizieren extensionale und intensionale Datenbankaspekte (Fakten und Regeln) und streben im Gegensatz zu den imperativen typorientierten Sprachen eine rein deklarative Sprachsemantik an. In logikbasierten Sprachen kann sich der Anwender auf die Spezifikation der Eigenschaften der zu manipulierenden Strukturen beschränken und dem System die Auswahl einer optimierten Evaluationsreihenfolge überlassen.

Ausgehend von einfachen Horn-Klauseln können die Datenbanksprachen der *Datalog*-Familie schrittweise um Basisprädikate (Gleichheit, Ordnungsrelationen), Negation, Aggregatfunktionen und Funktionssymbole zur Repräsentation komplexer Objekte erweitert werden. Neben NAIL!, POSTGRES, ALGRES, PRISMA, educe und Megalog (vgl. [Ceri et al. 90]) ist insbesondere die Sprache LDL [Naqvi, Tsur 89] zu erwähnen, die auch Operatoren für "deklarative" Änderungsoperationen auf Datenbanken umfaßt.

Die genannten Systeme bieten ebenfalls Persistenzabstraktion, indem alle erzeugten Fakten und Regeln persistent gespeichert werden. Der Preis für die potentiell exzellente Optimierbarkeit dieser Sprachen ist allerdings der Verlust der algorithmischen Vollständigkeit. Praktisch alle Sprachen bieten daher Schnittstellen zu imperativen Wirtsprachen für anspruchsvollere Datenmanipulationen (statistische Analysen, Datenein- und ausgabe) an, so daß der *impedance* und *competence mismatch* eventuell auf einer höheren Ebene wieder auftritt [Manthey 91].

Die Notation der *list comprehensions* in Programmiersprachen wie Miranda [Turner 90] oder Haskell [Hudak 89] hat wegen ihrer Nähe zum relationalen Kalkül das Interesse an der Verwendung funktionaler Sprachen für Datenbankanfragen wiederbelebt. Ein *join* in der Syntax einer *set comprehension* [Atkinson et al. 91]

$$
\begin{array}{l}
[(name\, e,\ salary\ e,\ name\, o)\ \mid \\
\quad e \leftarrow employees;\ s \leftarrow orders;\ supplier\ o\ =\ name\ e]
\end{array}
$$

ist wesentlich leichter lesbar als seine Formulierung mittels Funktoren in traditionellen funktionalen Datenbanksprachen wie FQL [Nikhil 88]. Andererseits gibt es triviale Übersetzungsalgorithmen von *comprehensions* in Ausdrücke des reinen Lambda-Kalküls, auf denen Transformationen analog zu den bekannten algebraische Optimierungen des Relationalen Kalküls durchführbar sind. Zwar erlaubt die referentielle Transparenz rein funktionaler Sprachen ähnlich agressive Optimierungen wie in logikbasierten Formalismen, jedoch gibt es substantielle Unterschiede in der Semantik rekursiver Deklarationen. Die Abbildung relationaler Strukturen und Iterationsabstraktionen in den Lambda-Kalkül gestattet auch die Untersuchung verallgemeinerter Datenstrukturen (*quads*) für Massendaten (Listen, Bags, Multimengen, Bäume), die alle mit *comprehensions* als einer uniformen Anfragenotation ausgestattet sind [Trinder 89]. Der skizzierte Transformationsansatz wird ebenfalls für die prototypische Implementierung funktionaler Datenbanksprachen eingesetzt, die zudem voll in das Typsystem und das Ausführungsparadigma moderner Programmiersprachen (à la ML) integriert sind [Trinder 91].

In der Sprache Machiavelli [Ohori et al. 89] werden ebenfalls SQL-ähnliche Ausdrücke als "syntaktischer Zucker" in Applikationen einer einzelnen vordefinierter Funktionen höherer Ordnung (*hom*, homomorphe Extension) transformiert. Machiavelli löst darüber hinaus das Problem der Typisierung des *natural join* Operators ($Students \bowtie Employees$), indem die Sprache polymorphe Typregeln für konsistenzerhaltende Joinoperationen auf Records ($Student \bowtie Employee$) definiert, die gleichzeitig die Typisierung von allgemeinenen Vererbungsbeziehungen erlaubt, wie sie in objekt-orientierten Sprachen auftreten.

Ein weiterer wichtiger Beitrag funktionaler Datenbanksprachen liegt im Einsatz von *Typinferenzmechanismen*, die nicht nur dem Programmierer die Angabe expliziter Typinformationen z.B. bei der Formulierung von Anfragen oder bei Sichtendefinitionen ersparen, sondern auch Anfragen und Transaktion den "möglichst generischen" Typ (*principal type scheme* [Damas, Milner 82]) zuordnen. Damit kann z.B. die Anwendung der folgenden Anfrage auf alle Relationen *E* zugelassen werden, sofern sie nur ein numerisches *status* Attribut besitzen [Ohori, Buneman 88].

select * **from** *E* **where** *status* > *30*

Abschließend seien noch die Sprachen Life [Aït-Kaci, Nasr 89] und COL [Abiteboul, Grumbach 91] erwähnt, die Konzepte der funktionalen Programmierung und Vererbungsbeziehungen durch polymorph typisierte Termkonstruktoren (Ψ-Terme in Life) in einen logikbasierten Rahmen integrieren.

2.1.3 Objekt-orientierte Sprachen und Systeme

Im Gegensatz zu den eher durch konzeptionelle und formale Vorteile motivierten funktionalen Datenbanksprachen wird der Entwurf objekt-orientierter Systeme sehr stark durch technologische Überlegungen geleitet, da viele der Sprachen im Zuge der Implementierung prototypischer oder kommerzieller Datenbanksysteme entstanden sind (Adaplex für MULTIBASE [Smith et al. 83], OPAL für GemStone [Copeland, Maier 84], CO_2 für O_2 [Deux, others 89], O++ für ODE [Agrawal, Gehani 89]). Obwohl sich z.B. Adaplex an einem funktionalen Datenmodell orientiert, bietet es bereits Objektidentität, Klassifikation und Mehrfachererbung sowie die für objekt-orientiere Anfragesprachen typische Iterationsabstraktion durch eine Mischung aus quantifizierten Mengenausdrücken und navigierendem Datenzugriff über Objektreferenzen (Punktnotation):

select *e.name, e.salary, o.name* **from** *e* **in** *Employees, o* **in** *e.orders*

Objekt-orientierte Systeme bieten darüber hinaus Mechanismen zur Definition sogenannter komplexer Objekte und Methoden sowie Mechanismen zur späten Bindung und Methodenredefinition in Subklassen. Neben harten technischen Problemen der Anfrageoptimierung (z.B. dynamisch gebundene Methodenaufrufe), der Objektadressierung und Speichererverwaltung (*clustering*, *garbage collection*) stellen sich in diesen Systemen auch neuartige sprachliche Probleme. Beispiele sind etwa die Semantik dynamischer Restrukturierungen der Klassenhierarchie oder die Frage nach Sichtbarkeitsregeln zwischen Super- und Subklassen, die eine effektive gemeinsame Nutzung von Methoden, Attributen und Integritätsbedingungen gestatten, ohne dabei ungewollte Namenskonflikte in Mehrbenutzersystemen zuzulassen.

Eine besondere Stärke objekt-orientierter Systeme ist die enge konzeptionelle und technologische Verflechtung zwischen graphischen Benutzerschnittstellen, modularer und erweiterbarer Datenabstraktion sowie effizienten Objektspeichern, wie sie z.B. durch die Datenbankbrowser und Debugger von O_2 und GemStone demonstriert wird (*objects on screen, in memory and on disk*).

2.2 Programmierumgebungen für persistente Objektsysteme

Bereits im einführenden ersten Kapitel wurde die Problematik der Datenbankprogrammierung unter Benutzung von heterogenen Objekten und Diensten, die von unabhängig entwickelten Servern erbracht werden, angesprochen. In

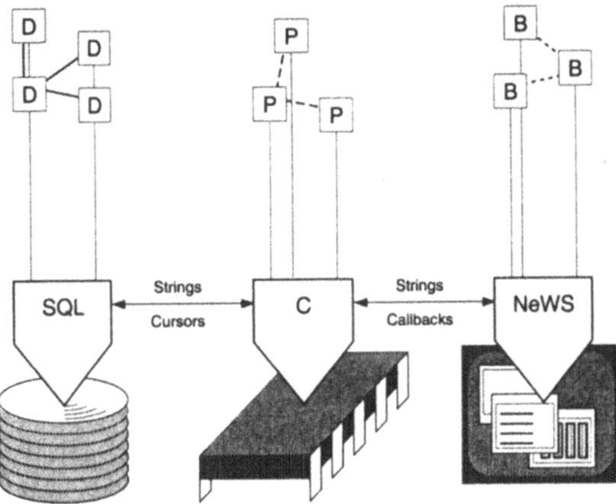

Fig. 2.2. Schmale Dienstschnittstellen auf niedrigem Abstraktionsniveau

den nachfolgenden Abschnitten werden existierende Systeme zur Datenbankprogrammierung gemäß der ihnen zugrundeliegenden Architekturen klassifiziert. Als Seiteneffekt dieser Untersuchung werden fundamentale architektonische Anforderungen an integrierte persistente Programmierumgebungen erarbeitet. Diese Anforderungen bilden die Grundlage für die Beschreibung des Tycoon Systems und Modells im nächsten Kapitel.

2.2.1 Lose Kopplung durch Wirtspracheneinbettung

Die überwältigende Mehrheit aller Informationssysteme wird gegenwärtig in Programmiersprachen der dritten Generation (COBOL, FORTRAN, C, Pascal) implementiert. Kommerzielle Datenbanksysteme werden diesem Umstand durch die Bereitstellung von Programmierschnittstellen gerecht. Dabei ist festzustellen, daß die einem Datenmodell zugrundeliegende *Generik*, z.B. die Möglichkeit zur Definition von einstelligen, zweistelligen, dreistelligen, ... Relationen über verschiedenartige Domänen, grundsätzlich zu generischen Operationen, Bindungsreglen etc. führt, die durch keine der heutzutage kommerziell eingesetzten Programmiersprachen direkt unterstützt werden können [Bunemann et al. 82].

Als Konsequenz dieser konzeptionellen Inkompatibilitäten ziehen sich die Entwickler von Datenbankprogrammierschnittstellen (wie z.B. Embedded SQL [Ingres Corporation 90a]) auf den kleinsten gemeinsamen Nenner aller Programmiersprachen zurück, indem jeglicher Informationsaustausch zwischen Programmiersprache und Datenbank über Strings, Adressen und Bytearrays abgewickelt wird, die noch dazu in der kleinst möglichen Granularität (attributweise) übergeben werden. Eine ähnliche Situation ergibt sich an der Schnittstelle zwischen Programmiersprachen und Genereratoren für Benutzerschnittstellen, die jedoch zusätzlich die Möglichkeit zum Kontrolltransfer zwischen Anwendungsprogramm und Bildschirmserver durch *callbacks* und *notifier* bieten (s. Fig. 2.2). Wie durch verschiedenartige Linienmuster zwischen den Datenbank-, Programm- und Bildschirmobjekten in Fig. 2.2 angedeutet, muß der Datenbankprogrammierer für die Objekte von verschiedenen Servern verschiedene Benennungs-, Lebensdauer- und Bindungskonzpete erlernen und er muß Bindungen zwischen Objekten auf verschiedenen Medien durch spezielle Namenskonventionen (Hostvariable, Datenbankvariable, Identifikator für ein Bildschirmobjekt) realisieren.

Ein nicht zu unterschätzender Vorteil der losen Kopplung ist die durch sie erreichbare *Offenheit* der Anwendungsumgebung. Bei Bedarf ist die Integration neuer Diensterbringer als *Bibliotheken* in die Programmierumgebung möglich, es ist ein Mechanismus zum Datenaustausch zwischen unabhängig entwickelten Diensten vorhanden, und die prozeduralen Systemschnittstellen garantieren ein Mindestmaß an Datenabstraktion und damit Komponentenaustauschbarkeit.

2.2.2 Systemintegration in Datenbankprogrammiersprachen

Fig. 2.3 skiziert das gegenüber Fig. 2.2 bereits wesentlich vereinfachte Programmierszenario in Datenbankprogrammiersprachen, die einen transparenten Zugriff auf und eine uniforme Bennenung und Bindung von kurzlebigen und langlebigen Datenobjekten erlauben.

Die in § 2.1 vorgestellten Datenbankprogrammiersprachen und kommerziell eingesetzte Sprachen der vierten Generation bieten im Vergleich zu lose gekoppelten Systemen nicht nur abstraktere und problemadäquatere Datenmodellierungs- und Kontrollstrukturen, sondern auch eine wesentlich bessere Werkzeugunterstützung zur Programmentwicklung und -wartung (Debugger, Browser, Datenwörterbücher), da innerhalb des Systems semantisch reichhaltigere Strukturen verwaltet werden können und die Abhängigkeiten zwischen benannten und gebundenen Objekten (z.B. zwischen Schemainformation und Iterationsvariable) explizit verfügbar sind. So werden z.B. in Windows-4GL die aus Relationennamen ableitbaren Domäneninformationen automatisch für die Bildschirmmaskendefinition eingesetzt. Ein weiterer Vorteil integrierter Datenbankprogrammiersprachen sind die weitergehenden Möglichkeiten zur Programmanalyse und die für Datenbankanfragesprachen so wichtige Anfrageoptimierung.

Aus Anwendersicht ist sicher als Hauptargument für Sprachen der vierten Generation gegenüber Sprachen der dritten Generation die substantiell erhöhte Portabilität und Wartbarkeit der mit ihnen entwickelten Anwendungen und Systeme anzusehen [Bancilhon, Maier 88; Bancilhon 91].

Diese Vorteile werden durch die strikte Trennung zwischen den für den Applikationsprogrammierer sichtbaren Abstraktionen (z.B. Relationen, Transaktionen, Formulardefinitionen) und den sie implementierenden Datenstrukturen oder Algorithmen erreicht. Diese Trennung manifestiert sich in der Existenz separater Sprachen zur strikt typisierten Applikationsprogrammierung

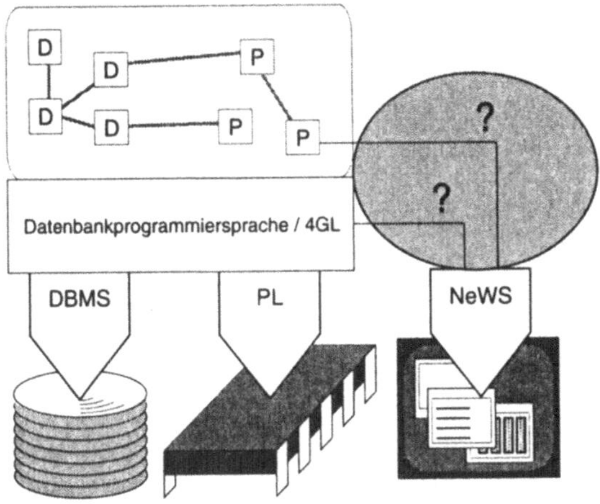

Fig. 2.3. Geschlossene Programmierumgebungen zur Nutzung vordefinierter Dienste

(z.B. Windows-4GL, CO2, DBPL) und zur weitgehend typunsicheren Systemimplementierung (z.B. in C, C++ oder Modula-2).

Abschließend bleibt festzustellen, daß bei dem von integrierten Datenbankprogrammiersprachen verfolgten *built-in* Ansatz aufgrund der hohen Spezialisierung der Applikationsprogrammiersprachen und der sie unterstützenden Systemarchitekturen die Integration zusätzlicher generischer Dienste ausschließlich durch den Hersteller (Ingres, Oracle, IBM, O_2-Technology) oder Entwickler des Systems vorgenommen werden kann. Auch wenn ein Zugang zu den Systemquellen besteht, erfordert die Erweiterung der Sprachprozessoren, Laufzeitbibliotheken und Programmierwerkzeuge einen prohibitiv hohen Aufwand, der noch dazu die Kompatibilität und Portabilität bereits existierender Applikationen gefährdet. Diese Problematik ist in Fig. 2.3 durch den Zugriff auf ein nicht vordefinierten generischen Diensterbringer (NeWS [Sun Microsystems 92]) angedeutet.

2.2.3 Systemtechnische Vereinfachungen in persistenten Systemen

Persistente Programmiersprachen wie PS-algol, Napier88 oder GemStone streben die Bereitstellung eines möglichst abstrakten, ausdrucksmächtigen und in sich geschlossenen architektonischen Rahmens für die Entwicklung großer Softwaresysteme zur Manipulation langlebiger Daten an. Ein zentraler systemtechnischer Beitrag persistenter Programmiersysteme ist die Einführung einer abstrakten Objektspeicherschnittstelle, über die *alle* Speicherzugriffe während der Programmausführung abgewickelt werden [Brown et al. 88; Moss 89]. Sie gestattet die völlige Gleichbehandlung von persistenten und nicht-persistenten sowie

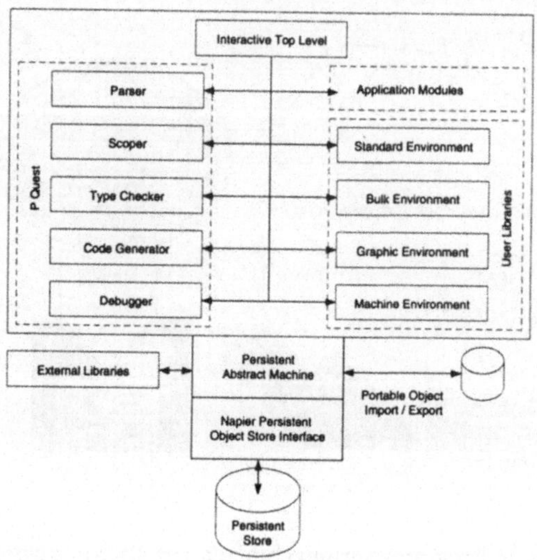

Fig. 2.4. Die Architektur einer persistenten Programmierumgebung (P-Quest)

prozeß-lokalen und systemweiten Datenstrukturen innerhalb von Applikations- und auch *System*programmen.

Die weitgehende Entkopplung von Datenstrukturierungs- und Datenspeicherungsaufgaben erlaubt zahlreiche tiefgreifende Vereinfachungen in der Architektur persistenter Systeme, da beliebig komplex strukturierte Werte, Funktionen, Module, Schnittstellen, Typbeschreibungen etc. uniform zum Übersetzung- und Ausführungszeitpunkt zur Verfügung gestellt werden können [Atkinson, Morrison 85; Morrison et al. 87b; Dearle, Brown 87; Müller 91].

Fig. 2.4 illustriert diese systemtechnischen Vereinfachungen am Beispiel der Implementierung der persistenten Programmierumgebung für die polymorphe Programmiersprache P-Quest [Müller 91; Matthes 91]: Alle Speicherzugriffe werden über eine Objektspeicherschnittstelle (*Napier object store interface* [Brown, Rosenberg 91]) abgewickelt, die statisch zu der in Modula-3 implementierten abstrakten Maschine gebunden ist. Die gesamte übrige Systemsoftware (Benutzerschnittstelle, Compiler Front-End und Back-End, Bibliotheken) wird zusammen mit den benutzerdefinierten Applikationskomponenten und sämtlichen Datenstrukturen in einem homogenen persistenten fehlererholenden Objektspeicher von mindestens 6 MByte bis maximal 2 GB Größe gehalten.

Die durch eine abstrakte Objektspeicherschnittstelle erreichte Speicherabstraktion ist auch der Schlüssel für die effiziente Unterstützung von generischen Systemerweiterungen durch benutzerdefinierte, polymorph typisierte Bibliotheken. Jedoch treten bei dem Versuch der Integration existierender Datenbanksystemdienste (z.B. X-Windowmanager) erhebliche praktische Probleme auf, da bisher alle persistenten Programmiersprachen (einschließlich P-Quest) über

Interpreter implementiert sind, und Aufrufe von C-Bibliotheksroutinen eine Erweiterung des Interpreterbefehlssatzes erfordern.

Ein weiteres architektonisches Problem existierender persistenter Programmiersprachen ist das Fehlen von Zwischenrepräsentationen, die statische oder dynamische Programmoptimierungen (wie z.B. Anfrageoptimierungen im DBPL System [Schmidt, Matthes 92]) gestatten. Wie bereits in § 2.1.2 erwähnt, untersuchen aktuelle Forschungsarbeiten Varianten von persistenen Sprachen, die um spezialisierte, optimierbare Massendatenstrukturen (*maps*) und Anfrageausdrücke (*comprehensions*) erweitert sind [Atkinsion et al. 91; Trinder 91; Breazu-Tannen et al. 91].

3. Tycoon: Ein Modell- und Systemüberblick

Ausgehend von der in § 2.2 getroffenen Klassifikation existierender Systemarchitekturen zur Datenbankprogrammierung läßt sich die Tycoon Architektur – überspitzt formuliert – als der Versuch der Integration der Vorteile der dort vorgestellten Ansätze verstehen:

Von den integrierten Datenbankprogrammiersprachen erbt Tycoon die Betonung der *orthogonalen* Kombinierbarkeit *elementarer* Basiskonzepte für Persistenzabstraktion, typvollständige Datenstrukturierung und Iterationsabstraktion (s. §2.1). Die Idee der Nutzung multipler Programmrepräsentationen zu dynamischen Optimierungszwecken ist ebenfalls der Technologie integrierter Datenbankprogrammiersysteme entlehnt (s. § 2.2.2).

Von persistenten Systemen stammt das Konzept der Abwicklung aller Speicherzugriffe (auf Daten sowie Programmrepräsentationen) durch Nutzung einer Softwareschnittstelle auf sehr niedrigem Abstraktionsniveau. Dieses Konzpet führt, wie in § 2.2.3 angesprochen, zu einer drastischen Vereinfachung der Gesamtkomplexität persistenter Syteme, die durch einen vernachlässigbaren Effizienzverlustes des Gesamtsystems erkauft wird [Müller 91; Cattell 91].

Das Tycoon System orientiert sich schließlich an "Mehrzwecksprachen" (*general purpose languages*) wie Modula-3, Modula-2, C und C++, indem es die Wichtigkeit der Systemkompatibilität mit exisiterenden kommerziellen Diensterbringern anerkennt und eine größtmögliche Offenheit gegenüber externen Diensten anstrebt.

Die vorangegangenen Ausführungen heben die Verwurzelung des Tycoon *Systems* in der Technologie bekannter Datenbankprogrammiersprachen hervor. Das Tycoon *Modell* weicht jedoch erheblich von typischen Datenbankprogrammiersprachen ab, da es den gesamten Prozeß der Integration, Erweiterung, Spezialisierung, Nutzung oder auch Neudefinition von generischen Diensten in einem unifizierenden sprachlichen Rahmen abwickelt (s. Fig. 3.1 auf Seite 20). Die Vorstellung der neuartigen Konzepte und Abstraktionen der Tycoon Sprache TL wird daher einen breiten Raum in § 4 und § 5 einnehmen.

Dieses Kapitel stellt das Tycoon System im Überblick vor. Es beginnt mit einer Beschreibung der Systemarchitektur, gefolgt von einer knappen Charakterisierung der Sprache TL und einem typischen Beispiel der Systembenutzung in einer interaktiven Sitzung.

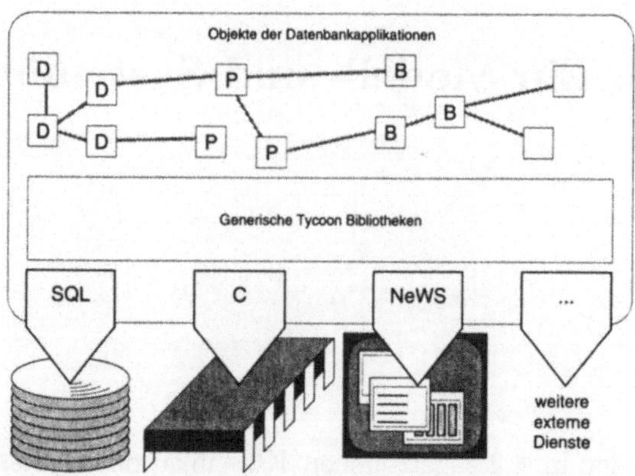

Fig. 3.1. Integration, Erweiterung und Nutzung generischer Dienste in Tycoon

3.1 Das Tycoon System und seine Komponenten

Die nachfolgende Darstellung des Tycoon Systems erfolgt schnittstellenbezogen, d.h. die zur Schnittstellenimplementierung benötigten Schichtenarchitekturen, Algorithmen und Datenstrukturen treten gegeüber den bevorzugt abstrakt formalisierten Schnittstellenspezifikationen in den Hintergrund.

Fig. 3.2 auf Seite 21 vermittelt einen Überblick über die Schichten und Schnittstellen der Tycoon Systemarchitektur, die in späteren Kapiteln näher beschrieben und ausführlicher diskutiert werden. An dieser Stelle werden nur die drei zentralen Systemschnittstellen (TL, TML und TSP, angedeutet durch waagerechte Trennungslinien in Fig. 3.2) durch ihre semantischen Objekte, Operationen und Abstraktionen charakterisiert und das globale Zusammenspiel der die Systemschnittstellen verbindenden Architekturkomponenten skizziert.

Die Sprache TL (*Tycoon Language*) ist eine algorithmisch vollständige, strikt typisierte, imperative Programmiersprache, die Funktionen und Typen als Objekte "erster Klasse" behandelt. TL bietet strukturell definierte Subtypisierungsregeln für allen Typkonstruktoren. TL wird im Tycoon System nicht nur zur Datenmodellierung und Applikationsprogrammierung eingesetzt, sondern bildet auch die Systemprogrammiersprache, in der die frei erweiterbaren Tycoon Bibliotheken und die Tycoon Sprachprozessoren implementiert sind. Diese Uniformität der TL Programmierumgebung, wie sie auch in Lisp Entwicklungssystemen [Bobrow et al. 88] oder einigen kommerziellen objekt-orientierten Programmiersprachen [Goldberg, Robson 83; Meyer 88] zu finden ist, erhält durch die strikte Typisierung und die potentielle Langlebigkeit der TL Sprachobjekte eine für Datenbankanwendungen wichtige neue qualitative Dimension. Technisch gesehen ist TL ein typisierter Lambda-Kalkül höherer Stufe, der um

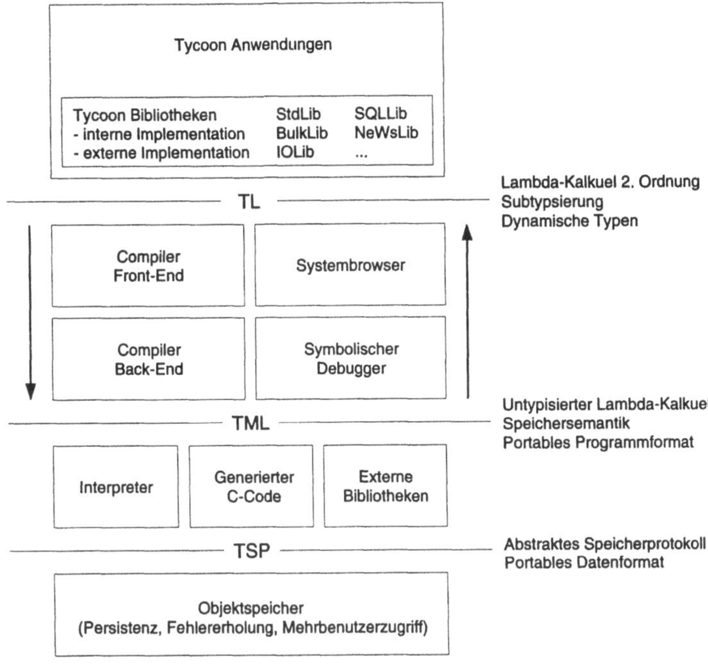

Fig. 3.2. Schichten und Schnittstellen der Tycoon Systemarchitektur

Zuweisungen, dynamische Typen und Subtypisierungsregeln erweitert ist [Cardelli et al. 91].

Die Sprache TML (*Tycoon Machine Language*) basiert auf einem untypisierten Lambda-Kalkül mit Funktionsabschlüssen (*closures*) zur Unterstützung statischer Sichtbarkeitsregeln und strikter (*call by value*) Evaluationssemantik. TML bietet zusätzlich Primitive zur imperativen Programmierung (Zuweisung, Schleife, Ausnahmebehandlung). Somit ähnelt TML Zwischenrepräsentationen, die traditionell in optimierenden Übersetzern eingesetzt werden [Muchnick 90; Kelsey 89]. Im Tycoon System kommt TML zusätzlich die Aufgabe einer persistenten, portablen, nichtlinearen Programmrepräsentation zu, die nicht nur eine direkte interpretative Ausführung oder architekturspezifische Zielkodegenerierung gestattet, sondern auch den Ausgangspunkt für reflektive Algorithmen bildet. Im Vorgriff auf § 7 sei an dieser Stelle bereits angedeutet, daß TML auch die Funktionalität von spezialisierten Anfragerepräsentationen (*query trees* [Chamberlin, others 81], *query execution plans* [Haas et al. 89], *predicate trees* [Jarke, Koch 84; Schmidt, Matthes 91b]) in Datenbanksystemen ersetzt.

Durch einen konsequenten Verzicht auf vordefinierte Funktionen (wie z.B. Ganzzahl-, Fließkommaarithmetik oder gar mengenwertige Anfragekonstrukte) reduziert sich der Sprachumfang von TML auf 22 Instruktionen zur Funktions-

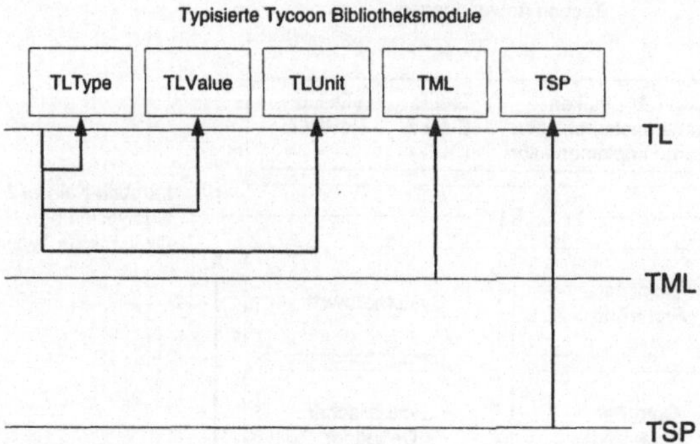

Fig. 3.3. Reflektion im Tycoon System

definition, Funktionsapplikation, destruktiven Zuweisung, bedingten oder wiederholten Auswertung und Ausnahmebehandlung. Darüber hinaus bietet TML einen generischen Mechanismus zur Bindung an kompilierte Funktionsimplementierungen in *externen* Programmiersprachen.

Semantische Objekte (Tupel, Mengen, Funktionen, dynamische Typbeschreibungen, Module etc.) der Sprachen TL und TML werden durch kanonische Abbildung auf primitive Objektspeicherstrukturen realisiert. Diese Strukturen werden durch TML Evaluatoren (Interpreter oder kompilierten Maschinenkode) ausschließlich unter Benutzung einer wohldefinierten Softwareschnittstelle (TSP, *Tycoon Store Protocol*) manipuliert. Dies führt zu einer konsequenten Trennung zwischen den Aufgaben der Datenmodellierung (TL), Datenmanipulation (TML) und Datenspeicherung (TSP). Diese Trennung gestattet einerseits eine vollständige Abstraktion von den operationalen Qualitäten des Objektspeichers innerhalb von TL und TML (Zugriffsgeschwindigkeit, Langlebigkeit, Fehlererholung, Nebenläufigkeit). Andererseits führt die Trennung zu einer erheblichen Reduktion der Komplexität des Objektspeicherprotokolls selbst und leistet einen wichtigen Beitrag zur Portabilität und Skalierbarkeit des Tycoon Systems: Verschiedene Implementierungen des TSP können das Spektrum zwischen flüchtigen Einbenutzersystemen und persistenten, verteilten Mehrbenutzersystemen abdecken. Kapitel § 8 stellt das TSP vor und diskutiert den Einfluß, den Anforderungen bekannter Speicherrückgewinnungsalgorithmen auf den Entwurf des TSP ausgeübt haben.

Es bleibt zu erwähnen, daß auf der Abstraktionsebene des TSP diejenigen Algorithmen der Datenbanksystemprogrammierung anzusiedeln sind, die ausschließlich an *read, write, insert, delete* Operationen auf einfachstrukturierten Datenobjekten gekoppelt sind und die Atomarität, Fehlererholung und Isolation dieser Operationen implementieren [Bernstein et al. 87]. Ebenfalls auf der Ebene des TSP sind *marshalling* und *unmarshalling* Algorithmen für die Datenübertragung bei entfernten Prozeduraufrufen [Corbin 91] sowie *extern* und *intern* Operationen für den strukturerhaltende Export und Import (evtl. zyklischer) Objektspeicherstrukturen über rein sequentiell zugreifbare Speichermedien (*streams*) zu implementieren [Birell et al. 88].

Fig. 3.3 hebt schließlich eine Eigenschaft der Tycoon Systemarchitektur hervor, die von großer Bedeutung für die Nutzung des Tycoon Systems zur Datenbank*system*programmierung ist: Der überwiegende Teil der vordefinierten Systemkomponenten und Protokolle ist in Form (generischer) abstrakter Datentypen in "normalen" Modulen der Sprache TL repräsentiert und somit in kontrollierter Weise für statische und dynamische Analysen, Transformationen, Spezialisierungen und Erweiterungen durch TL Programme zugänglich [Stemple et al. 92b].

3.2 Zur sprachlichen Ausgestaltung der Sprache TL

Die Neuentwicklung einer Programmiersprache für das Tycoon System ist aufgrund der folgenden Anforderungen und Randbedingungen des Tycoon Systems erforderlich, die durch keine der existierenden Datenbanksprachen (s.a. § 2.1) adäquat abgedeckt werden:

- Die Sprache hat alle programmierenden Tätigkeiten im Tycoon System (System-, Werkzeug-, Anwendungs- und ad-hoc Programmierung) abzudecken;
- Die sprachlichen Abstraktionen sind weitestgehend datenmodellneutral zu wählen. Insbesondere sind funktionale, relationale und objekt-orientierte Modellierungsansätze zu unterstützen, um die Integration einer möglichst großen Klasse externer Diensterbringer zu ermöglichen;
- Das Typsystem der Sprache muß eine vollständige Typkorrektheit der entwickelten Datenbanksoftware garantieren, zugleich jedoch auch die Definition hochgradig generischer Systemdienste ermöglichen.
- Die Sprachimplementierung muß die Portabilität von Anwendungen und den *bootstrap* (die Selbstimplementierung) des Tycoon Systems auf unterschiedlichen Hardware- und Softwarearchitekturen unterstützten.

Im Vorfeld der Entwicklung des Tycoon Systems durchgeführte Experimente mit den sprachlichen Abstraktionen und den Sprachprozessoren der Sprachen Eiffel [Meyer 88], Trellis [Schaffert et al. 86], Modula-3 [Nelson 91] und Standard ML [Milner et al. 90] zeigen die Grenzen der Typsysteme dieser Sprachen auf: Die genannten Sprachen bieten eine überdurchschnittlich gute Unterstützung für die typsichere Konstruktion polymorpher Bibliotheken mit den durch die Sprache vorgegebenen sprachlichen Mechanismen. Erhebliche semantische und technische Schwierigkeiten treten jedoch bei dem Versuch der Integration existierender externer Dienste oder transparenter Persistenzmodelle auf.

Ausgehend von einer Analyse der konzeptionellen und technologischen Grundlagen existierenden Datenbanksprachen [Matthes 88; Schmidt, Matthes 89; Schmidt, Matthes 90; Matthes, Schmidt 91b; Schmidt, Matthes 91a; Matthes et al. 91], deren wesentliche Ergebnisse in § 2.1 und § 2.2 zusammengefaßt sind, verfolgt das Tycoon System die Idee einer stark reduzierten Kernsprache zur Benennung-, Bindung- und Typisierung entwickelt, die nur über ein Minimum vordefinierter semantischer Objekte (Variablen, Funktionen, Typvariablen, Typoperatoren) verfügt, die aber gleichzeitig in der Lage ist, den Sprachkern *vollständig typsicher* um externe semantische Objekte (ganze Zahlen, reelle Zahlen, Strings, Arrays, Relationen, Sichten, Files, Fenster, ...) und die mit ihnen assoziierten *generischen* Funktionen zu erweitern [Matthes, Schmidt 91a] (*add-on vs. built-in*).

Verfolgt man die erheblichen Fortschritte in jüngster Zeit im Verständnis zentraler Aspekte der Semantik polymorpher Typsysteme (Subtypisierung und Rekursion [Amadio, Cardelli 90], Namenskonflikte in Typsystemen 2. Stufe [Abadi et al. 90], Interaktion zwischen dynamischer und statischer Typisierung [Abadi et al. 89; Abadi et al. 92], Typabstraktion und Persistenz [Connor et al. 90; Cardelli, MacQueen 88], Metatypisierung [MacQueen 90; Cardelli, Longo 90], Subtypisierung und Vererbung [Cook et al. 90], Typinferenz und Subtypisierung [Fuh, Mishra 90; Ohori, Buneman 89; Rémy 91], Subtypisierung und Mutabilität [Connor et al. 91; Leroy, Weis 90], Subtypisierung und Entscheidbarkeit [Curien, Ghelli 91; Pierce 92; Katiyar, Sankar 92]), so findet man in dem Modell der Sprache $F_{\leq}$ [Cardelli et al. 91], einem explizit typisierten Lambda-Kalkül zweiter Stufe mit Subtypisierung, eine allgemein anerkannte formale Basis für die Studie neuartiger Typsysteme.

Als Kern der Tycoon Applikations- und Systemprogrammiersprache TL werden daher die semantischen Konzepten von $F_{\leq}$ gewählt, die jedoch in eine vollständig entwickelte, modulare Programmiersprache eingebettet sind. Wie in § 4 und § 5 ausgeführt wird, sind zahlreiche interessante technische und einige semantischen Probleme zu lösen, um von dem formalen Modell $F_{\leq}$ zu einer in der Praxis einsetzbaren *general purpose* Programmiersprache zu gelangen.

Die Sprache TL ähnelt aufgrund ihrer syntaktischen Struktur (TL besitzt eine sehr reguläre LL(1) Grammatik mit einleitenden Schlüsselworten und schließendem **end**) und ihres Modulkonzepts Sprachen der Modula Familie (Modula-2 [ModISO 91], Oberon [Wirth 87], Modula-2+ [Rovner et al. 85], Modula-3 [Nelson 91] oder auch Ada [Ichbiah, others 83]). Semantisch gesehen ist TL jedoch wesentlich enger mit polymorphen funktionalen Sprachen der ML Sprachfamilie verwandt [Cardelli 89; Cardelli 90; Mauny 91; Field, Harrison 88; Hudak 89].

Die konkrete Syntax in § A.1 und die Beispiele in § B mögen einen ersten Eindruck der Sprache TL vermitteln. TL ist

algorithmisch vollständig: TL ist nicht nur *Turing complete*, sondern bietet auch adäquate Kontroll- und Datenabstraktionen um den hohen Software-Engineering Anforderungen der Datenbanksystemprogrammierung gerecht zu werden.

funktional: Die TL Semantik basiert auf dem Lambda-Kalkül. Jeder Term evaluiert zu einem (evtl. trivialen) Wert und die zentralen Programmierkonzepte sind Funktionsabstraktion und Funktionsapplikation. Funktionen sind darüber hinaus Objekte "erster Klasse" und können somit z.B. auch als Komponenten von Datenbankobjekten auftreten;

imperativ: TL ist keine rein applikative Sprache (*pure functional language*), da TL Objektidentifikatoren, destruktive Zuweisungen, "Funktionen" mit Seiteneffekte, Schleifen und Ausnahmen (*exceptions*) erlaubt. TL unterstützt damit insbesondere die zustandsbasierte transaktionale Datenbankprogrammierung.

strikt evaluativ: Terme als Funktionsargumente werden vollständig vor der Funktionsapplikation evaluiert (*call by value*).

deterministisch: Die Reihenfolge der Evaluation der Subterme eines zusammengesetzten Terms erfolgt sequentiell in einer durch die Sprachdefinition fest definierten Reihenfolge. Strikte und deterministische Evaluation ermöglichen eine vereinfachte Programmspezifikation und Programmverifikation insbesondere in Sprachen mit imperativen Programmkonstrukten.

persistent: Die Evaluation eines TL Terms kann sich auf Zustandsvariablen in einem prä-populierten Objektspeicher beziehen und Seiteneffekte im Objektspeicher erzeugen. Darüber hinaus bietet TL semantische Primitive zur Lokalitätskontrolle dynamisch erzeugter Werte in partitionierten Objektspeichern. Streng genommen ist jedoch Persistenz keine Eigenschaft von TL sondern stellt nur eine optionale Eigenschaft des das TSP Objektspeicherprotokoll implementierenden Objektspeichers dar.

strikt typisiert: TL definiert eine Klasse von Konsistenzbedingungen auf Termen, die durch Typregeln formalisiert sind (s. § A.5). Die Einhaltung dieser Konsistenzbedingungen wird für beliebige Terme durch eine statische Programmanalyse erzwungen. Durch explizite Sprachkonstrukte (dynamische Typen, Module) kann dieser Konsistenztest jedoch kontrolliert auf wohldefinierte Zeitpunkte zur Programmlaufzeit verzögert werden.

explizit typisiert: Wert- und Typbezeichner können in TL jederzeit mit (Meta-) Typinformationen annotiert werden. Für Bezeichner, die dynamischen oder rekursiven Bindungen unterliegen (z.B. Formalparameter in Funktionen oder exportierte Bezeichner in Modulschnittstellen) sind diese Annotationen verpflichtend, während sie ansonsten automatisch durch den Compiler inferiert werden.

polymorph: Weitentwickelte Konzepte zur (existentiellen und universellen) Typquantifizierung [Cardelli, Wegner 85] und eine induktiv definierte Subtypbeziehung auf Typen in TL decken unter anderem auch die bekannten Konzepte des *parametric polymorphism* [Milner 78], des *subtype polymorphism* [Cardelli 84b] und des *bounded parametric polymorphism* ab [Meyer 86]. Völlig neuartige Formen der polymorphen Programmierung werden

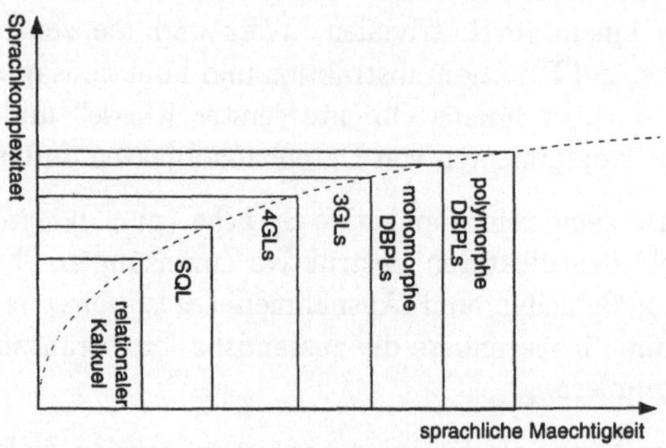

Fig. 3.4. Gegenüberstellung verschiedener Sprachen zur Datenbankprogrammierung

darüber hinaus durch benutzerdefinierbare Typoperatoren höherer Ordnung ermöglicht, zwischen denen ebenfalls generalisierte Subtypbeziehungen existieren.

modular: TL Anwendungen sind in separat entwickelbare Module und Bibliotheken gegliedert, deren Strukturen und Importabhängigkeiten explizit in TL repräsentiert sind. Dadurch wird insbesondere eine werkzeugunterstützte komponentenübergreifende Konsistenzüberprüfng ermöglicht.

interaktiv: Die Implementierung von TL erlaubt einen fließenden Übergang zwischen der stapelorientierten Übersetzung, Bindung und Exekution von Modulen und Bibliotheken und der direkten Evaluation interaktiv eingegebener TL Terme. Dies erlaubt den Einsatz von TL sowohl zur Datenbankprogrammierung als auch für *ad-hoc* Datenbankanfragen.

Fig. 3.4 skizziert einen qualitativen Vergleich von TL mit anderen traditionell zur Datenbankprogrammierung eingesetzten Sprachen entlang der Dimensionen "Sprachkomplexität" und "Ausdrucksmächtigkeit". Im Gegensatz zu formalen Untersuchungen der *expressive power* von Datenbanksprachen [Hull, Su 89; Abiteboul, Beeri 88] ist mit Ausdrucksmächtigkeit in Fig. 3.4 eher die Adäquatheit der sprachlichen Abstraktionsmittel als die "Kodierbarkeit" oder "Implementierbarkeit" von Algorithmen oder Datenstrukturen gemeint. So lassen sich z.B. durchaus Fixpunktanfragen durch geschachtelte **while** Schleifen an einer Cursorschnittstelle implementieren, jedoch stellen Fixpunktoperatoren oder rekursive Algorithmen eine problemadäquatere Lösung dar.

Offensichtlich liegt also die Sprachkomplexität von TL jenseits der Komplexität datenmodellspezifischer Datenbankprogrammiersprachen wie Galileo [Albano et al. 85], O_2 [Lécluse, Richard 89] oder DBPL [Schmidt, Matthes 90], die ihrerseits eine höhere Komplexität als Programmiersprachen der dritten und vierten Generation oder gar spezialisierte relationale Anfragesprachen besitzen. Andererseits wird durch die Grafik suggeriert, daß die Sprachkomplexität orthogonal definierter Sprachen nur logarithmisch mit ihrer sprachlichen Mächtigkeit wächst. Diese Hypothese wird z.B. durch den naiven Vergleich des Umfangs der grammatikalischen Syntaxdefinition der jeweiligen Sprachen gestützt (vgl. [Date 89; Albano et al. 88] und § A.1).

Fig. 3.4 verdeutlicht auch ein Hauptargument für den Einsatz eines so allgemeinen sprachlichen Rahmens, wie er durch TL repräsentiert wird: An den Schnittstellen zwischen spezialisierten Subsprachen und allgemeineren Programmiersprachen treten erhebliche Diskontinuitäten durch das Hinzufügen neuer semantischer Konzepte (z.B. Änderungsoperationen, explizite Programmkontrolle, polymorphe Typisierung) auf, die zu einer hohen Komplexität in der Abbildung semantischer Objekte zwischen diesen Sprachen führt. Speziell für die Schnittstelle zwischen Anfragesprachen und imperativen Programmiersprachen ist dieser *impedance mismatch* allgemein anerkannt und durch die Entwicklung integrierter Datenbankprogrammiersprachen aufgelöst worden [Matthes, Schmidt 92].

3.3 Das Tycoon Programmierszenario

Dieser Abschnitt erläutert das Zusammenspiel der Tycoon Sytemkomponenten anhand einer kurzen in sich geschlossenen interaktiven Sitzung.

Alle Tätigkeiten im Tycoon System (Übersetzen, Binden, Ausführen, Fehleranalyse, Definition von Systemparametern) werden durch Kommandos (*top level phrases*) ausgelöst. Die Grammatik für diese Kommandos und die sogenannte *top level loop*, die zyklisch die Kommandoanalyse, Ausführung und Fehlerausgabe der Kommandos durchführt, sind von den übrigen Systemkomponenten strikt getrennt und für benutzerdefinierte Erweiterungen zugänglich. Fig. 3.5 zeigt z.B. eine Implementierung, die eine fensterorientierte Benutzerschnittstelle zum Tycoon System realisiert.

Üblicherweise werden die Kommandos innerhalb einer interaktiven Sitzung eingegeben, sie können jedoch auch ganz oder teilweise von externen Dateien (*shell scripts*) gelesen werden.

In der standardmäßig vorgegebenen *top level* Grammatik werden alle nicht mit dem Schlüsselwort **do** eingeleiteten Kommandos als Terme der TL Wurzelgrammatik *Unit* (s. § A.4.1 auf Seite 193) betrachtet:

```
do set optimizeTargetCode true;   (* ein top level Kommando *)
let peter = tuple "Peter" 4000 end;   (* eine Bindung in TL *)
```

Ein durch ein Semikolon beendete Term, z.B. ein einzelner Funktionsaufruf, eine Funktionsdefinition, ein Modulimport oder eine vollständige Moduldefinition, wird unmittelbar in eine Symbolfolge zerlegt, die gemäß der TL Grammatik einen abstrakten Syntaxbaum definiert. Auf diesem Syntaxbaum werden Typüberprüfungen unter Berücksichtigung der augenblicklich auf dem *top level* sichtbaren Namen von Variablen, Funktionen, Modulen und Bibliotheken durchgeführt. Im Falle einer erfolgreichen Typüberprüfung wird der abstrakte

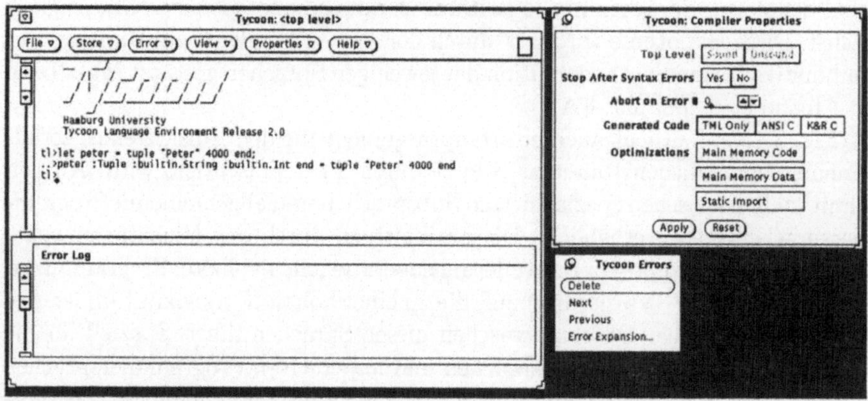

Fig. 3.5. Eine fensterorientierte Benutzerschnittstelle zum Tycoon System

Syntaxbaum in einen Term der Tycoon Zwischensprache TML umgewandelt, der im Tycoon Objektspeicher abgelegt wird. Benutzt ein TL Programm global definierte oder aus Modulen importierte Namen, so enthält der TML Term Referenzen auf die an diese Namen gebundenen Objektspeicherobjekte (Werte, Funktionen, Module, Typrepräsentationen).

An die statische Programmanalyse und Transformation im Tycoon Compiler Front-end, schließt sich im einfachsten Fall die Programmausführung durch den TML Interpreter an. Durch Termreduktion unter Verwendung eines Operanden- und Operatorkellers wird der durch das Compiler-Front-End generierte Term (eine parameterlose Funktionsapplikation) zu einem Funktionsergebniswert evaluiert. Das Funktionsergebnis und alle global sichtbaren (TL) Zustandsvariablen werden dabei ausschließlich unter Benutzung des TSP Protokolls im Objektspeicher erzeugt, gelesen und verändert. Dies gilt auch für den Fall, daß der TML Term zunächst durch ein zielarchitekturspezifisches Back-End (z.Zt. nur für SPARC Architekturen implementiert) in direkt ausführbaren Maschinenkode übersetzt wird.

Handelt es sich bei der *top level phrase* um ein Bindungskonstrukt (wie im obigen Beispiel), wird schließlich die Menge der auf dem *top level* sichtbaren Bindungen um ein Tripel bestehend aus dem benutzerdefinierten Namen (*peter*), dem durch den Compiler inferierten Typ (**Tuple** *:String :Real* **end**) und dem evaluierten Wert (einer Referenz auf eine interne Objektspeicherstruktur) erweitert. Diese Bindungsinformation wird außerdem am Bildschirm ausgegeben[1]:

[1]Die Notation ⇒ *output* wird nachfolgend zur Kennzeichnungen von Ausgaben des Tycoon Systems verwendet.

⇒ *peter* :**Tuple** :*String* :*Real* **end** = **tuple** *"Peter" 4000* **end**

Im vorangegangenen Beispiel besteht der durch den Compiler erzeugte TML-Kode aus Anweisungen zum Anlegen und Initialisieren eines Tupelwertes. Eine tatsächliche *Reduktion* eines TL Terms findet im folgenden Beispiel statt:

if *true* **then** *3* **else** *4* **end**;
⇒ *3 :Int*

Interessanter ist die Evaluation des folgenden Terms, der die Applikation einer Vergleichsfunktion auf ganzen Zahlen erfordert, die jedoch nicht im TL Sprachkern definiert ist.

20 > 10;
⇒ *true :Bool*

Das TL Modul *int* definiert die Implementierung der Funktion ">" auf ganzen Zahlen durch einen Verweis auf eine externe Funktion mit dem Namen *greater* in einem Bibliotheksmodul mit dem Namen *int.o*. Die Implementierung dieser externen Funktion erfolgt in einer *low level* Programmiersprache (konkret in C) unter Berücksichtigung der im Modul *data* definierten Datenrepräsentation für ganze Zahlen und boolesche Werte:

```
data_Bool int_greater(data_Closure g, data_Int x, data_Int y)
{
  return (((SignedInt) x) > ((SignedInt) y)) ? Data_true : Data_false;
}
```

Da die Zwischensprache TML somit fast vollständig auf *builtin opcodes* verzichtet, wird während der Evaluation des Terms *20 > 10* durch den TML Interpreter dynamisch die Bibliothek *int* in den Adreßraum des Benutzerprozesses geladen, das Symbol *greater* innerhalb des Programmsegmentes lokalisiert, die Argumente *20* und *10* gemäß der Übergabekonventionen der zugrundeliegenden Hardwarearchitektur (z.B. über ein Registerfenster) übergeben, die externe Routine ausgeführt und schließlich das Ergebnis (ein Wert des Datentyps *Bool*) für die weitere Evaluation verwendet.

Durch den Einsatz von *cache* Techniken ist die Effizienz dieses sehr generischen Mechanismus' zur Einbindung existierender Funktionalität in das Tycoon System durchaus mit der Effizienz optimierter Interpreter mit einem großen vordefinierten Befehlssatz zu vergleichen. Im Falle statischer Bindungen (d.h. wenn bereits zur Übersetzung des Terms *20 > 10* die Implementierung von ">" zu bestimmen ist) kann bei der Übersetzung von TML in Maschinenkode der zusätzliche Aufwand zum Kontrolltransfer durch einfache *inlining* Techniken im Backend völlig eliminiert werden (s. § 7.7), so daß trotz der Flexibilität des externen Bindungsmechanismus' für häufig auftretede Spezialfälle eine mit der Sprache C vergleichbare Effizienz für "vordefinierte" Operatoren erreicht werden kann.

Nicht zuletzt durch die Leistungsfähigkeit heutiger RISC Architekturen entsteht trotz der zahlreichen oben beschriebene Analyse-, Übersetzungs-, und Bindungsvorgänge für den Benutzer die Illusion der unmittelbaren, interpretativen Ausführung von TL Anweisungen.

Nach diesem Exkurs wird im verbleibenden Teil dieses Abschnittes ein zusammenhängendes Beispiel der Benutzung des Tycoon Systems gegeben. Es zeigt zunächst, daß neben Wertbindungen (**let** *peter* = ...) auch interaktive Typbindungen und Funktionsbindungen zulässige *top level phrases* sind:

Let *Person* = **Tuple** *name :String salary :Int* **end;**
⇒ *Person* = **Tuple** *name :String salary :Int* **end**

let *rich(p :Person) :Bool = p.salary > 3000;*
⇒ *rich* :**Fun**(*p :Person) :Bool = <function>*

Das System bestätigt die Eingaben mit einer (kanonischen) Typbeschreibung der definierten Objekte, die für nachfolgende "Anfragen" genutzt werden:

rich(peter);
⇒ *true :Bool*

Im Vergleich zu experimentellen Sprachimplementierungen wird im TL Compiler-Frontend großer Wert auf aussagekräftige und exakt lokalisierbare lexikalische, syntaktische und semantische Fehlermeldungen, sowie auf die weitgehende Unterdrückung von redundanten "Folgefehlermeldungen" gelegt:

rich(3.);
⇒ *line 5: column 8 Lexical error: digit expected;*

rich(3(;
⇒ *line 6: column 8 Syntax error: expecting ')', found ';' ;*

rich(3);
⇒ *line 7: column 6 Incompatible function arguments: Tuple type expected,*
type 'Int' found
line 4: column 10 [while checking function argument 'p']

Die letzte Fehlermeldung zeigt, daß im Falle von Typfehlern innerhalb geschachtelter Strukturen (hier innerhalb der Komponente *p* einer Funktionssignatur) die Fehlerlokalisierung sowohl durch den aus Variablennamen bestehenden Pfad zur Fehlerposition als auch über die eindeutige Quelltextposition des Deklarationspunktes der verletzten Typbedingung unterstützt wird. In der fensterorientierten Version des Tycoon *top level* kann der Benutzer darüber hinaus durch Anklicken einer Fehlermeldung unmittelbar die entsprechende Quelltextposition (Fehlerposition / Deklarationsposition) "anspringen". Dabei werden automatisch Quelltexte (transitiv) importierter Modulschnittstellen lokalisiert.

Die Erstellung substantieller TL Anwendungen erfolgt generell unter Benutzung der vergleichsweise reichhaltigen generischen Tycoon Bibliotheken (s. § 9 und § B). Für die nachfolgenden Beispiele werden drei Module (*persDB*, *iter*, *editor*) benötigt, die zunächst explizit in den augenblicklichen Programmierkontext importiert werden müssen.

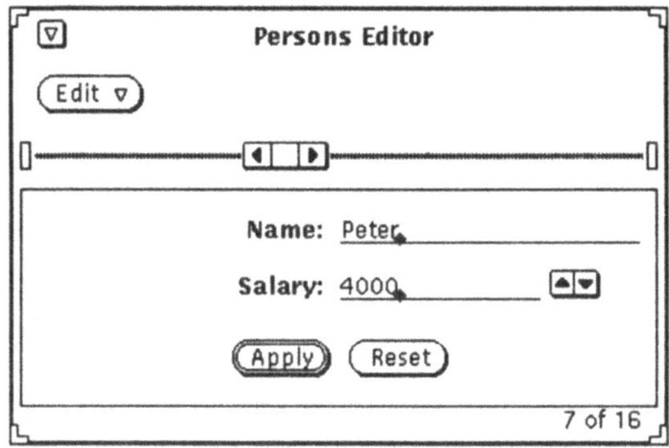

Fig. 3.6. Ein typspezifischer graphischer Editor

import *persDB iter editor;*

Die im obigen Beispiel importierten Module exportieren einfache (persistente) Datenbankvariablen und ihre Typen, generische Iterationsabstraktionen bzw. Funktionen zur graphischen Bildschirmdarstellung komplex strukturierter typisierter Datenbankvariablen. Die Typen der Module liefern Informationen über die exportierte Modulfunktionalität:

```
persDB;
⇒ ... :Tuple
      Person <:Tuple name :String  salary :Int end
      persons :set.T(Person)
    end
```

Das Modul *persDB* exportiert also den Tupeltyp *persDB.Person* und die Mengenvariable *persDB.persons.*

Das folgende kleine Programm verwendet die soeben importierten Module, um die Menge der "reichen Personen" zu bestimmen und unmittelbar am Bildschirm anzuzeigen.

```
let var richPersons=iter.select(set.elements(persDB.persons) rich)
let persEditor=editor.newDyn(:Iter.T(Person Ok) "Persons Editor" richPersons)
editor.displayAndWait(persEditor);
```

Zunächst wird unter Benutzung des oben als boolesche Funktion benannten Prädikats *rich* und einer durch das Modul *iter* exportierten generischen Selektionsfunktion die Teilmenge *richPersons* der durch das Modul *persDB* exportierten Menge *persons* definiert. In einem zweiten Schritt wird durch Aufruf der Funktion *newDyn* des Moduls *editor* ein typspezifischer graphischer Editor für die Mengenvariable *richPersons* vom Typ *Iter.T(Person* **Ok***)* generiert und an den Namen *persEditor* gebunden. Der Aufruf der Funktion *display* des

Moduls *editor* stellt diesen Editor am Bildschirm des Arbeitsplatzrechners dar und erlaubt dem interaktiven Benutzer durch Verschiebebalken das Blättern innerhalb der Menge sowie ein Modifizieren der Attribute der Mengenelemente durch Ausschneiden, Kopieren und Einsetzen (*cut, copy, paste*, s. Fig. 3.6).

Das vorangegangene Beispiel illustriert den fließenden und *vollständig typsicheren* Übergang zwischen ad-hoc "Anfragen" (*20 > 10*; *iter.select(...)*), benutzerdefinierten Funktionen (*rich*), benutzerdefinierten Anwendungsmodulen (*persDB*) und leistungsfähigen, generischen Systembibliotheken in Tycoon.

4. Ein Sprachkern zur generischen Benennung, Bindung und Typisierung

Dieses Kapitel führt schrittweise in die grundlegenden TL Sprachkonzepte ein. Beginnend mit nicht-parametrisierten (monomorphen) Datentypen werden die Benennungs- und Bindungskonzepte für vordefinierte (§ 4.2) und benutzerdefinierte (§ 4.3) atomare Werte sowie strukturierte Werte (§ 4.4) vorgestellt. Durch flexible Typkompatibilitätsregeln (Subtypisierung, § 4.5) und die Behandlung von Typen als Sprachobjekte erster Klasse können diese Benennungs- und Bindungskonzepte auch auf polymorphe Datentypen angewendet werden (§ 4.6).

Die Formalisierung der statischen Semantik von TL in § 6 orientiert sich ebenfalls an dem in diesem Kapitel verwendeten Begriffsapparat. Die Präsentation in diesem Kapitel beginnt bewußt mit "vertrauten" Konzepten, die dennoch sorgfältig erläutert werden, um genügend Präzision für die Generalisierung durch abstraktere Konzepte in § 4.6 und § 5 zu erreichen.

4.1 Lexikalische und syntaktische Regeln

Anhang § A.2 beschreibt die lexikalischen und syntaktischen Regeln für TL. Die wichtigsten Regeln sind an dieser Stelle kurz zusammengefaßt.

Der auf einem speziellen System zur Verfügung stehende Zeichensatz wird zunächst in verschiedene Zeichenklassen eingeteilt (Buchstaben, Ziffern, Begrenzungszeichen, druckbare Sonderzeichen des ASCII Zeichensatzes und nicht-druckbare Formatierungszeichen).

Unter Bezugnahme auf diese systemunabhängigen Zeichenklassen werden durch reguläre Ausdrücke Zeichenfolgen zu atomaren *Symbolen* zusammengefaßt, die eine Identifikation potentiell unendlicher Mengen semantischer Objekte (z.B. Zahlen oder Variablen) gestatten. Kommentare werden durch `(* *)` eingeschlossen und können geschachtelt werden. TL unterscheidet zwei Klassen von Bezeichnern: *Alphanumerische Bezeichner* werden ausschließlich aus Buchstaben und Ziffern, *Infixsymbole* ausschließlich aus Sonderzeichen gebildet. Durch diese lexikalischen Konventionen ist nur zwischen je zwei alphanumerischen Bezeichnern und je zwei Infixsymbolen, die im Quelltext direkt aufeinanderfolgen, ein Zwischenraum erforderlich.

Auf Seite 193 in § A.3 sind die reservierten Bezeichner und Infixsymbole der Sprache TL zusammengefaßt, die als Schlüsselworte der TL LL(1) Grammatik eingesetzt werden, und die in Programmbeispielen durch Fettdruck (**let**, **Let**) hervorgehoben werden.

Die Zerlegung (*parsing*) von Typ- und Wertausdrücken kann einheitlich durch Klammerung mit geschweiften Klammern {} beeinflußt werden.

Die EBNF Grammatik in § A.4 verdeutlicht bereits die Orthogonalität der syntaktischen (und semantischen) Konzpte in TL (Bindungen, Werte, Signaturen und Typen). Hervorzuheben ist schließlich der fast völlige Verzicht auf Interpunktionszeichen.

4.2 Benennung und Typisierung vordefinierter Werte und Funktionen

Traditionelle Programmiersprachen (C, Pascal, Ada) bieten dem Programmierer eine große Zahl *vordefinierter Datentypen* (ganze Zahlen, natürliche Zahlen, reele Zahlen verschiedener Genauigkeit, Zeichen, Zeichenketten etc.). Werte dieser Typen und Funktionen, die auf diesen Werten operieren, bilden die Basis für die Definition höherer, benutzerdefinierter Abstraktionen.

Üblicherweise erfahren die vordefinierten Typen eine Sonderbehandlung gegenüber den benutzerdefinierten Typen:

- Es exisitieren spezielle lexikalische oder syntaktische Konventionen zur Notation von Literalen (d.h. in den Programmtext eingebetteten Konstanten) dieser Typen:

  3 3.0 3.0E-7 'A' "ABCD" 032C

- Es existieren vordefinierte Funktionen zur Manipulation der Werte der Basistypen, die speziellen syntaktischen Konventionen (Infix, Präfix, Postfix-Notation, Bindungsstärke, Assoziativität) gehorchen (so z.B. in C):

  *y = x++ || a-7 *b = 0*

- Es exisiteren spezialisierte Typregeln, wie die automatische Wertkonvertierung von ganzzahligen Werten in Gleitkommazahlen oder das Überladen der Operatorsymbole (z.B. "+" zur Bezeichnung der Ganzzahl- und Fließkommaaddition):

  $3.0 + 4.0 \quad 3 + 4 \quad 3 + 4.0$

- Es exisiteren spezialisierte Evaluationsregeln (z.B. partielle Evaluation, *short circuit evaluation*) für boolesche Operatoren, die z.B. eine Division durch Null im folgenden C Ausdruck vermeiden:

  false && 1 / 0

Diese Sonderbehandlung vordefinierter Datentypen führt zu einem nicht zu unterschätzenden Verlust an Sprachflexibilität und -orthogonalität, da sie eine verfrühte Bindung syntaktischer Objekte an semantische Konzepte impliziert.

Einige neuere Programmiersprachen (wie C++, Ada, Eiffel, SML) streben daher eine Angleichung vordefinierter und benutzerdefinierter Datentypen an, indem sie dem Programmierer generische Mechanismen zur Verfügung stellen, durch die z.B. die relative Bindungsstärke von Infix-Operatoren oder implizit vom Compiler einzufügende Wertkonvertierungsfunktionen (*coercion functions*) für jeden benutzerdefinierten Typ gesondert festgelegt werden können.

In TL wird ein anderer Weg zur Erreichung einer Homogenität zwischen vordefinierten und benutzerdefinierten Datentypen beschritten, indem auch die vordefinierten Datentypen wesentlicher "Privilegien" beraubt werden. Neben der Begrenzung der Sprachkomplexität ist das wesentliche Ziel dieser Vorgehensweise die Erhöhung der modularen Verstehbarkeit von TL Programmen durch die Vermeidung impliziter (evtl. seiteneffektbehafteter) Konvertierungsoperationen und unübersichtlicher Bindungskonventionen.

So müssen in TL die Namen der Basistypen (*bool.T*, *int.T*, *real.T*, ...), die Konstanten der Basistypen (*bool.true*, *bool.false*, *int.maxVal*, *int.minVal*, *real.pi*, *real.e*, ...) und die Funktionen auf den Basistypen (*bool.and*, *bool.or*, *int.add*, *int.sub*, *real.add*, *real.sub*, ...) explizit aus Modulen der Tycoon Standardbibliothek importiert werden und gehorchen den gleichen Syntax-, Typ- und Evaluationsregeln wie benutzerdefinierte Typen, Werte und Funktionen.

Zur Vermeidung notationeller Nachteile werden üblicherweise mit Hilfe eines abkürzenden generischen Mechanismus' zur modularen Programmierung, der in § 5.3 näher erläutert wird, viele der Funktionen auf den Basistypen an symbolische Bezeichner gebunden:

```
let - = int.sub
let * = int.mul
let \/ = bool.or
let /\ = bool.andF
let <> = string.concat
...
```

Alle symbolischen Bezeichner, d.h. Symbole der Kategorie *infix* (s. § A.2), die durch Folgen von Sonderzeichen gebildet werden, besitzen in TL Infixstatus, sind linksassoziativ und von gleicher Bindungsstärke. Durch Klammerung mit geschweiften Klammern läßt sich die Zerlegung eines Terms bei Bedarf explizit beeinflussen. Die folgenden vier TL Terme sind somit äquivalent

```
3 - 7 * 4
{3 - 7} * 4
{*(-(3 7) 4)}
int.mul(int.sub(3 7) 4)
```

In TL gibt es außerdem weder eine automatische Wertkonvertierung noch ein Überladen von symbolischen oder alphanumerischen Bezeichnern. Hingegen enthält die konkrete TL Syntax Symbolproduktionen (*int, real, longreal, char, string*, s. § A.2) zur Definition von Programmliteralen der Basistypen. Im TL-Compiler-Frontend müssen daher diese Typen "fest verdrahtet" sein. Gleiches gilt für die interne Wertrepräsentation der Basistypen, die im TL-Compiler-Backend statisch verankert ist und durch Vorgaben des Objektspeicherprotokolls bestimmt wird (s. § 8).

Besondere Erwähnung verdienen schließlich die folgenden Produktionen in der TL Wertsyntax (s. § A.4):

if *Value* **then** *Bindings* [**else** *Bindings*] **end**
Value **andif** *Value*
Value **orif** *Value*

Die partielle Evaluationssemantik von Termen, die durch diese Produktionen definiert werden, weicht von der sonst in TL geltenden strikten links-nach-rechts Evaluationsreihenfolge ab. So ist z.B. *a* **orif** *b* äquivalent zu

if *a* **then** *bool.true* **else** *b* **end**

Somit lassen sich diese Terme *nicht* auf "normale" Applikation binärer oder ternärer Funktionen aus Standardmodulen in der TL Programmierumgebung wie z.B. *bool.if*, *bool.ifElse*, *bool.andif* oder *bool.orif* zurückführen, sondern müssen durch gesonderte Produktionen in der TL Grammatik behandelt werden.

Am Rande sei bemerkt, daß diese Problematik in nicht-strikten funktionalen Sprachen (*lazy functional languages*) wie z.B. Haskell [Hudak, Wadler 86] und Miranda [Turner 90; Turner 85] entfällt, da in diesen Sprachen Ausdrücke als Funktionsargumente nicht unmittelbar bei der Funktionsapplikation evaluiert werden müssen. Dem Entwurf von TL wird dennoch eine strikte Evaluationssemantik zugrundegelegt, da sie vorteilhafter mit imperativen Sprachkonzepten interagiert und dem Programmierer eine direkte Abschätzung der Speicherkomplexität eines Algorithmus gestattet (vgl. [Hudak 89; Peyton Jones 87]).

Zusammenfassend verfolgt die Homogenisierung benutzerdefinierter und vordefinierter Datentypen in TL die folgenden Ziele:

- Minimierung der Anzahl semantisch "interpretierter" syntaktischer Objekte zur Vermeidung von Konflikten bei der Definition benutzerdefinierter Spracherweiterungen;
- Austauschbarkeit der vordefinierten semantischen Objekte (etwa durch mehrfachgenaue Ganzzahlarithmetik, komplexe Arithmetik oder alternative Zeichenkettenrepräsentationen);
- Modularisierung der Sprachdefinition (leichtere Erlernbarkeit; vereinfachte Implementierbarkeit);
- Erhöhte Portabilität von TL Programmen durch Lokalisierung potentiell systemabhängiger Bibliotheksfunktionalität (z.B. Dateifunktionen, Fließkommagenauigkeit).

4.3 Benennung, Bindung und Typisierung benutzerdefinierter Werte

Ein Grundkonzept von TL ist die *Bindung* eines benutzerdefinierten *Namens* an ein semantisches Objekt, sowie die (wiederholte) Verwendung des Namens zur Bezeichnung des gebundenen Objektes in *Ausdrücken*. Darüber hinaus ordnet eine *Signatur* einem Namen statische Informationen in Form eines *Typausdruckes* zu. Eine Signatur schränkt einerseits die Menge der semantischen Objekte ein, die an einen Namen gebunden werden können, und erlaubt damit andererseits eine Kontrolle der Namensverwendung in Ausdrücken.

Es ist zu beachten, daß die Begriffe "Variable" und "Bindung" nicht mit den Begriffen Zustandsvariable und Zuweisung aus imperativen Programmiersprachen gleichzusetzen sind. Abschnitt § 5.1 untersucht, wie der spezialisierte Variablenbegriff imperativer Programmiersprachen (Variablen benennen Speicherstellen (*L-values*), denen destruktiv Werte (*R-values*) zugewiesen werden können [Sebesta 89; Morrison et al. 87a]) in TL erfaßt wird.

In diesem Abschnitt werden die Benennungs- und Sichtbarkeitskonzepte von TL ausschließlich am Beispiel von *Wert*bindungen behandelt. Die sprachliche Ausdrucksmächtigkeit von TL wird wesentlich durch die orthogonale Generalisierung dieser Konzepte auf *Typ*bindungen bestimmt, die Gegenstand von § 4.6 sind. Gelegentlich wird jedoch bereits in diesem Abschnitt die folgende Notation zur Typbindung benutzt, die eine Typvariable (*Person*) an einen Typausdruck bindet:

Let *Person* = **Tuple** *name :String age :Int* **end**

Für die Zwecke dieses Kapitels genügt es, *Person* als Synonym für den Typausdruck zu betrachten. An jeder Stelle, an der nachfolgend ein Typname verwendet wird, kann also ein vollständiger Typausdruck angegeben werden.

Aus didaktischen Gründen werden im folgenden die Bindungen der Namen *true*, *false*, *abs*, ==, >, *Int*, *Bool*, *Real* etc. an die "üblichen" Funktionen und Typen vorausgesetzt. Der Leser sollte sich jedoch der Tatsache bewußt sein, daß diese Bindungen in jeder Beziehung von den nachfolgend beschriebenen benutzerdefinierten Bindungen ununterscheidbar sind.

4.3.1 Statische Bindungen

Statische Wertbindungen werden in TL folgendermaßen definiert:

let *n* = *10*

Nach der Evaluation dieses Terms ist die Wertvariable *n* statisch an den Wert *10* gebunden. Jede Verwendung der Variablen *n* in einem Ausdruck evaluiert zu dem gebundenen Wert:

let *x* = *1* + {*2* * *n*}

Wertvariablen werden grundsätzlich an das Ergebnis der Evaluation eines Ausdrucks gebunden. Die folgende Bindung

let *x* = *1 / 0*

führt zu einer Division durch Null, auch wenn die gebundene Variable *x* nicht verwendet wird.

Generell findet in TL eine *sequentielle* Bindung statt. So ist z.B. in dem Ausdruck

let *n* = *10* **let** *x* = *1* + {*2* * *n*}

die erste Bindung *n* = *10* in dem Wertausdruck des zweiten Subterms sichtbar, und der erste Subterm wird komplett vor dem zweiten Subterm evaluiert.

Eine durch das Schlüsselwort **and** gekennzeichnete *simultane* Bindung in TL, wie z.B.

let a = *4*
let a = *123 / 3* **and** *b* = a + *2* **and** *c* = *true* \/ *false*

definiert eine (sequentielle) Evaluation der Wertausdrücke *123 / 3*, a + *2*, *true* \/ *false*, gefolgt von einer simultanen Bindung der Namen a, *b* und *c* an die Evaluationsergebnisse. Im obigen Beispiel wird also die Variable *b* an den Wert *6* gebunden.

In TL – wie in den meisten Programmiersprachen – ist es möglich, ein und den selben Namen an verschiedenen Stellen eines Programms für verschiedene Variablen zu verwenden, die voneinander unabhängige Bindungen eingehen können. Die statischen *Sichtbarkeitsregeln*[1] von TL definieren, wie die zu einem Namen in einem Ausdruck gehörende Bindung identifiziert wird:

let a = *1.0*
begin let a = *'x'* **let** *b* = a **end**
let *c* = a

Der durch **begin** und **end** geklammerte Block begrenzt den Sichtbarkeitsbereich der lokal deklarierten Namen a und *b*, so daß *c* an den durch die globale Variable a bezeichneten Wert *1.0* gebunden wird. Darüber hinaus besitzen in TL lokale Deklarationen Vorrang gegenüber globalen Deklarationen, so daß *b* an den Wert *'x'* gebunden wird.

Die durch die mehrfache Verwendung eines Variablennamens in einer Bindung entstehende Zweideutigkeit

let a = *3* **let** a = *4* **let** *b* = a ...

wird durch folgende Umformungsregel aufgelöst:

begin let a = *3* **begin let** a = *4* **begin let** *b* = a ... **end end end**

[1]In diesem Kapitel werden die TL Sichtbarkeitsregeln sprachlich umschrieben. Eine präzise Formalisierung findet sich in § 6 und § A.5.

In einem Ausdruck ist somit immer die zuletzt gebundene Variable sichtbar. Wie in § 5.2.2 diskutiert wird, hat diese Sichtbarkeitsregel eine interessante Auswirkung auf die Typisierbarkeit von relationalen Joinoperationen.

Für statische Bindungen inferiert der TL Compiler die Typen der gebundenen Variablen basierend auf den für die Wertausdrücke inferierten Typen. Darüber hinaus ist die (redundante) explizite Spezifikation des Variablentyps in *einschränkenden* Wertbindungen möglich

let *a :Int = 3* **let** *b :Bool = true*

Durch diesen Mechanismus läßt sich *keine* Typkonvertierung (*type cast*) durchführen, wie z.B. die Behandlung einer ganzen Zahl als einen booleschen Wert, da der statisch inferierte Typ des gebundenen Wertes ein Subtyp (s. § 4.5) des durch den Programmierer spezifizierten Typs sein muß. Einschränkende Wertbindungen werden daher typischerweise nur zur Erhöhung der Lesbarkeit von TL Programmen oder zur Abschwächung zu präziser Typinformationen eingesetzt (s. § 4.5).

Für *rekursive* Bindungen der Form

let rec *f* = ... *f* ... *g* ... **and** *g* = ... *f* ... *g* ...

gelten syntaktische Einschränkungen, um problematische Bindungen wie z.B.

let rec a = a
let rec a = a + *1*
let rec *f* = *f(f)*
let rec a = **tuple let** x = a.x **end**

statisch zu verbieten:

1. Die an die Wertvariablen gebundenen Ausdrücke dürfen lediglich durch TL Wertkonstruktoren **tuple** (evtl. mit Varianten), **record** und **array** sowie Funktionsabstraktionen **fun** gebildet werden. Die Komponenten der Wertkonstruktoren dürfen keine Ausdrücke enthalten, in denen die rekursiv gebundenen Wertvariablen als Argumente auftreten. Innerhalb von Funktionsabstraktionen unterliegen die Wervariablen jedoch keinerlei Restriktionen (s.a. § 4.3.2 und § 4.4).

2. Die (typischerweise rekursiven) Variablentypen müssen explizit in der Bindung angegeben werden (s. § 4.6.3).

Diese in der Praxis wenig restriktiven Einschränkungen ermöglichen den Aufbau komplexer zyklischer Datenstrukturen in TL, die in klassischen Typsystemen funktionaler Sprachen (z.B. ML) nicht modellierbar sind, ohne dabei den Rahmen wohlverstandener Typüberprüfungsalgorithmen oder Evaluationssemantiken verlassen zu müssen.

Da Variablen einerseits nur in Bindungen eingeführt werden können, andererseits rekursive Bindungen durch Restriktion 1 (s.o.) eingeschränkt sind, wird in TL das Problem *uninitialisierter* (ungebundener) Variablen völlig vermieden. Darüber hinaus ist es nicht erforderlich, für rekursive oder zyklische

Datenstrukturen auf Zeigertypen (*pointer*) und das Konzept eines ausgezeichneten polymorphen *nil* Zeigerwertes zurückzugreifen.

Wie in anderen wertorientierten Sprachen werden *Blöcke* auch in TL als zusammengesetzte Ausdrücke betrachtet, die zu dem durch ihre letzte Bindung bestimmten Wert evaluieren. Beispiele für Blöcke sind

begin let *a* = *3* **let** *b* = *true* **end**
begin let *a* = *3* *true* **end**
begin *3* *true* **end**
begin end

Die ersten drei Blöcke evaluieren zu *true*, während der leere Block zu dem kanonischen Wert **ok** des Typs **Ok** evaluiert. Wie das zweite und dritte Beispiel zeigen, läßt die Syntax für Bindungen (s. § A.4) auch sogenannte *anonyme* Bindungen zu, in denen kein Variablenname spezifiziert wird. Blöcke treten auch (ohne explizites **begin end**) in der Syntax zusammengesetzter Ausdrücke auf, z.B.

```
if x>y then
    let diff = x-y   diff * 2
else
    let diff = y-x   diff * 4
end
```

Die *Signaturen* von Wertbindungen werden durch Paare von Variablennamen und Variablentypen (*x :A*) beschrieben. Wertsignaturen sind *geordnete* Sequenzen, die einer Folge nicht notwendigerweise verschiedener Variablennamen Typen zuordnen. Für anonyme Bindungen entfällt der Variablenname auch in der Signatur. Die Bindungen der Blöcke der vorangegangenen Beispiele besitzen demnach die folgenden Signaturen:

a :Int b :Bool
a :Int :Bool
:Int :Bool
(leere Signatur *)*
diff :Int :Int
diff :Int :Int

Zusammenfassend bietet TL ein reiches Repertoire an statischen Bindungsmechanismen, das eine exakte Modellierung verschiedenartiger Sichtbarkeitsregeln und Benennungsschemata unabhängig von der Struktur der benannten Objekte gestattet. In nachfolgenden Abschnitten wird darüber hinaus deutlich, daß die vorgestellten Bindungsmechanismen nicht nur in Blöcken und auf dem interaktiven *top level* gelten, sondern auch in Aktualparameterlisten, Tupel- und Recorddefinitionen, Modulen, Bibliotheken und Typoperatorapplikationen Anwendung finden und damit zu einer starken Sprachregularität und -ökonomie beitragen.

4.3.2 Dynamische Bindungen

Eine Funktionsabstraktion besteht aus einer geordneten (eventuell leeren) Liste von Formalparametern (Signaturen) und einem Ausdruck, dem Funktionsrumpf:

fun(*x :Int) x+1*

Der Rumpf einer Funktion kann sich auf die durch die Signaturen definierten Formalparameter, auf globale Variablen im statischen Sichtbarkeitsbereich der Funktionsabstraktion und auf lokale Variablen beziehen:

let *global = 1*
fun(*x :Int*) **begin let** *local = 3 x+global–local* **end**

Eine Funktionsabstraktion definiert eine Funktion, die an eine Wertvariable gebunden werden kann:

let *succ* = **fun**(*x :Int) x+1*
let *plus* = **fun**(*x :Int y :Int) x+y*
let *succ2 = succ*

Funktionen sind Werte eines Funktionstyps, der die Signaturen und den Ergebnistyp der Funktion beschreibt:

succ :**Fun**(*x :Int) :Int*
plus :**Fun**(*x :Int y :Int) :Int*
succ2 :**Fun**(*x :Int) :Int*

TL erlaubt folgende abkürzende Schreibweise für Funktionsbindungen:

let *succ(x :Int) = x+1*
let *plus(x :Int y :Int) = x+y*

Darüber hinaus kann der Programmierer den (ansonsten vom Compiler inferierten) Ergebnistyp zur Verbesserung der Lesbarkeit des Programms in der Funktionsabstraktion explizit angeben:

let *succ(x :Int) :Int = x+1*

Auch für Funktionssignaturen existiert in TL eine abkürzende Schreibweise:

succ(x :Int) :Int
plus(x :Int y :Int) :Int

Rekursive Funktionen werden über rekursive Bindungen definiert:

let rec *even(x :Int) :Bool = x == 0* **orif** *odd(x–1)*
and *odd(x :Int) :Bool = x == 1* **orif** *even(x–1)*

Zum Zeitpunkt der Funktionsapplikation findet eine *dynamische Bindung* der Aktualparameter an die Formalparameter der Funktion statt, der die Evaluation des Funktionsrumpfes folgt.

plus(1 2)
plus(**let** *x = 1* **let** *y = x+1)*
plus(**let** *x = 1* **and** *y = 2)*

TL definiert folgende Evaluationsreihenfolge für eine Funktionsapplikation *a(D)* (*call by value with strict left to right evaluation*). Zunächst wird der Funktionswert a berechnet, gefolgt von einer sequentiellen Evaluation der Bindungen *D*, die eine geordnete (evtl. anonyme) Folge von Aktualparameterwerten definieren. Die Signaturen der Bindungen *D* müssen kompatibel zu den Signaturen der Funktion a sein (s. § 4.5). Die Namen der Formalparameter sind für die anschließende Evaluation des Funktionsrumpfs an die Werte der Aktualparameter gebunden. Das Ergebnis der Funktionsapplikation ist das Ergebnis der Evaluation des Funktionsrumpfes.

4.3.3 Funktionen höherer Ordnung

In TL sind Funktionen gleichberechtigte Werte (*first class values*). Sie können daher insbesondere auch als Funktionsargumente und Funktionsergebnisse auftreten.

let *twice =* **fun***(f :***Fun***(:Int) :Int a :Int) :Int f(f(a))*
let *newInc =* **fun***(x :Int) :***Fun***(:Int) :Int* **fun***(y :Int) :Int x+y*

oder unter Benutzung einer äquivalenten abkürzenden Schreibweise (s.a. § 6.3):

let *twice(f(:Int) :Int a :Int) = f(f(a))*
let *newInc(x :Int)(y :Int) = x+y*

twice ist eine Funktion höherer Ordnung, die ihren ersten Parameter *f* zweifach auf ihren zweiten Parameter anwendet:

twice(succ 3)
⇒ *5 :Int*
*twice(***fun***(x :Int) x*x 3)*
⇒ *81 :Int*

newInc ist ebenfalls eine Funktion höherer Ordnung mit einem Parameter *x*. Die Applikation von *newInc* auf ein Argument a liefert eine neue (anonyme) Funktion mit einem Parameter *y* zurück. Die Applikation dieser Funktion auf ein Argument *b* liefert schließlich die Summe von a und *b*:

let *plus2 = newInc(2)*
plus2(5)
⇒ *7 :Int*
let *plus3 = newInc(3)*
plus3(5)
⇒ *8 :Int*
newInc(3)(5)
⇒ *8 :Int*

Die Funktionen *plus2* und *plus3* zeigen eine wichtige und sehr leistungsfähige Eigenschaft von Funktionen: Sie erlauben den Zugriff auf Bindungen aus ihrem statischen Sichtbarkeitsbereich (*static scope*), der quasi zum Funktionsabstraktionszeitpunkt "eingefroren" wird. Im Beispiel der Funktion *newInc* wird dieser Funktionsabschluß (*static closure*) durch den Wert des Parameters x (2 bzw. 3) definiert.

Das folgende Beispiel zeigt schließlich, daß das Konzept der Aggregation bereits im Konzept der Funktionsabstraktion enthalten ist, da sich (monomorphe) kartesische Produkte durch Funktionen höherer Ordnung (einen Wertkonstruktor und zwei Wertselektoren) kodieren lassen:

```
let newPair(x,y :Int)(f(a,b :Int) :Int) :Int = f(x y)
let fst(a,b :Int) :Int = a
let snd(a,b :Int) :Int = b
let pair1 = newPair(1 2)
let pair2 = newPair(3 5)
pair1(fst) pair1(snd) pair2(fst) pair2(snd)
⇒ 1 :Int  2 :Int  3 :Int  5 :Int
```

Die von der Paarbildungsfunktion *newPair* zurückgelieferte (anonyme) Funktion speichert die Bindungen der Funktionsparameter *x* und *y*, auf die durch die Projektionsfunktionen *fst* und *snd* wieder zugegriffen werden kann.

4.4 Vordefinierte Wertkonstruktoren und Wertselektoren

Eine zentrale Fragestellung beim Entwurf der Sprache TL betrifft die Wahl der *vordefnierten* Wert- und Typkonstruktoren. Die ursprünglichen Definitionen von FORTRAN, Basic und APL beschränken sich auf Feldtypen und Dateien, COBOL auf Recordtypen und Dateien, während heutige Programmiersprachen (C, Modula-2, Ada) eine reiche Menge an Typkonstruktoren wie Aufzählungs-, Unterbereichs-, Zeiger-, Record-, Feld-, Prozedur- und Prozeßtypen anbieten, jedoch z.B. die Typen zur Beschreibung von Ein- und Ausgabeströmen in Standardbibliotheken auslagern. Sprachen wie Modula-3, C++, Eiffel und Trellis bieten darüber hinaus spezialisierte Mechanismen für Klassen- und Objektdefinitionen, für deren Ausprägungen spezielle Kompatibilitäts-, Bindungs- und Sichtbarkeitsmechanismen gelten.

Wie in § 2.1 ausführlich besprochen, spielen schließlich in der Datenbankprogrammierung Strukturen für *Massendaten* eine herausragende Rolle. Datenbankprogrammiersprachen bieten daher (geschachtelte) Mengen, Relationen, Listen oder Bags (Multimengen) als vordefinierte Typkonstruktoren.

§2 und [Matthes, Schmidt 91a] liefern zahlreiche sprachliche und architektonische Argumente, die es angebracht erscheinen lassen, in ausdrucksmächtigen polymorphen Programmiersprachen und modularen, persistenten Sytemumgebungen wie im Tycoon System die Anzahl der vordefinierten Typkonstruktoren zugunsten benutzerdefinierbarer Erweiterungen in der Programmierumgebung zu minimieren.

Anstelle semantisch überladener Konstruktoren (wie z.B. Klassen in C++) bietet TL daher einen orthogonalen Satz primitiver Konstruktoren, die jeweils weitgehend unabhängige Modellierungsanforderungen (funktionale Abstraktion, Aggregation, Partitionierung) abdecken. Basierend auf der geschachtelten und rekursiven Anwendung dieser Primitive finden sich in den Tycoon Standardbibliotheken (benutzerdefinierte) Typkonstruktoren zur Modellierung von optionalen Attributen, Mengen, Listen, Relationen, Assoziationen, Klassen, Dateien, etc., und polymorphe Funktionen zur Manipulation von Werten dieser parametrisierten Typen.

Dieser Abschnitt stellt die vordefinierten Typkonstruktoren Tupel, Tupel mit Varianten und Record vor. Zusammen mit der Funktion (§4.3.2) und den aus der imperativen Programmierung stammenden Typkonstruktoren Feld (§ 5.1.4) und Ausnahme (§ 5.1.2) bilden sie die Basis für die Typalgebra [Atkinson, Bunemann 87] von TL.

Eine weitere Reduktion dieses Satzes an Typkonstruktoren verbietet sich beim gegenwärtigen Stand der Sprachtechnologie. So lassen sich die Sichtbarkeits- und Bindungsregeln für Attributnamen in Tupeln und Records nicht sprachlich adäquat auf einfachere (polymorphe) Konstruktor- und Selektorfunktionen abbilden. Die Elimination von Feldtypen (Arrays) würde andererseits die Sprache eines speicher- und laufzeiteffizienten Bausteins für die Implementierung von homogenen Strukturen für Massendaten (z.B. Hashtabellen, Mehrwegbäume) berauben.

4.4.1 Tupel und Feldselektion

Ein Tupeltyp (*labeled cartesian product type*) definiert eine geordnete (evtl. leere) Folge von Signaturen, die auch anonyme Variablen enthalten dürfen:

Let *Person* = **Tuple** *name :String age :Int* **end**
Let *IntPair* = **Tuple** *:Int :Int* **end**

Tupelwerte aggregieren (evtl. anonyme) Bindungen:

let *peter* = **tuple let** *name* = *"Peter"* **let** *age* = *3* **end**
let *pair1* = **tuple** *12 21* **end**
let *paul* = **tuple** *"Paul" 5* **end**

Die Sichtbarkeitsbereiche der Feldnamen (*name, age*) sind auf den Tupeltyp bzw. den Tupelkonstrukor beschränkt. Der Sichtbarkeitsbereich wird durch Feldselektion über die Punktnotation zugänglich:

peter.age
⇒ *3 :Int*

Die strukturellen Typkompatibilitätsregeln in TL gestatten die α-Konversion zwischen anonymen und nicht-anonymen Feldnamen unter Berücksichtigung der durch die Bindung definierten Reihenfolge (s. § 4.5). Daher können benannte Sichten auf anonyme Felder und *vice versa* erzeugt werden:

```
let + = real.add and - = real.sub and * = real.mul and / = real.div

Let Rec Point <:Ok = Tuple x, y, r, theta :Real dotProduct(:Point) :Real end

let newCartPoint(a, b :Real) :Point = tuple
    let x = a
    let y = b
    let r = real.sqrt({x * x} + {y * y})
    let theta = real.arctan(y / x)
    let dotProduct(p :Point) = {x * p.x} + {y * p.y}
end

let newPolarPoint(a, b :Real) :Point = tuple
    let x = a * real.cos(b)
    let y = a * real.sin(b)
    let r = a
    let theta = b
    let dotProduct(p :Point) = r * p.r * real.cos(theta - p.theta)
end

let p1 = newCartPoint(3.0 3.0) and p2 = newPolarPoint(8.0 1.2)

p1.dotProduct(p2) - p2.dotProduct(p1)
⇒ 0.0 :Real
```

Fig. 4.1. Datenabstraktion erster Stufe durch Tupel

```
let p :Person = paul
p.name
⇒ "Paul" :String
let namedPair :Tuple x,y :Int end = pair1
namedPair.x
⇒ 12 :Int
```

Neben einfachen Records (Pascal, Modula-2) oder Strukturen (C, C++) decken Tupel in TL auch komplexere Strukturen ähnlich zu C++ Klassen mit virtuellen Funktionen oder Modula-3 Objekten mit Methoden ab. Das Beispiel in Fig. 4.1 definiert z.B. einen Datentyp *Point*, für den zwei verschiedene Repräsentationen durch kartesische Koordinaten und Polarkoordinaten mit den Funktionen *newCartPoint* und *newPolarPoint* erzeugt werden können. Das Beispiel nutzt unter anderem die Tatsache, daß Abhängigkeiten zwischen Bindungen existieren können (z.B. bezieht sich die Funktion *dotProduct* für kartesiche Koordinaten auf die lokalen Bindungen *x* und *y*). Die in Fig. 4.1 dargestellte Form der Datenabstraktion wird üblicherweise als *first-*

order data abstraction bezeichnet, da sie im Unterschied zu dem in § 4.6.1 vorgestellten Abstraktionsmechanismen keine Abstraktionen über Typbindungen involviert (*second-order data abstraction* [Cardelli, Wegner 85; Bishop 86; Connor 90]).

Zusätzlich zu dem durch Tupel erfaßten Mechanismus zur Aggregation und Datenkapselung erfordert die objekt-orientierte Modellierung das Konzept verborgener veränderlicher Zustandsvariablen, Vererbungsbeziehungen und die Möglichkeit zur dynamischen Bindung sogenannter *self messages*, die durch zu Tupeln orthogonale Sprachkonzepte in TL beschrieben werden (s. § 5.2).

4.4.2 Varianten und Variantenprojektion

Das Datenmodellierungskonzept der Partitionierung und die Typkonzepte der disjunkten Vereinigung (C) oder des varianten Records (Pascal, Modula-2) werden in TL durch Tupel mit Varianten (*discriminated union*) erfaßt. Ein Tupeltyp mit Varianten beschreibt eine geordnete, benannte Sequenz von Signaturen.

```
Let Address = Tuple
    case national with street, city :String zip :Int
    case international with street, city, state :String zip :String
end
```

Die Namen der Varianten (*national, international*) müssen paarweise verschieden sein. Ein Zugriff auf die Variantennamen ist nur über die in diesem Abschnitt beschriebenen Mechanismen zur Variantenkonstruktion, -analyse, -test und -projektion möglich. Somit sind Namenskonflikte mit Variantennamen anderer Typen oder Variablennamen der Signaturen des Variantentyps ausgeschlossen.

```
Let Day = Tuple case mon, tue, wed, thu, fri, sat, sun end
```

Der Typ *Day* zeigt, daß Tupel mit Varianten zu Aufzählungstypen degenerieren, falls alle Signaturen leer sind. Für den in der Programmierpraxis häufig auftretenden Fall, daß verschiedene Varianten ein gemeinsames Präfix besitzen, ist eine Linksfaktorisierung der Signaturen möglich:

```
Let Address1 = Tuple
    street, city :String
    case national with zip :Int
    case international with state :String zip :String
end
```

Ein Wert eines Tupeltyps mit Varianten wird durch die Angabe der aktuellen Variante und einer kompatiblen Bindung (s. § 4.5) definiert:

```
let adr1 = tuple case national of Address1
    let street = "Johnsallee 21"
    let city = "Hamburg"
    let zip = 2000
end
let today = tuple case mon of Day end
```

Auf Felder im gemeinsamen Präfix kann direkt durch die Punktnotation zugegriffen werden:

adr1.street
⇒ *"Johnsallee 21" :String*

Durch eine Fallanalyse ist ein Zugriff auf die übrigen Bindungen möglich; innerhalb jedes Zweigs der Fallanalyse kann eine lokale Wertvariable (*n*, *i*) eingeführt werden:

case of *adr1*
when *national* **with** *n* **then** *fmt.int(n.zip)*
when *international* **with** *i* **then** *i.zip*
end
⇒ *"2000" :String*

Diese lokale Variable besitzt einen Tupeltyp (ohne Varianten), dessen Signatur durch das gemeinsame Präfix aller in der jeweiligen **when** Klausel genannten Varianten bestimmt ist. Der Ergebnistyp einer Fallanalyse (wie einer bedingten Anweisung) ist der kleinste gemeinsame Supertyp der Ergebnistypen der Alternativen (s. § 4.5).

Neben der oben angegebenen *vollständigen* Fallanalyse (**case of**), die alle Varianten explizit behandeln *muß*, existiert in TL noch eine weitere Form der Fallanalyse (**case**), die zu einem Laufzeitfehler führt, falls der Ausdruck nicht von einer der angegebenen Varianten ist:

case *adr1*
when *national* **with** *n* **then** *fmt.int(n.zip)*
end

Im Falle der nicht-vollständigen Fallanalyse ist die Angabe eines **else** Zweigs möglich:

let *weekDay(d :Day) :Bool =*
  case *d*
  when *mon, tue, wed, thu, fri* **then** *true*
  else *false*
  end

Die Verwendung der vollständigen Fallanalyse erweist sich in der Programmierpraxis als vorteilhaft, da sie zusichert, daß Erweiterungen des Tupeltyps um neue Varianten auch durch korrekte Erweiterungen der Fallmarken in der Fallanalyse gefolgt werden und nicht zu unerwarteten Laufzeitfehlern führen.

Schließlich existieren in TL noch zwei Notationen für einen einfachen Variantentest und die Variantenprojektion

adr1?national adr1!national

die äquivalent zu folgenden Fallanalysen sind:[2]

[2]Zur Semantik von Ausnahmen, die durch **raise** Ausdrücke ausgelöst werden, siehe § 5.1.2.

case *adr1* **when** *national* **then** *true* **else** *false* **end**
case *adr1* **when** *national* **with** *n* **then** *n* **else raise** *projectExc* **end**

Die Variantenprojektion öffnet somit den Sichtbarkeitsbereich der selektierten Variante:

adr1!national.zip
⇒ 2000 :Int

Die Häufigkeit, mit der Variante Records in Pascal und Vereinigungstypen in C verwendet werden müssen, liefert ein Indiz für Einschränkungen der ihnen zugrundeliegenden monomorphen Typsysteme [Meyer 88; Gorlen et al. 90]. Zahlreiche durch Varianten behandelte Modellierungssituationen lassen sich wesentlich adäquater durch Spezialisierungshierarchien beschreiben, wie sie der objektorientierten Programmiermethodik zugrundeliegen. Im Gegensatz zu dem auch in TL vorhandenen Subtypkonzept (s. §4.5) erlauben Tupeltypen mit Varianten jedoch eine explizite Quantifizierung über eine *endliche*, statisch fixierte Menge von Varianten sowie eine Variantendiskrimination zur Programmlaufzeit. Typische Programmiersituationen, in denen Tupel mit Varianten vorteilhaft eingesetzt werden, sind Algorithmen über induktiv definierte Datenstrukturen, sowie die Umsetzung des Konzepts der Partitionierung, wie es beispielsweise in ingenieurwissenschaftlichen Anwendungen auftritt [Peckham, Maryanski 88].

4.4.3 Records, Recorderweiterung und Recordfeldselektion

Das Konzept der Aggregation ist von so wesentlicher Bedeutung in der Programmierung datenintensiver und langlebiger Anwendungen [Hoare 68; Smith, Smith 77], daß TL neben Tupeln einen weiteren aggregierenden Typkonstruktor besitzt.

Ein Recordtyp definiert eine (evtl. leere) *ungeordnete* Menge von nicht-anonymen Signaturen, deren Namen paarweise disjunkt sind:

Let *Person* = **Record** *name :String age :Int* **end**

Recordwerte aggregieren nicht-anonyme, ungeordnete Bindungen:

let *peter* = **record let** *age* = *3* **let** *name* = *"Peter"* **end**

Die Sichtbarkeitsbereiche der Feldnamen (*name*, *age*) sind auf den Recordtyp bzw. den Recordkonstruktor beschränkt. Der Sichtbarkeitsbereich wird durch Recordfeldselektion über die Punktnotation zugänglich:

peter.age
⇒ 3 :Int

Wie in [Atkinson, Morrison 88; Dearle 89; Schmidt, Matthes 91b] erläutert wird, benötigen langlebige datenintensive Anwendungen Benennungsschemata, die in der Lage sind, *dynamische* Mengen von Bindungen zu verwalten, wie sie z.B. in Verzeichnisstrukturen von Betriebssystemen oder in *data dictionaries* von Datenbanksystemen auftreten. Auch bei der inkrementellen Definition von Werten und Typen, wie sie dem objekt-orientierten Konzept der *Vererbung* zugrundeliegt, werden aggregierende Mechanismen zur dynamischen Erweiterung von Bindungsmengen benötigt.

TL trägt diesen Anforderungen Rechnung und erlaubt die inkrementelle Erweiterung existierender Recordwerte um zusätzliche nicht-anonyme Bindungen, falls dadurch nicht die Eindeutigkeit der Feldnamen verletzt wird (s.a. § 4.5.3):

let *peterAsStudent* = **extend** *peter* **with let** *semester* = *1* **end**

Der Recordwert *peterAsStudent* besitzt (unter anderem, s. § 4.5) den Typ

Record *name :String age :Int semester :Int* **end**

Die Feldselektion *peterAsStudent.semester* ist daher zulässig, während die Feldselektion *peter.semester* statisch unzulässig ist.

Weitere Unterschiede zwischen Records und Tupeln werden bei der Diskussion der Subtypisierungsregeln in § 4.5 und des Konzepts der Objektidentität in § 5.2.3 deutlich.

4.5 Typkompatibilität und Subtypbeziehungen

Die vorangegangenen Abschnitte haben die allgemeine Frage, wann ein Ausdruck *a* den Typ *A* besitzt, weitgehend unbeantwortet gelassen. Durch die wechselseitig rekursive Definition der Syntax von Werten und Bindungen sowie von Typen und Signaturen ist diese Frage eng mit der Fragestellung gekoppelt, ob eine Folge von Bindungen *D* die Folge von Signaturen *S* besitzt.

Eine wichtige Eigenschaft des Typsystems von TL ist die Tatsache, daß Typaussagen in Signaturen der Form *x :A* *partielle* Spezifikationen darstellen: Der an die Wertvariable *x* gebundene Wert erfüllt *mindestens* die durch den Typ *A* gegebene Spezifikation. Ein statisch oder dynamisch an *x* gebundener Wert kann jedoch auch eine präzisere Spezifikation *x :B* erfüllen. Die zugrundeliegende partielle Ordnung auf Typen ("*B* ist präziser als *A*") wird durch die in § A.5 induktiv definierte *Subtypbeziehung* (*B* <:*A*, "B ist Subtyp von A") in TL explizit beschrieben. In Abschnitt § 4.6.2.2 wird diese Ordnung auf Typen auch auf Typoperatoren (evtl. höherer Ordnung) ausgedehnt, die als parametrisierte Spezifikationen verstanden werden können.

Das Konzept der Subtypisierung leistet einen wesentlichen Beitrag zur Erweiterbarkeit von Softwaresystemen, insbesondere in persistenten Umgebungen. Durch sorgfältige Planung der Schnittstellen von Softwarkomponenten können Teilsysteme, die auf Objekten des Typs *A* arbeiten, *unverändert* für Objekte eingesetzt werden, die einer verfeinerten Spezifikation *B* <:*A* genügen. Reichhaltige Subtypbeziehungen vereinfachen darüber hinaus die Entwicklung generischer Algorithmen, die selektiv von irrelevanten Typdetails der manipulierten Objekte abstrahieren.

Im Gegensatz zu vielen anderen Sprachen ist die Subtypbeziehung in TL nicht an bestimmte Typkonstruktoren (z.B. Klassen oder Objekte) gebunden, sondern induktiv für alle Typen definiert. Die Subtypbeziehung in TL ist transitiv ($B <: A \wedge C <: B \Rightarrow C <: A$) und reflexiv ($A <: A$). Darüber hinaus gilt das *Subsumptionsprinzip* ($a : B \wedge B <: A \Rightarrow a : A$), d.h. jeder Wert eines Typs ist auch ein Wert jedes Supertyps dieses Typs.

Eine wichtige Rolle bei der Entwicklung generischer Abstraktionen spielt der Typ **Ok** (*top type*), der Supertyp aller (nicht-parametrisierten) Typen. Er kann als die triviale Spezifikation betrachtet werden, die von allen Werten erfüllt wird, z.B.:

Int <:**Ok** *Real* <:**Ok** **Fun**(*:Int*) *:Int* <:**Ok** **Tuple** *:Int* **end** <:**Ok**

Ein gutes Beispiel für die Verwendung des Typs **Ok** liefern die Projektionsfunktionen *fst* und *snd* des Beispiels auf S. 43, da sie jeweils einen ihrer Parameter nicht benutzen, und somit seinen Typ unspezifiziert lassen können:

let *fst(a :Int b :***Ok***) :Int = a*
let *snd(a :***Ok** *b :Int) :Int = b*
fst(3 4) fst(3 true) snd(3 4) snd(true 4)
⇒ 3 :Int 3 :Int 4 :Int 4 :Int

Die durch die Funktionen *fst* und *snd* repräsentierte Form des Polymorphismus wird als *Subtyppolymorphismus* bezeichnet [Cardelli, Wegner 85; Meyer 86], da das Subsumptionsprinzip die dynamische Bindung von Formalparametern eines statischen Typs *A* (in diesem Fall **Ok**) an Werte eines beliebigen Subtyps *B* <:*A* (in diesem Fall *Int* und *Bool*) gestattet.

Zwischen den (durch Literalproduktionen) "fest verdrahteten" Basistypen in TL (*Int*, *Real*, *Longreal*, *String*, *Char*) existieren keine nicht-trivialen Subtypbeziehungen (z.B. *Int* <:*Real*). Hingegen existieren in der Tycoon Standardbibliothek Subtypen der Basistypen, die zusätzliche Operationen auf den Werten der Basistypen implementieren. So erlaubt z.B. der Typ *word.T* <:*Int* die Interpretation ganzer Zahlen als Bitvektoren und der Typ *mutString.T* <:*String* die destruktive Modifikation von Buchstaben innerhalb eines Strings. Andere Subtypen der Basistypen in der Tycoon Bibliothek schränken den Wertebereich der Typen "prädikativ" ein. So stellen z.B. Werte des Typs *directory.T* <:*String* ausschließlich korrekte Pfadnamen in hierarchischen Verzeichnisstrukturen des Betriebssystems dar. Das Subsumptionsprinzip gestattet die direkte Verwendung von Elementen des Typs *word.T* als ganze Zahlen und von Pfadnamen als Strings aber nicht vice versa.

Signaturen *S* heißen *Subsignaturen* von Signaturen *S'*, wenn (1.) die geordneten Folgen *S* und *S'* die gleiche Länge besitzen, und (2.) die Typen A_i der Signaturkomponenten in *S* Subtypen der Typen A'_i an gleicher Position in *S'* sind. Sind darüber hinaus die Variablennamen x_i und x'_i beide nicht anonym, so muß (3.) $x_i = x'_i$ gelten[3] . In diesem Abschnitt und in § 6 wird die (nicht

[3] Dem aufmerksamen Leser wird auffallen, daß die Definition von Subsignaturen und Subtypen wechselseitig rekursiv ist.

in der konkreten TL Syntax auftauchende) Notation *S <::S'* zur Beschreibung der durch diese Definition und die Subtypordnung induzierten (partiellen) Subsignaturordnung benutzt, z.B.

name :String age :Int <:: name :**Ok** *age :Int <:: name* :**Ok** *age* :**Ok**

In § 4.6.1 wird der Begriff der Subsignaturen auch auf Signaturen mit (implizit quantifizierten) Typvariablen generalisiert.

4.5.1 Subtypisierung zwischen Tupeltypen

Signaturen *S* heißen *Tupelsubsignaturen* von Signaturen *S'*, wenn sie ein Präfix von Signaturen *S"* besitzen, die Subsignaturen von *S'* sind.

Ein Tupeltyp *A* ohne Varianten ist ein Subtyp eines Tupeltyps *B* ohne Varianten, wenn die Signaturen von *A* Tupelsubsignaturen der Signaturen von *B* sind, z.B. für

Let *Student* = **Tuple** *name :String age :Int semester :Int* **end**
Let *Person* = **Tuple** *name :String age :Int* **end**
Let *Car* = **Tuple** *name :String age :Int* **end**
Let *Machine* = **Tuple** *name :String fuel :String* **end**
Let *NamedThing* = **Tuple** *name :String* **end**

gelten die folgenden Subtypbeziehungen

Student <:Person Person <:NamedThing
Car <:NamedThing Machine <:NamedThing

aber auch

Car <:Person Person <:Car

Subtypisierung in TL beruht also auf *struktureller* Kompatibilität, da Typbezeichner für den Typkompatibilitätstest irrelevant sind. Wie in [Cardelli, MacQueen 88; Connor 90; Nelson 91] diskutiert, ist strukturelle Typkompatibiliät zum Datenaustausch in teil-autonomen persistenten Umgebungen unabdingbar, da dort realistischerweise kein globaler Sichtbarkeitsbereich für Typnamen angenommen werden kann [Corbin 91]. Darüber hinaus ist jedes Programm, das unter einer Verwendung von Namensäquivalenzregeln typisierbar ist, auch in einem Typsystem mit Strukturäquivalenzregeln typisierbar.

In § 4.6.1 wird beschrieben, wie der Programmierer in TL die Kompatibilität zwischen strukturell äquivalenten Typen durch partielle Typabstraktion auf explizit deklarierte Subtypbeziehungen (z.B. *Student <:Person*) beschränken und somit das Problem "zufälliger Kompatibilitäten" (*Car <:Person*) vermeiden kann.

Ein typisches Beispiel für die Nutzung der Subtypbeziehung ist die Applikation von Funktionen, die Parameter des Typs *NamedThing* erwarten, auf Tupel der Typen *Student*, *Person*, *Car* oder *Machine*:

let *sameName(x, y :NamedThing) :Bool = string.equal(x.name y.name)*
let *peter :Person* = **tuple let** *name = "Peter"* **let** *age = 3* **end**
let *fiat :Machine* = **tuple let** *name = "Uno 45"* **let** *fuel = "unleaded"* **end**
sameName(peter fiat)
⇒ *false :Bool*

Ein Tupeltyp *A* mit Varianten ist Subtyp eines Tupeltyps *B* mit Varianten, falls (1.) die geordnete Sequenz der Variantennamen von *A* ein Präfix der Sequenz der Variantennamen von *B* ist und (2.) die Signaturen S_i jeder Variante von *A* Tupelsubsignaturen der entsprechenden Variantensignaturen S'_i in *B* sind. So gilt z.B. *RGBColor* <:*Color*, falls

Let *RGBColor* = **Tuple case** *red, green, blue* **end**
Let *Color* = **Tuple case** *red, green, blue, cyan, yellow* **end**

oder *Address* <:*Address2* für den auf S. 46) deklarierten Typ *Address*, falls

Let *Address2* = **Tuple**
  case *national* **with** *street, city :String zip :Int*
  case *international* **with** *street, city, state :String zip :String*
  case *unknown*
end

Im Gegensatz zu Pascal oder C++ sind somit nachträgliche Erweiterungen existierender Aufzählungstypen möglich, wobei existierende Datenstrukturen, die eine kleinere Menge von Varianten enthalten, von den für eine erweiterte Variantenmenge entwickelten Algorithmen ohne Änderung bearbeitet werden könnnen.

Schließlich ist ein Tupeltyp *A* ohne Varianten mit Signaturen *S* ein Subtyp eines Tupeltyps *B* mit Varianten, falls die Signaturen *S* Tupelsubsignaturen der Signaturen *S'* der ersten Variante von *B* sind, z.B. *AddressTuple* <: *Address2*

Let *AddressTuple* = **Tuple** *street, city :String zip :Int* **end**

Die letztgenannte Subtypbeziehung erlaubt eine typsichere Lösung eines bekannten Problems, das bei der Evolution persistenter Datenstrukturen auftritt, nämlich der Notwendigkeit, unvorhergesehene Erweiterungen und Varianten von Datenstrukturen einzuführen, ohne existierende persistente Bindungen (in der Datenbank, in Dateien, in Programmen) zu invalidieren.

So kann z.B. eine frühe Systemversion, die Adressen als einfache Tupel speichert, die folgende Bindung einführen,

let *a :AddressTuple* = **tuple** *"Johnsallee 21" "Hamburg" 2000* **end**

die ebenfalls in einer erweiterten Systemversion gültig ist, die eine ausgefeiltere Datenrepräsentation von nationalen und internationalen Adressen über den Typ *Address2* unterstützt:

let *printAddress(x :Address2)* :**Ok** = ...
printAddress(a)

4.5.2 Subtypisierung zwischen Funktionstypen

Die Interpretation von Typen und Signaturen als partielle Spezifikationen sowie von Subtypen und Subsignaturen als Verfeinerungen von Spezifikationen führt bei der Subtypisierung zwischen Funktionstypen zu der bekannten *Kontravarianzregel*: Ein Funktionstyp mit Formalparametersignaturen *S* und Ergebnistyp *A* ist ein Subtyp eines Funktionstyps mit Signaturen *S'* und Ergebnistyp *B* genau dann, wenn *A* <:*B* und *S'* <::*S* gilt. Anders ausgedrückt ist eine Funktion F_1 eine Verfeinerung einer Funktion F_2, wenn die Postkonditionen von F_1 unter Annahme der Präkonditionen von F_2 zumindest die Postkonditionen von F_2 erfüllen und die Präkonditionen von F_1 nicht restriktiver als die Präkonditionen von F_2 sind [Hoare 69] (vgl. [Subtype Fun] auf S. 199). Somit gilt z.B. *NameOfThing* <:*NameOfPerson* für

```
Let NameOfThing = Fun(:NamedThing) :String
Let NameOfPerson = Fun(:Person) :String
```

Wie z.B. in [Danforth, Tomlinson 88] ausführlich diskutiert wird, ist eine Kontravarianzregel für Funktionen in allen Sprachen erforderlich, in denen Funktionen als gleichberechtigte Werte benannt und gebunden werden können. Diese Tatsache wird durch die folgenden kurzen TL Beispiele illustriert, die das Beispiel aus Fig. 4.1 auf S. 45 fortsetzen.

```
let newColorPointGenerator(c :Color) = fun(a, b :Real) tuple
    let x = a
    let y = b
    let r = real.sqrt({x * x} + {y * y})
    let theta = real.arctan(y / x)
    let dotProduct(p :Point) = {x * p.x} + {y * p.y}
    let color = c
end

let newRedPoint = newColorPointGenerator(tuple case red of RGBColor end)
newRedPoint(3.0  4.0).color
⇒ tuple case red of Color end
```

Die Applikation der Funktion *newColorPointGenerator* liefert eine Funktion, die für gegebene Koordinaten spezialisierte Punktrepräsentationen mit einem zusätzlichen *color* Attribut des Typs *Color* generiert. Aufgrund der Subtypisierungsregeln auf Tupeln mit Varianten ist auch eine Applikation der Funktion auf Argumente des Typs *RGBColor* <:*Color* möglich. Die Funktion *newRedPoint* selbst ist eine Verfeinerung der Funktion *newCartPoint* aus Fig. 4.1.

```
let twoPointReps(a,b :Real generator1, generator2 :Fun(a,b :Real) :Point) =
    tuple
   let p1 = generator1(a b)
   let p2 = generator2(a b)
    end
let pair = twoPointReps(3.0  3.0  newRedPoint  newCartPoint)
```

pair.p1.x == pair.p2.x
⇒ *true :Bool*

Gemäß der oben angegebenen Subtypisierungsregeln auf Funktionen in TL ist der Typ der Funktion *newRedPoint* ein Subtyp des Typs des *generator1* Parameters der Funktion *twoPointReps* (**Fun**(*a,b :Real) :Point*), so daß die Applikation der Funktion *twoPointReps* auf das Argument *newRedPoint* korrekt typisiert ist.

4.5.3 Subtypisierung zwischen Recordtypen

Wie bei Tupeltypen können Subtypen von Recordtypen sowohl durch die Spezialisierung der Feldtypen als auch durch die Erweiterung um neue Felder gebildet werden. Die Subtypisierungsregeln zwischen Recordtypen tragen darüber hinaus dem Umstand Rechnung, daß die Signaturen von Recordtypen ungeordnet sind.

Ein Recordtyp *A* mit Signaturen *S* ist ein Subtyp eines Recordtyps *B* mit Signaturen *S'*, wenn die Signaturen *S* eine Teilmenge von Signaturen *S"* enthalten, die Subsignaturen von *S'* sind.

Let *Person* = **Record** *name :String age :Int* **end**
Let *Student* = **Record** *name :String semester :Int* **end**
Let *Employee* = **Record** *ssno :String salary :Real* **end**
Let *Tutor* = **Record** *name, ssno :String age, semester :Int salary :Real* **end**

Für diese Typen gelten in TL die folgenden Subtypbeziehungen,

Tutor <:*Person* *Tutor* <:*Student* *Tutor* <:*Employee*

die es z.B. gestatten, Funktionen, die Argumente der Typen *Person*, *Student* oder *Employee* erwarten, auch auf Werte des Typs *Tutor* anzuwenden oder heterogene Datenstrukturen bestehend aus Werten der Typen *Person* und *Tutor* aufzubauen.

Subtyphierarchien über Recordtypen können gerichtete azyklische Graphen und nicht nur Baumstrukturen wie für Tupeltypen bilden. Somit ermöglichen Recordtypen die Repräsentation von Mehrfachvererbungshierarchien (*multiple inheritance hierarchies* [Cardelli 84b]). Am Rande sei bemerkt, daß die Möglichkeit zur Permutation von Recordsignaturen den Aufwand zur Typüberprüfung nicht exponentiell anwachsen läßt, da eine Repräsentation von Recordsignaturen in Normalform (z.B. sortiert nach Feldnamen) lineare Subtypalgorithmen ermöglicht.

Ein wichtiger praktischer Grund für die Existenz von Record- *und* Tupeltypen in TL ist die Tatsache, daß die Flexibilität von Recordtypen durch eine speicherplatzintensivere Datenrepräsentation und vor allem durch eine aufwendigere Feldselektionsoperation erkauft wird. Während die Feldselektion für Tupel auf praktisch jeder Hardwarearchitektur in einer Maschineninstruktion durchgeführt werden kann, erfordern Recordfeldselektionen (bereits für nicht erweiterbare Records) ca. fünf Maschineninstruktionen [Cardelli 86b; Mössenböck et al. 89; Connor 90]. Die meisten der in der Literatur diskutierten Optimierungsmethoden zur Beschleunigung des Feldzugriffs sind darüber hinaus nur für statisch (zum Übersetzungs- oder Bindungszeitpunkt) fixierte, explizite Vererbungshierarchien einsetzbar. Diese Randbedingungen erschweren den Einsatz solcher Optimierungen in evolvierenden und persistenten Datenbankprogrammierumgebungen erheblich.

Traditionell spielen Strukturen, die erweiterbaren Records ähneln (z.B. *association lists* in Lisp [Steele 89] und Scheme [Steele 86] oder *objects as prototypes* in Self [Ungar, Smith 87]), eine wichtige Rolle in ausdrucksmächtigen untypisierten Sprachen. Das Problem der Typisierung von Erweiterungsoperationen auf Recordstrukturen stellt ein sehr aktives Forschungsthema der Typtheorie dar [Wand 87; Ohori, Buneman 88; Stansifer 88; Cardelli, Mitchell 89; Graver, Johnson 90; Rémy 91], da es eng mit der inkrementellen Erweiterung von Softwaresystemen durch Vererbung verknüpft ist [Cook et al. 90]. Die Typisierungsproblematik in TL läßt sich am besten anhand eines Beispiels illustrieren, das zwar statisch korrekt typisiert ist, jedoch zu einem Laufzeitfehler bei der Erweiterung eines Records um eine Bindung mit einem bereits im Record vorhandenen Namen führt:

```
let addColor(r :Record x, y :Int end) =
   extend r with let color = tuple case red of RGBColor end end

let point = record
   let x = 1 let y = 2  let color = "green" let screen = 4
end
let colorPoint = addColor(point)
⇒ Exception: "Extend"
```

In der Literatur werden im wesentlichen drei Wege zur Vermeidung solcher Laufzeitfehler durch statische Programmanalysen vorgeschlagen (keiner der Ansätze wurde jedoch bisher in eine komplette Programmiersprache mit Recorderweiterungsoperationen eingebettet):

1. Elimination der Subsumptionsregel [Ohori, Buneman 89]: Typinformationen sind damit immer *vollständig*, d.h. Werte eines Recordtyps mit Signaturen S besitzen *exakt* die durch S beschriebenen Bindungen und keine weiteren Bindungen. Diese Regelung würde im oberen Beispiel statisch die Applikation von *addColor* auf *point* verbieten. Diese Lösung ist in TL nicht akzeptabel, da sie gerade die durch partielle Spezifikationen erreichbare Flexibilität und Erweiterbarkeit zunichte macht (s.a. die Diskussion auf S. 49).

   Alternative Vorschläge führen zwei Arten (*kinds*) von Typvariablen ein. Neben den "klassischen" Typvariablen, die partielle Typinformationen kodieren, bieten diese Typsysteme eine zweite Form von Typvariablen, die vollständige Typinfomationen garantieren. Das in [Connor, Morrison 92] vorgeschlagene Typsystem erlaubt auf diesem Weg auch zwei Subtypisierungsregeln verschiedener Flexibilität für imperative Variablen mit destruktiven Änderungsoperationen (s.a. § 5.1.3).

2. Einführung einer Kopiersemantik für Recordoperationen [Mössenböck et al. 89; Wirth 87]: In diesem Modell führt die **extend** Operation vor der Erweiterung eine implizite Projektion auf die durch den statischen Recordtyp definierten Signaturkomponenten durch. Im obigen Beispiel würde also eine Projektion auf die für *r* statisch deklarierten Felder *x* und *y* durchgeführt werden, so daß bei der Recorderweiterung innerhalb der Funktion *addColor* die Bindungen *color* = *"green"* und *screen* = *4* verlorengehen. Dieser Ansatz ist inkompatibel mit dem in TL vorhandenen Konzept der Objektidentität, das bei der Einbettung veränderlicher Zustandsvariablen (s. § 5.1.1) in Records Bedeutung gewinnt.

3. Erweiterung der Typinformation für Recordtypen um negative Informationen [Cardelli, Mitchell 89]: Ausgangspunkt dieser Typmodelle ist die Tatsache, daß $color \notin Dom(r)$ eine Vorbedingung für die Operation

   extend *r* **with let** *color* = ... **end**

   darstellt. Ein Recordtyp sollte daher nicht nur positive Informationen der Form $x \in Dom(r)$ (die Vorbedingung für die Feldselektionsoperation *r.x*) in Form von Signaturen kodieren, sondern auch negative Informationen der Form "r hat noch kein Feld *x*" widerspiegeln. Dies wird durch die Einführung von Reihenvariablen (*row variables* [Wand 87]) erreicht, die über Teilsignaturen oder Teilbindungen quantifizieren, z.B. (in einer frei erfundenen Syntax):

   let *addColor(R ^color r* :**Record** *x :Int R* **end**) :
   Record *color :RGBColor x :Int R* **end** =
   extend *r* **with let** *color* = **if** *r.x* == *1* **then** ... **else** ... **end end**

   Die Signatur *R^ color* definiert eine Reihenvariable als Parameter der Funktion *addColor*, deren Instanziierung auf Reihenvariablen beschränkt ist, die keine Bindung für eine Variable mit dem Namen *color* besitzen. Darüber hinaus hat die Funktion einen Recordwertparameter *r*, der eine Bindung *x :Int* besitzen muß, sowie weitere, durch *R* eingeschränkte Bindungen besitzen kann. Der Ergebnistyp der Funktion spezifiziert den zurückgelieferten Recordtyp exakt: Er besitzt Bindungen *color :RGBColor* und *x :Int* sowie weiterhin die durch *R* quantifizierten Bindungen des Formalparameters *r*.

Zwar ließe sich das Typsystem von TL relativ geradlinig wie in [Cardelli 92a] beschrieben um Reihenvariablen erweitern, jedoch verzichtet TL auf eine statische Garantie der Korrektheit von Recorderweiterungen zugunsten einer Beschränkung der Gesamtkomplexität des Typsystems.

4.6 Benennung, Bindung und Metatypisierung benutzerdefinierter Typen

Zahlreiche Sprachen erlauben die Definition von parametrisierten Strukturen (*generic cluster* in CLU, *generic packages* in ADA, *generic modules* in Modula-3, *template classes* in C++, *parametric classes* in Eiffel), die mit verschiedenen Typargumenten instanziiert werden können. Ein klassisches Beispiel sind generische Stapelspeicher (*Stack*), die für verschiedene Elementtypen instanziiert werden können (*Stack[Int], Stack[Person], Stack[Stack[Real]]*). TL verzichtet auf die Einführung von Spezialnotationen für diese Form der Typparametrisierung und -instanziierung, die darüber hinaus in den oben genannten Sprachen nur in spezialisierten Programmsituationen (Deklaration und Instanziierung nur auf Modulebene, Verbot rekursiver Deklarationen ...) möglich sind.

TL erzielt eine größere sprachliche Mächtigkeit und Flexibilität durch die Behandlung von Typausdrücken und Typvariablen als gleichberechtigte sprachliche Objekte, die Benennungs-, Bindungs- und (Meta-) Typisierungskonzepten gehorchen, wie sie in § 4.3 für Wertausdrücke und Wertvariablen vorgestellt werden. Die nachfolgenden Abschnitte und § 5 zeigen, daß durch diesen Ansatz nicht nur bekannte Sprachkonzepte wie generische Datentypen, (semi-) abstrakte Datentypen und polymorphe Funktionen erfaßt werden, sondern auch neuartige generische Datenabstraktionen unterstützt werden.

Wie in § 6 erläutert wird, ist diese Sprachorthogonalisierung durch neuartige Typmodelle formal abgesichert. § 7 und § 8 behandeln schließlich die Implikationen für die Implementierung der TL Evaluatoren und die Wahl geeigneter Datenrepräsentationen zur Programmlaufzeit.

4.6.1 Statische Bindungen und Typabstraktion

Statische Typbindungen werden bereits in den vorangegangenen Beispielen verwendet:

Let *TopType* = **Ok**

Dieser Term bindet die Typvariable *TopType* statisch an den Typ **Ok**. Jede Verwendung von *TopType* in einem Typausdruck ist äquivalent zu dem gebundenen Typ.

Let *TopPair* = **Tuple** *a, b :TopType* **end**

In diesem Text und den Tycoon Bibliotheken beginnen Typvariablennamen per Konvention mit einem Großbuchstaben, während Wertvariablennamen mit Kleinbuchstaben beginnen.

Die Regeln für *simultane* Typbindungen und die Sichtbarkeitsregeln für lokale und globale Bindungen entsprechen vollständig den Regeln für Wertbindungen aus § 4.3.1.

Let *Kilo* = *Int* **and** *Pound* = *Int* **and** *Sex* = **Tuple case** *male, female* **end**

Schließlich sind auch *einschränkende* Typbindungen möglich (vgl. § 4.3.1):

Let *IntPair <:TopPair* = **Tuple** *a, b :Int* **end**

Diese Bindung ist äquivalent zu **Let** *IntPair* = **Tuple** a, *b :Int* **end**, jedoch wird zusätzlich durch den Compiler statisch die Korrektheit der Zusicherung *IntPair <:TopPair* überprüft.

Zur syntaktischen Unterscheidung von anonymen Wertbindungen müssen *anonyme Typbindungen* durch einen Doppelpunkt gekennzeichnet werden, z.B.

:TopPair *:IntPair* :**Fun**(*x :Int*) *:Int*

Rekursive Typbindungen unterliegen statischen Einschränkungen, um die Terminierung aller Berechnungen auf der Typebene zu garantieren. Sie werden daher erst in § 4.6.3 näher behandelt.

Let Rec *IntList* <:**Ok** = **Tuple**
  case *nil*
  case *cons* **with** *car :Int cdr :IntList*
end

Dem aufmerksamen Leser wird auffallen, daß im Gegensatz zu den detaillierten Ausführungen für Wertbindungen keine Aussage über die Evaluationsreihenfolge in Typausdrücken oder Typbindungen gemacht wird. Dies ist möglich, da alle Typberechnungen in TL terminieren und zu einem eindeutigen Ergebnis unabhängig von der gewählten Evaluationsstrategie führen (*Church Rosser property* [Barendregt 84]). Diese Eigenschaft wird durch eine sorgfältige Beschränkung der Komplexität rekursiver Typdeklarationen erreicht und näher in § 6.8 diskutiert (s.a [Curien, Ghelli 91]).

Eine geordnete Folge von Typ- und Wertbindungen wird durch eine geordnete Folge von *Signaturen* beschrieben, die Wertvariablen einen Typ (*x :A*) und Typvariablen einen Supertyp zuordnen (*X <:A*). Die Sichtbarkeitsregeln von TL gestatten die Verwendung einer an Position i spezifizierten oder gebundenen Typvariablen in einer nachfolgenden Signatur oder Bindung (an einer Position $j > i$, vgl. § 4.3.1). So besitzen z.B. die Bindungen

Let *T = Int* **let** *zero :T = 0* **let** *succ(x :T) :T = x+1*

die Signaturen

T <:Int zero :T succ(x :T) :T

oder auch weniger präzise, da *Int* <:**Ok**,

T <:**Ok** *zero :T succ(x :T) :T*

Solche Signaturen können als eine Quantifizierung der Typen für *zero* und *succ* durch eine (partiell spezifizierte) Variable *T* interpretiert werden [Cardelli 89; Martin-Löf 84].

Die Signaturen aggregierter statischer Bindungen (in Tupeln, Tupeln mit Varianten, Records oder Ausnahmepaketen) erlauben eine *Typabstraktion* durch *existentielle Quantifizierung* [Cardelli, Wegner 85]:

```
Let Nat = Tuple T <:Ok  zero :T  succ(x :T) :T end
let n1 :Nat = tuple
    Let T = Int let zero :T = 0 let succ(x :T) :T = x+1
end
let n2 :Nat = tuple
    Let T = String
    let zero  = ""
    let succ(x :T) = string.concat(x "1")
end
```

Tupelwerte des Typs *Nat* aggregieren eine Typvariable *T*, eine Konstante des Typs *T* und eine Funktion des Typs **Fun**(*x* :*T*) :*T*.

In Tycoon wird der Tupeltyp *Nat* als abstrakter Datentyp, die Typvariable *T* in der Signatur von *Nat* als abstrakte Typvariable, der Tupelwert *n1* als Implementierung des abstrakten Datentyps und der Typ *String* als Repräsentationstyp bezeichnet.

T wird als *abstrakte* Typvariable bezeichnet, da sie inkompatibel zu ihrem Repräsentationstyp ist:

```
n1.zero - 1
⇒ ... :Incompatible function arguments, type 'Int' expected, found 'n1.T'
string.length(n2.zero)
⇒ ... :Incompatible function arguments, type 'String' expected, found 'n2.T'
```

Jedoch lassen sich sinnvolle Ausdrücke unter Verwendung der in der Signatur über *T* spezifizierten Typen, Werte und Funktionen bilden:

```
let one = n1.succ(n1.zero)
let succ2(n :n1.T) :n1.T = n1.succ(n1.succ(n))
let three = succ2(one)
Let NatPair = Tuple x, y :n1.T end
```

Die durch abstrakte Typvariablen gegebene Möglichkeit zur Datenabstraktion zweiter Stufe (*second-order data abstraction*) geht somit über die Ausdrucksmächtigkeit der Datenabstraktion erster Stufe (s. § 4.4.1 und Fig. 4.1) hinaus: Einerseits können Klienten eines ADT unter Verwendung der abstrakten Typvariablen neue Datenstrukturen und Funktionen definieren. Andererseits kann bei der Implementatierung binärer (oder n-ärer) Funktionen auf den Repräsentationstyp zugegriffen werden, ohne die Datenabstraktion anderer abstrakter Datentypen zu verletzen[4], z.B.

```
let n2 :Nat = tuple
  Let T = String
  ...
```

[4]Das Fehlen einer Datenabstraktion zweiter Stufe führt z.B. in wichtigen objektorientierten Sprachen (Smalltalk, Eiffel, C++) zu der Notwendigkeit, Zugriffsfunktionen auf interne Zustandsvariablen zu exportieren, die nur für Subklassenimplementatoren oder sogenannte *friend* Klassen zugänglich sein sollen. Eine ähnlich flexible Datenabstraktion 2. Stufe wie in TL ist in Modula-3 durch opake Typdeklaratinen und partielle Enthüllungen (*revelations*) möglich.

```
    let equal(x1, x2 :T) = string.size(x1) == string.size(x2)
end
```

Verschiedene Implementierungen abstrakter Datentypen sind untereinander inkompatibel:

```
n2.succ(n1.zero)
⇒ ... :Incompatible function arguments, type 'n2.T' expected, found 'n1.T'
```

Für abstrakte Typvariablen in TL gelten demnach *Namensäquivalenzregeln*. Genauer gesagt erfüllt eine abstrakte Typvariable *x.T* <:*A* sowohl die Spezifikation *x.T* (Namensäquivalenz) als auch die Spezifikation *A* (Strukturkompatibilität).

Das folgende Beispiel zeigt einen systematischen Ansatz zur Vermeidung der in Abschnitt § 4.5.1 angesprochenen "zufälligen" Typkompatibilitäten zwischen strukturell äquivalenten Typen unter Ausnutzung der Namensäquivalenzregeln für abstrakte Typvariablen:

```
Let Car = Tuple name :String  age :Int end
let car = tuple Let T = Car  let new(x :Car) :T = x end
Let Person = Tuple name :String  age :Int end
let person = tuple Let T = Person  let new(x :Person) :T = x end

let married(p1, p2 :person.T) :Bool = string.equal(p1.name p2.name)
let president = person.new (tuple "Ford" 55 end)
let modelT = car.new (tuple "Ford" 70 end)

president.name modelT.name
⇒ "Ford" :String  "Ford" :String
married(president modelT)
⇒ ... :Incompatible function arguments, type 'person.T' expected, found 'car.T'
   ... :[while checking type of function argument 'p2']
```

Für jeden Typ *A*, der Namensäquivalenzregeln gehorchen soll, wird ein Tupel *a* bestehend aus einer semi-abstrakten Typvariablen *a.T* und einer Injektionsfunktion *a.new* definiert. Das Tupel besitzt den vom Compiler inferierten Typ **Tuple** *T* <:*A new(x :A):T* **end**. Eine Signatur der Form *x :a.T* wird nur durch Bindungen an explizit mit *new* erzeugte Werte erfüllt. Da andererseits *a.T* <:*A* statisch bekannt ist, können alle für Werte des Typs *A* definierten Operationen (z.B. die Feldselektion) aufgrund der Subsumptionsregel ohne Projektionsoperation durchgeführt werden.

Dieser Ansatz läßt sich auch vorteilhaft für die Modellierung *prädikativer* Subtypen (z.B. *oldPerson.T* <:*Person*) in TL einsetzen (vgl. Galileo [Albano et al. 85; Albano et al. 89]), z.B.

```
let oldPerson = tuple
    Let T = Person
    let new(x :Person) :T = if x.age > 70
 then x else raise exception "oldPerson.new" end
end
Let SeniorCompany = Tuple manager :oldPerson.T end
Let Company = Tuple manager :Person end
```

Gemäß der statischen Subtypisierungsregeln für Tupel gilt damit auch *SeniorCompany <:Company*. Im Gegensatz zu allgemeinen Klassifikationssystemen oder Wissensrepräsentationssystemen der KI [Borgida et al. 84; Brachmann, Schmolze 85; Borgida 88] ist der Programmierer in TL also gezwungen, Spezifikationen in einen statisch überprüfbaren Typanteil und einen dynamisch zu überprüfenden prädikativen Anteil aufzuspalten, zu dessen Formulierung jedoch eine algorithmisch vollständige Programmiersprache zur Verfügung steht.

Natürlich gelten alle Typkompatibilitätsaussagen aus § 4.4 und § 4.5 auch für Signaturen, die Typvariablen enthalten. So erhält man z.B. als unmittelbare Verallgemeinerung des Konzepts der Tupelsubsignaturen das Konzept der *abstrakten Tupelsubtypen*, z.B.

Tuple *T* <:**Ok** *zero :T succ(:T) :T equal(:T :T) :Bool* **end**
<:
Tuple *T* <:**Ok** *zero :T succ(:T) :T* **end**

oder auch (s. § A.5)

Tuple *T* <:**Int** *zero :T succ(:T) :T* **end**
<:
Tuple *T* <:**Ok** *zero :T succ(:T) :T* **end**

4.6.2 Dynamische Bindungen

Wie im vorangegangenen Abschnitt illustriert, führt die Verwendung von Typvariablen in den Signaturen statisch aggregierter Bindungen zu einer existentiellen Quantifizierung von Typausdrücken. Die durch Funktionsabstraktion und -applikation bereits in TL vorhandene Möglichkeit zur dynamischen Bindung erlaubt darüber hinaus die *universelle* Quantifizierung von Typausdrücken in den Signaturen *polymorpher* Funktionen (s. § 4.6.2.1)[5].

Neben dem Funktionskonzept zur Parametrisierung von Wertausdrücken durch Wert- und Typparameter (s. § 4.6.2.1) existiert in TL mit dem Konzept der *Typoperatoren* ein analoger Mechanismus zur Parametrisierung von Typausdrücken durch Typparameter, der in § 4.6.2.2 vorgestellt wird. Aus Symmetriegründen ist auch die Parametrisierung von Typausdrücken durch Wertparameter denkbar, z.B.

Let *Choose(x :Int)* = **if** *prime(x)* **then** *:String* **else** *:Bool* **end**
let *v1 :Choose(13)* = *"Peter"* **and** *v2 :Choose(49) = 3*

Zugunsten der *statischen* Typüberprüfbarkeit sind jedoch in TL allgemeine wertabhängige Typausdrücke (*dependent types* [Martin-Löf 75]) unzulässig. § 4.6.2.3 stellt schließlich das Konzept *dynamischer Typen* in TL vor, das flexible Interaktionen zwischen Wert- und Typausdrücken gestattet, ohne die strikte Typisierung von TL zu untergraben.

[5] Der Zusammenhang zwischen dem Quantorbegriff der intuitionistischen Logik und typisierten Lambda-Kalkülen wird z.B. in [Gallier 91] erläutert.

4.6.2.1 Polymorphe Funktionen und generische Module

Polymorphe Funktionen sind Funktionen, die Typvariablen als Parameter besitzen, die bei der Funktionsapplikation gebunden (instanziiert) werden, z.B.

let *duplicate(A* <:**Ok** *a :A)* :**Tuple** *x, y :A* **end** = **tuple** *a a* **end**
duplicate(:Int 3)
⇒ **tuple let** *x* = *3* **let** *y* = *3* **end**
duplicate(:String "Peter")
⇒ **tuple let** *x* = *"Peter"* **let** *y* = *"Peter"* **end**
*duplicate(:***Tuple** *x, y :Int* **end** *duplicate(:Int 3))*
⇒ **tuple**
  let *x* = **tuple let** *x* = *3* **let** *y* = *3* **end**
  let *y* = **tuple let** *x* = *3* **let** *y* = *3* **end**
end

Wie im obigen Beispiel ist der Ergebnistyp einer polymorphen Funktion typischerweise von den Typparametern der Funktion abhängig. Durch *currying* (s.§ 4.3.3) läßt sich der Zeitpunkt der Instanziierung des Typparameters vom Zeitpunkt der Wertbindung entkoppeln:

let *dup(A* <:**Ok**)*(a :A)* :**Tuple** *x, y :A* **end** = **tuple** *a a* **end**
let *dupInt* = *dup(:Int)*
let *dupBool* = *dup(:Bool)*
dupInt(3) dupBool(true) dup(:String)("Peter")

dup ist eine polymorphe Funktion höherer Ordnung, die nach Instanziierung ihres Typparameters zu einer monomorphen Funktion, z.B. *dupInt* evaluiert. *dup* besitzt also die Signatur

dup :**Fun**(*A* <:**Ok**) :**Fun**(*a :A*) :**Tuple** *x, y :A* **end**

Ein weitergehendes Beispiel ist die Funktion *newADT*, die den in §4.6.1 erläuterten Ansatz zur Definition abstrakter Datentypen für beliebige Typen schematisiert:

let *newADT(A* <:**Ok**) = **tuple Let** *T* = *A* **let** *new(x :A) :T* = *x* **end**
let *person* = *newADT(:Person)*
let *car* = *newADT(:Car)*

Alle Funktionen dieses Abschnitts spezifizieren bisher **Ok**, das Wurzelelement der TL Typhierarchie, als Supertyp in der Signatur universell quantifizierter Typvariablen (z.B. *newAdt(A* <:**Ok**)). Bei der Funktionsapplikation kann eine solche Variable daher dynamisch an jeden beliebigen TL Typ gebunden werden. Im Rumpf polymorpher Funktionen sind daher keine nicht-trivialen Operationen (z.B. Feldselektion) auf Werten, deren Typ durch eine Typvariable spezifiziert ist, möglich. Dies entspricht dem einfachen parametrischen Polymorphismus, wie er z.B. in ML zu finden ist. Durch die Wahl einer restriktiveren Typsignatur kann in TL jedoch auch das Konzept des eingeschränkten parametrischen Polymorphismus (*bounded parametric polymorphism*) erfaßt werden:

```
let chooseOlder(P <:Person  p1, p2 :P) :P =
    if p1.age > p2.age then p1 else p2 end
let s1 :Student = ...  and s2 :Student = ...
chooseOlder(:Student s1 s2).semester
```

Die Feldselektion *p1.age* im Rumpf der Funktion ist zulässig, da die Typvariable *P* nur durch Subtypen des Typs *Person* instanziiert werden kann. Darüber hinaus wird durch diese Form der Parametrisierung das Problem des *type loss* vermieden, das im Falle des einfachen Subtyppolymorphismus' auftritt [Albano 83], z.B.

```
let chooseOlder2(p1, p2 :Person) :Person =
    if p1.age > p2.age then p1 else p2 end
let s1 :Student = ...  and s2 :Student = ...
chooseOlder2(s1 s2).semester
⇒ ... : Field 'semester' not found in tuple
```

Die Sichtbarkeitsregeln in TL Signaturen gestatten es nicht nur, komplexe Abhängigkeiten zwischen parametrisierten Typausdrücken zu spezifizieren (z.B. *A <:Person, B <:***Fun***(X <:A) :X*), sondern ermöglichen es auch, eine stark eingeschränkte Form von Abhängigkeiten zwischen Typen und Wertvariablen zu definieren (*dependent types* [MacQueen 86]). Das folgende Beispiel bezieht sich auf auf Seite 59 eingeführten Datenrepräsentationen *n1, n2 :Nat* für natürliche Zahlen:

```
let plus2(nat :Nat x :nat.T) :nat.T = nat.succ(nat.succ(x))
plus2(let nat=n1 nat.zero)
plus2(let nat=n2 nat.zero)
```

Die Signatur der Funktion *plus2* spezifiziert den Typ des Parameters *x* in Abhängigkeit von dem Wert *nat* und garantiert somit statisch, daß während der Programmevaluation keine inkompatiblen Repräsentationstypen für die abstrakte Typvariable *nat.T* gemischt werden.

Fig. 4.2 zeigt schließlich, daß die in der Einführung zu diesem Abschnitt erwähnten Konzepte generischer Module, Klassen und Cluster anderer Programmiersprachen in TL durch polymorphe Funktionen modelliert werden können, die zu Tupelwerten evaluieren. In TL ist die Modulinstanziierung jedoch nicht auf den Übersetzungs- oder Linkzeitpunkt beschränkt, sondern kann z.B. auch dynamisch innerhalb rekursiver Funktionen erfolgen.

4.6.2.2 Typoperatoren

Typoperatoren in TL sind Funktionen, die Typen auf Typen abbilden, und die vollständig zum Übersetzungszeitpunkt evaluiert werden können. In Analogie zu Funktionen höherer Ordnung existieren in TL auch Typoperatoren, die Typen oder Operatoren auf andere Typen oder Operatoren abbilden [Cardelli 89; Cardelli, Longo 90].

```
(* — The interface of a generic module: *)
Let Optional = Fun(A <:Ok) :Tuple
    T <:Ok
    (* The (abstract) type of optional values of type A. *)
    nil :T
    (* The null value of type A. *)
    new(x :A) :T
    (* Return a non-null value equal to x. *)
    null(x :T) :Bool
    (* Return true if x is a null value. *)
    get(x :T) :A
    (* Precondition: not(null(x)). Return the value of x. *)
    getOrDefault(x :T  default :A) :A
    (* If not(null(x) then return the value of x, else the default value. *)
end

(* — The implementation of a generic module: *)
let optional(A <:Ok) = tuple
    Let T = Tuple case nil case notNil with val :A end
    let nil :T = tuple case nil of T end
    let new(x :A) :T = tuple case notNil of T with x end
    let null(x :T) :Bool = x?nil
    let get(x :T) :A = x!notNil.val
    let getOrDefault(x :T  default :A) :A = case x
    when nil then default
    when notNil with o then o.val
    end
end

(* — The instantiation of a generic module: *)
let optInt = optional(:Int)
let optPerson = optional(:Person)
let noPerson :optPerson.T = optPerson.nil
```

Fig. 4.2. Modellierung generischer Module durch polymorphe Funktionen und Tupel

Typoperatoren spielen eine zentrale Rolle für die im Tycoon System angestrebte Offenheit gegenüber externer Systemfunktionalität, da sie in weiten Grenzen eine Anpassung der Sprache an verschiedenartige Datenstrukturierungs- und Datenmodellierungskonzepte gestatten. Während alle Programmiersprachen über vordefinierte Typoperatoren (Funktionen, Tupel, Records) verfügen, erlauben nur wenige (z.B. ML, Miranda, Haskell) die Definition neuer Operatoren, die dann jedoch auf Operatoren erster Stufe (*first-order*) beschränkt sind.

Der einfachste Typoperator ist der Identitätsoperator:

```
Let Id = Oper(A <:Ok) A
```

oder kürzer

```
Let Id(A <:Ok) = A
```

Ein anderer einfacher Typoperator beschreibt optionale Werte (vgl. den Typ *T* in Fig. 4.2):

```
Let Opt(A <:Ok) = Tuple case nil case notNil with val :A end
```

Die Syntax für die Typoperatorapplikation entspricht der Syntax für Funktionsapplikationen:

```
Opt(Person)  Id(Opt(Id(Person)))
```

Symbolische Bezeichner (Symbole der Kategorie *infix*, vgl. § A.2) besitzen auch in Typausdrücken einen Infixstatus, sind von gleicher Bindungsstärke und linksassoziativ. Die klassischen binären Typoperatoren funktionaler Programmiersprachen lassen sich demnach folgendermaßen in TL einführen und benutzen (wie in Wertausdrücken kann die Zerlegung von Typausdrücken durch Klammerung mit {} gesteuert werden):

```
Let -> (X,Y <:Ok) = Fun(:X) :Y
Let * (X,Y <:Ok) = Tuple fst :X  snd :Y end
Let + (X,Y <:Ok) = Tuple case fst with x :X  case snd with y :Y end

let swap :Int*Real->{Real*Int} = fun(x :Int*Real) tuple x.snd x.fst end
let getLL(A <:Ok  x :A*Ok*Ok) :A = x.fst.fst
```

Von großer Bedeutung für die Ausdrucksstärke des TL Typsystems ist die Tatsache, daß Typoperatoren nicht nur einfache parametrisierte Termkonstruktoren sind, sondern daß auf den konstruierten Termen auch die erwarteten Subtypisierungsregeln ("Reduktionsregeln") gelten. So gelten z.B. die folgenden Subtypbeziehungen:

```
Id(Opt(Id(Person))) <:Opt(Person)    Opt(Person) <:Id(Opt(Id(Person)))
A*B*C <:Ok*B*C   B*C <:Ok*C   C <:Ok
```

```
Let Optional = Tuple
    T(A <:Ok) <:Ok
    (* An abstract type operator to denote the type of optional values of type A. *)
    nil(A <:Ok) :T(A)
    (* Return the null value of type A. *)
    new(A <:Ok x :A) :T(A)
    (* Return a non-null value of type A equal to x. *)
    null(A <:Ok  x :T(A)) :Bool
    (* Return true if x is a null value. *)
    get(A <:Ok x :T(A)) :A
    (* Precondition: not(null(x)). Return the value of x. *)
    getOrDefault(A <:Ok  x :T(A)  default :A) :A
    (* If not(null(x) then return the value of x, else the default value. *)
end

let optional = tuple
    Let T(A <:Ok) = Tuple case nil case notNil with val :A end
    let nil(A <:Ok) = tuple case nil of T(A) end
    let new(A <:Ok x :A) = tuple case notNil of T(A) with x end
    let null(A <:Ok  x :T(A)) :Bool = x?nil
    let get(A <:Ok x :T(A)) :A = x!notNil.val
    let getOrDefault(A <:Ok  x :T(A)  default :A) :A = case x
    when nil then default
    when notNil with o then o.val
    end
end

let peter = optional.new(:Person tuple "Peter" 32 end)
let noPerson :optional.T(Person) = optional.nil(:Person)
optional.null(:Person peter)  optional.null(:Person noPerson)
⇒ false :Bool  true :Bool
```

Fig. 4.3. Benutzerdefinierte abstrakte Typoperatoren in TL

Aufgrund der Existenz rekursiver Typ- und Typoperatordefinitionen erfordert die Typüberprüfung einen vollständigen Evaluator für Lambda-Terme zweiter Stufe, wobei nicht-terminierende Berechnungen durch eine geeignete (nicht-strikte) Evaluationsstrategie zu vermeiden sind (s. § 6.8).

Durch die Möglichkeit zur Definition *abstrakter* Typoperatoren in TL gibt es für die in Fig. 4.2 illustrierte Definition von Nullwerten durch parametrisierte Module (à la Modula-3, CLU, Eiffel oder C++ Version 3) eine vorteilhaftere Alternative. Wie in Fig. 4.3 gezeigt, besteht sie in dem Export eines abstrakten Typoperators und polymorpher Funktionen auf Werten von Instanzen dieses Typoperators. Formal gesehen ist in diesem Beispiel nur der Universalquantor **Fun**(*A* <:**Ok**) aus Fig. 4.2 über den Existenzquantor **Tuple** *T* <:**Ok** ... **end** in die individuellen Signaturen gezogen worden. In der Programmierpraxis erlaubt diese Quantorenvertauschung eine flexiblere (weil implizite) Typoperatorinstanziierung unmittelbar bei der Applikation polymorpher Funktionen.

Ein neuartiges Sprachkonzept in TL ist die Verallgemeinerung der Subtypbeziehung zwischen Typen auf eine Subtypbeziehung zwischen Typoperatoren. Motiviert wird diese Generalisierung durch konkrete Modellierungsanforderungen datenintensiver Anwendungen: So tritt bei der Abbildung von generischen Datenmodellierungskonzepten (z.B. relationaler oder objekt-orientierter Modelle) in benutzerdefinierte TL Typkonstruktoren früh der Wunsch nach der Definition von Spezialisierungsbeziehungen zwischen Typoperatoren (und nicht nur zwischen den Ergebnissen individueller Operatorinstanziierungen) auf. So existiert in einigen relationalen Datenmodellen nicht nur die Möglichkeit zur Definition von Nullwerten mit der Semantik "Wert nicht bekannt" (*nil*), sondern auch von Nullwerten mit der Semantik "Wert nicht wohldefiniert" (*undefined*), die das Ergebnis der Division durch Null (z.B. bei der Bestimmung des *average* einer leeren Menge) oder der Minimum- ode Maximumbildung über eine leere Menge beschreiben:

Let *Nullable(A* <:**Ok**) = **Tuple**
  case *nil*
  case *notNil* **with** *val :A*
  case *undefined*
end

In TL gilt nun nicht nur *Opt(Person)* <:*Nullable(Person)*, *Opt(Color)* <: *Nullable(Color)* für den auf S. 65 definierten Typoperator *Opt*, sondern auch allgemeiner *Opt* <:*Nullable*.

Ein anderes Beispiel aus der Datenbankprogrammierung stellen flache Relationen (Mengen mit Tupelelementen) und NF^2 Relationen (Mengen mit beliebigstrukturierten Elementen) dar.

Let *Relation(ElementType* <:**Tuple end**) <:**Ok** = *Rep(ElementType)*
Let *NF2Relation(ElementType* <:**Ok**) <:**Ok** = *Rep(ElementType)*

Abstrahiert man von dem Rumpf dieser Typoperatoren (*Rep*), so ist die Signatur des Typoperators *Relation* restriktiver als die Signatur des Typoperators *NF2Relation* und es gilt *NF2Relation* <:*Relation*.

Typoperatoren in TL werden somit als *parametrisierte Spezifikationen* interpretiert, deren Verfeinerungsbeziehung wiederum durch eine Kontravarianzregel beschrieben wird. Ein Typoperator mit Formalparametersignaturen S und Rumpf A steht in Subtypbeziehung zu einem Typoperator mit Signaturen S' und Rumpf B, genau dann, wenn A <:B und S' <::S gilt (vgl. [Subtype Oper] auf S. 200). Anders ausgedrückt, eine parametrisierte Spezifikation Op_1 ist eine Verfeinerung einer zweiten parametrisierten Spezifikation Op_2, wenn jede Instanziierung von Op_1 durch Parameter, die zulässige Parameter von Op_2 sind, eine Spezifikation liefern, die schärfer als die Instanziierung von Op_1 ist. Außerdem muß Op_1 zumindest die für Op_2 zulässigen Parameter akzeptieren.

Die vorangegangenen Beispiele definieren ausschließlich Typoperatoren erster Stufe. Einige generische Module in den Tycoon Bibliotheken nutzen auch Typoperatoren höherer Stufe, die z.B. einen Typoperator als Argument akzeptieren und ihn in ihrem Rumpf mehrfach durch verschiedene Typen instanziieren, oder die Typoperatoren in Abhängigkeit von nicht-parametrisierten Typen generieren. Ein anschauliches Beispiel für die Mächtigkeit von Typoperatoren höherer Ordnung liefert die Kodierung von Fallunterscheidungen auf der Typebene [Cardelli 89]:

Let *Boolean(Then, Else* <:**Ok**) = **Ok**
Let *True(Then, Else* <:**Ok**) = *Then*
Let *False(Then, Else* <:**Ok**) = *Else*
Let *Cond(If* <:*Boolean Then, Else* <:**Ok**) = *If(Then Else)*

let *i :Cond(True Int String) = 3*
let *s :Cond(False Int String) = "Peter"*

Allgemeiner ist bekannt, daß sich jede freie Algebra mit ausschließlich totalen Funktionen (ganze Zahlen, Listen, Bäume, ...) einheitlich durch Typoperatoren kodieren läßt [Böhm, Berarducci 85; Cardelli et al. 91].

4.6.2.3 Dynamische Typisierung

Bei der Pogrammierung datenintensiver und langlebiger Anwendungen existieren Situation, in denen es erforderlich ist, die Typüberprüfung auf wohldefinierte Zeitpunkte zur Programmevaluation zu verzögern. Typische Beispiele sind der Austausch von Binärdaten über Dateien, die Parameterübergabe beim entfernten Prozeduraufruf (RPC) oder die Elementselektion aus heterogenen Mengen. All diesen Programmiersituationen ist gemeinsam, daß der Kontext, in dem ein Wert erzeugt und identifizierbar gespeichert wird, und der Kontext, in dem der Wert benutzt werden soll, über keine gemeinsame statisch überprüfbare Spezifikation (in Form von Typinformationen) verfügen. Selbst in persistenten Programmiersprachen, deren Typsystem sich uniform auf flüchtige und nichtflüchtige Daten erstreckt, ist ein dynamischer Typtest beim Datenaustausch zwischen autonomen Objektspeichern erforderlich.

Diese Programmsituationen lassen sich in einem statischen Typsystem adäquat behandeln, indem man Wertbindungen mit ihren zugehörigen (eventuell partiellen) Typinformationen aggregiert und dem Programmierer Sprachkonstrukte zur dynamischen Inspektion der Typinformationen zur Verfügung stellt:

```
Let Auto = Tuple Dyn T <:Ok  x :T end
let a1 = tuple Let Dyn T = Int  let x = 3 end
let a2 = tuple Let Dyn T = String  let x = "Hello" end

let asString(a :Auto) :String =
    typecase a.T
    when Int then fmt.int(a.x)
    when String then a.x
    when Tuple name :String end then a.x.name
    when Tuple end then "Tuple"
    else "???"'
    end

getString(a1)  getString(a2)
```

Der Typ *Auto* beschreibt *automorphe* (selbstbeschreibende) Werte [Cardelli 89]. Die Signaturen dieses Tupeltyps ähneln der Signatur abstrakter Datentypen, da sie eine Wertvariable *x* spezifizieren, deren Typ von einer lokalen Typvariablen *T* abhängt. Durch das Schlüsselwort **Dyn** wird im Unterschied zu abstrakten Typvariablen eine Inspektion der Struktur des an die Typvariable *T* gebundenen Typausdrucks zur Programmlaufzeit ermöglicht. Im Gegensatz zu Tupeln mit Varianten erlaubt diese Form der Inspektion eine Diskrimination einer nicht statisch fixierten Menge von Varianten (genauer gesagt, aller Subtypen des Typs **Ok**). Innerhalb jedes Zweiges des **typecase** Ausdrucks ist *statisch* bekannt, daß die inspizierte Typvariable ein Subtyp des durch den Typausdruck beschriebenen Typs darstellt. Ist die Typvariable Subtyp mehr als eines Typausdrucks, so wird der in der Falliste zuerst auftretende Zweig gewählt. Diese Tatsache wird im obigen Beispiel ausgenutzt, um zunächst einen Test auf Tupeltypen mit einem *name* Feld durchzuführen und anschließend beliebige Tupeltypen zu erkennen.

An dynamische Typvariablen dürfen nur Typausdrücke gebunden werden, die keine nicht-dynamischen Typvariablen enthalten. Diese zum Übersetzungszeitpunkt lokal überprüfbare Einschränkung ist notwendig, da die Typkompatibilität zwischen Typvariablen $X <: Y$ nur unter Kenntnis des statischen Kontextes, in dem X und Y definiert wurden, entschieden werden kann. Die Struktur der an dynamische Typvariablen gebundenen Typen kann hingegen leicht durch eine Inspektion ihrer Laufzeitrepräsentationen entschieden werden.

Ein weiteres Einsatzgebiet für dynamische Typen stellen datenstrukturgesteuerte Algorithmen dar, wie sie bei der *reflektiven* Programmierung eingesetzt werden [Stemple et al. 90; Stemple et al. 92a; Kirby 92]. Ein typisches Beispiel aus Datenbankanwendungen stellen typspezifische Browser oder Bildschirmmasken dar, deren graphisches Layout in Abhängigkeit von der Typstruktur von Datenbankvariablen gewählt werden soll:

```
let displayTuple(Dyn Tup <:Tuple end t :Tup) = ...

displayTuple(:Tuple fst, snd :Int end tuple 3 4 end)
displayTuple(:Tuple name :String age :Int end tuple "" 4 end)
```

Im Rumpf der Funktion *displayTuple* wird anhand der dynamischen Typvariablen *Tup*, für die statisch durch den Compiler zugesichert wird, daß sie an einen Tupeltyp (d.h. einen Subtyp des "leeren" Tupeltyps) gebunden ist, das Layout der Felder des Wertes *t* bestimmt. Zur vereinfachten Implementierung reflektiver Algorithmen werden neben dem **typecase** Sprachkonstrukt in TL zusätzlich in einem vordefinierten Modul der Tycoon Bibliothek Datenstrukturen und Funktionen zur strukturierten Analyse von Typen und Bindungen angeboten, z.B.

```
Let Signature = Tuple identifier :String Dyn T <:Ok
    case valueSig with isVar :Bool
    case typeSig with isDyn :Bool
end
Let Binding = Tuple identifier :String
    case valueBnd with Dyn T <:Ok value :T isVar :Bool
    case typeBnd with Dyn T <:Ok
end
tupSignatures(Dyn Tup <:Tuple end) :Iter.T(Signature Ok)
tupBindings(Dyn Tup <:Tuple end t :Tup) :Iter.T(Binding Ok)
```

Die Funktion *tupSignatures* liefert für einen gegebenen Tupeltyp die Liste seiner Signaturen (Bezeichner / Typ Paare) zurück, während die Funktion *tupBindings* für einen Tupelwert *t* die Liste seiner Typ- und Wertbindungen bestimmt. Ähnliche Mechanismen zur Abbildung von Typinformationen in Werte, die diese Typinformation repräsentieren und sie somit für algorithmisch vollständige Manipulationen zugänglich machen, finden sich auch in Amber [Cardelli 86a] und Cedar/Mesa [Lampson 83].

Die Funktion *tupSignatures* illustriert jedoch einen wichtigen Unterschied zwischen dem Konzept dynamischer Typvariablen in TL und dem Konzept dynamischer Typen in anderen Programmiersprachen (z.B. CML, Amber, Napier88). Der **typecase** Ausdruck in TL erlaubt die Analyse von Typausdrücken, während andere Programmiersprachen ausschließlich eine Analyse des Typs eines *konkreten Wertes* (des Typs **dynamic**) gestatten. In der Programmierpraxis macht diese Einschränkung z.B. die Erzeugung eines typspezifischen Browsers für Datenstrukturen dann unmöglich, wenn von ihnen noch keine Instanz erzeugt wurde.

TL verbietet (statisch) die Bindung von dynamischen Typvariablen an nicht-geschlossene Typausdrücke. Dies sind Typausdrücke, die nicht-dynamische existentiell oder universell quantifizierte Typvariablen enthalten. Die semantischen und technischen Hintergründe dieser Restriktion finden sich z.B. in [Matthews 87; Abadi et al. 89; Abadi et al. 92; Connor 90]. Im Gegensatz zu anderen Modellen dynamischer Typen zeichnet sich der TL Ansatz durch eine hohe Flexibilität bei der Mischung statischer und dynamischer Typinformationen aus. So spezifiziert z.B. die Signatur

Dyn *T* <:*Student list* :*List(T)*,

daß *list* eine homogene Datenstruktur (s.a. § 4.6.3) mit Elementen des Typs *T* besitzt, die zumindest die Spezifikation des Typs *Student* erfüllen. Diese Situation ist mit anderen Sprachen (z.B. Modula-3) zu vergleichen, die nur eine dynamische Typanalyse für individuelle Werte gestatten, so daß eine laufzeitintensive und evtl. scheiternde Typüberprüfung für jedes einzelne Listenelement durchzuführen ist.

4.6.3 Rekursive Typbindungen: Korrektheit und Entscheidbarkeit

Ohne die Möglichkeit zur rekursiven Bindung von Typvariablen können Typausdrücke ausschließlich durch eine einfache statische oder dynamische Schachtelung von Typkonstruktoren gebildet werden. Rekursive Typen erlauben darüber hinaus die Definition von Listen, Bäumen, zyklischen Graphstrukturen und anderen induktiv definierten (und damit regulären) Datenstrukturen ohne auf Zeiger oder andere explizite Mechanismen zur Objektidentifikation zurückgreifen zu müssen [Hoare 75]. Rekursive Typen werden ebenfalls zur flexiblen Definition von Massendatenstrukturen (*bulk types*, s. § 2.1) in Datenbankapplikationen benötigt [Matthes, Schmidt 91a].

4.6.3.1 Beispiele rekursiver Typbindungen

Eine lineare Liste besteht entweder aus einem *nil* Element (der leeren Liste) oder einem *cons* Element, das ein Kopfelement *car* und die Restliste *cdr* aggregiert:

```
Let Rec IntList <:Ok = Tuple
    case nil
    case cons with car :Int  cdr :IntList
end
```

Eine Liste der Länge 2 könnte in TL folgendermaßen erzeugt werden:[6]

```
tuple case cons of IntList
   let car = 1
   let cdr = tuple case cons of IntList
  let car = 2
  let cdr = tuple case nil of IntList end
   end
end
```

Die induktive Definition binärer Bäume führt zu der folgenden rekursiven Typbindung:

[6]Unter Verwendung eines benutzerdefinierten Infixoperators *::* (cons) und eines polymorphen Nullelementes *nil* läßt sich diese Liste in TL auch übersichtlicher als *1::2::nil* in TL beschreiben.

```
Let Rec IntTree <:Ok = Tuple info :Int
    case leaf
    case inner with left, right :IntTree
end
```

Durch rekursive (d.h. zyklische) Wertbindungen ist es möglich, endliche Datenstrukturen auch ohne den Rückgriff auf "leere" Tupelvarianten zu konstruieren:

```
Let Rec IntList2 <:Ok = Tuple hd :Int tl :IntList2 end
let rec ones :IntList2 = tuple let hd = 1 let tl = ones end
ones.hd ones.tl.hd ones.tl.tl.hd
⇒ 1 :Int 1 :Int 1 :Int
```

In [Matthes, Schmidt 91a] und § 9.1 wird schließlich diskutiert, wie sich Iterationsabstraktionen über beliebige homogene Massendatenstrukturen durch Werte rekursiver Typen mit funktionalen Komponenten darstellen lassen, z.B.

```
Let Rec IntStream <:Ok = Tuple
    empty() :Bool
    (* Return true if the stream is empty. *)
    get() :Int
    (* Return the current element of the stream. Precondition: not(empty()). *)
    rest() :IntStream
    (* Return the stream without the current element. Pre: not(empty()). *)
end
```

Da *rest* an eine nicht-totale Funktion gebunden sein kann, sind durch diesen Typ ebenfalls endliche Strukturen repräsentierbar.

Ein abschließendes Beispiel aus der Datenmodellierung zeigt, daß wechselseitig rekursive Typen eine wichtige Rolle bei der Repräsentation von Objektbeziehungen (hier einer totalen 1:1 Beziehung zwischen Gruppen und ihren Managern) spielen:

```
Let Rec Manager <:Ok = Tuple name :String group :Group end
and Group <:Ok = Tuple manager :Manager members : ... end
```

Werte dieses Typs können durch rekursive Wertbindungen der folgenden Form gebildet werden:

```
let rec peter :Manager = tuple "Peter" petersGroup end
and petersGroup :Group = tuple peter let members = ... end
```

Den folgenden drei rekursiven Typbindungen ist gemeinsam, daß sie aufgrund ihrer "Trivialität" keine eindeutige Spezifikation der gebundenen Typausdrücke liefern. Sie werden üblicherweise als nicht-kontraktiv bezeichnet [MacQueen et al. 86].

```
Let Rec X <:Ok = X
Let Rec F(X <:Ok) <:Ok = G(X) and G(X <:Ok) = F(X)
Let Rec A <:Ok = F(A) and F(X <:Ok) <:Ok = X
```

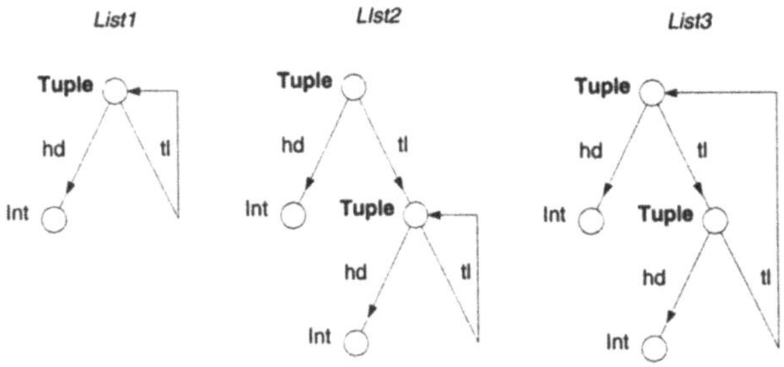

Fig. 4.4. Beschreibung rekursiver Typbindungen durch rationale Bäume

Die exakten Regeln zur Definition kontraktiver Typen sind in §6.5.3 formalisiert. Da für nicht-kontraktive Typen keine adäquaten Typmodelle existieren und die Terminierung zahlreicher Typüberprüfungsalgorithmen nur für kontraktive Typen garantiert ist, sind in TL solche Typausdrücke statisch verboten. Der TL Compiler erkennt diese Fehlersituation und liefert eine Fehlermeldung der folgenden Form:

⇒ ... : *Illegal (non-contractive) recursive type binding: 'A' expands to itself.*

4.6.3.2 Nicht-parametrisierte rekursive Typen

Die obigen Beispiele definieren ausschließlich nicht-parametrisierte rekursive Typen. In Systemen, die Typkompatibilität über Namensäquivalenz definieren, führen solche rekursive Deklarationen zu keinen neuen Problemen bei der Typüberprüfung. Bei dem Test, ob ein Wert a den Typ A besitzt, oder ob ein Typ A Subtyp eines Typs B ist, kann der Typüberprüfungsalgorithmus bei jedem Auftreten eines Typnamens unmittelbar die Typkompatibilität entscheiden, ohne die Definition des Namens expandieren zu müssen. Bei Systemen mit strikter Strukturäquivalenz werden hingegen üblicherweise zwei rekursive Typen dann als äquivalent angesehen, wenn ihre *unendlichen Expansionen* identische unendliche Bäume bilden. Unter diesem Begriff der Typäquivalenz sind z.B. die folgenden drei Typen strukturell äquivalent:

Let Rec *List1* <:**Ok** = **Tuple** *hd :Int tl :List1* **end**
Let Rec *List2* <:**Ok** = **Tuple** *hd :Int tl :***Tuple** *hd :Int tl :List1* **end end**
Let Rec *List3* <:**Ok** = **Tuple** *hd :Int tl :***Tuple** *hd :Int tl :List3* **end end**

Nicht-parametrisierte rekursive Typdefinitionen lassen sich durch endliche Graphen (rationale Bäume, *regular trees* [Courcelle 83; Ohori 89]) beschreiben, deren innere Knoten Typoperatoren (**Tuple**, **Fun**, ...) und deren Blätter Basistypen darstellen (s. Fig. 4.4). Unter Verwendung dieser Beschreibung läßt sich die obige Bedingung in endlicher Zeit testen, ohne tatsächlich eine unendliche Expansion durchzuführen. Andererseits kann man den Test der strukturellen Äquivalenz von zwei Typen $T_1 = T_2$ auf das Probelm der Gleichheit der durch

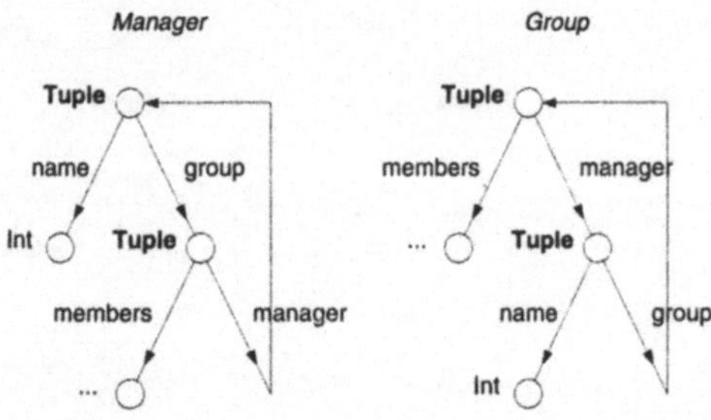

Fig. 4.5. Auflösung wechselseitig rekursiver Typbindungen

T_1 und T_2 definierten regulären Sprachen $L_1 = L_2$ zurückführen und damit die Typäquivalenz durch einen Äquivalenztest zwischen zwei endlichen Automaten DFA_1 und DFA_2 entscheiden [Hopcroft, Ullmann 79]. Wechselseitig rekursive Typbindungen lassen sich ebenfalls durch rationale Bäume darstellen (s. Fig. 4.5).

Schwieriger als das Problem der Typäquivalenz ist das Subtypisierungsproblem für rekursive Typen, d.h. die Entscheidung, wann T_1 <: T_2 für zwei wohlgeformte, potentiell rekursive Typbindungen T_1 und T_2 gilt. Für das Subtypisierungsproblem in einem monomorph typisierten Lambda-Kalkül wird in [Amadio, Cardelli 90] eine Abbildung von wohlgeformten Typausdrücken auf reguläre Bäume definiert. Die durch Subtypbeziehungen auf nicht-rekursiven Typen induzierte Ordnung auf endlichen Bäumen wird dort zu einer Ordnung auf unendlichen Bäumen generalisiert. Außerdem wird gezeigt, daß das Subtypisierungsproblem für diesen Subtypbegriff durch einen korrekten, vollständigen und terminierenden Algorithmus unter Verwendung der folgenden Regeln entschieden werden kann:

1. Ein rekursiver Typ ist äquivalent zu seiner einstufigen Expansion, d.h. es gilt *A <:A2* und *A2 <:A* für

   Let Rec *A = F(A)*
   Let *A2 = F(A)*

2. Für die rekursiven Typbindungen

   Let Rec *A = F(A)*
   Let Rec *B = G(B)*

   gilt *A <:B*, wenn die rechten Seiten der Typbindungen interpretiert als nicht-rekursive Typen unter der Annahme *A <:B* in einer Subtypbeziehung stehen. Formal

   (∀ *A' <:B'* <:**Ok** ⇒ *F(A') <:G(B')*) ⇒ *A <:B*

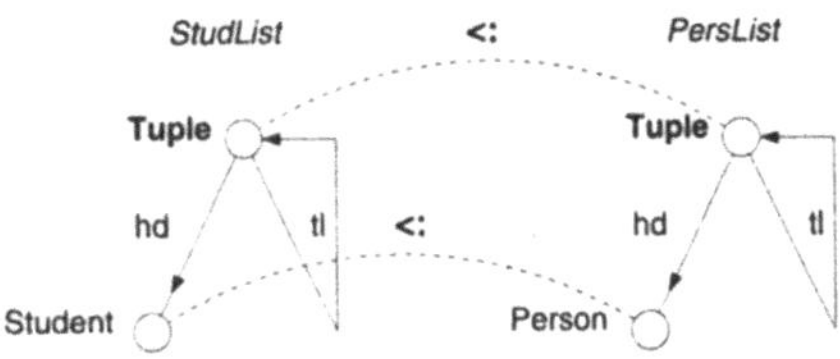

Fig. 4.6. Ein Beispiel der Subtypisierung auf rationalen Bäumen

3. Zwei rekursive Typen A und B sind äquivalent, wenn ein nicht-trivialer (d.h. *kontraktiver*) Kontext *Ctxt(X)* (ein unärer Typoperator) existiert, so daß $A = Ctxt(A)$ und $B = Ctxt(B)$ gilt, d.h. A und B Fixpunkte von *Ctxt* sind. Formal

$$A = Ctxt(A) \ \wedge \ B = Ctxt(B) \ \wedge \ Ctxt \text{ ist kontraktiv} \Rightarrow \ A = B$$

Hintergrund von Regel (3) ist der in [Amadio, Cardelli 90] bewiesene Satz, daß alle kontraktiven Typkontexte *Ctxt* eindeutige Fixpunkte über unendlichen Bäumen besitzen, so daß aus der Gleichheit der Fixpunkte auf die Gleichheit von A und B geschlossen werden kann.

Nachfolgend werden diese Reglen anhand konkreter Beispiele in TL illustriert. So gestattet Regel (1) z.B. den Schluß, daß sowohl *List2 <:List1* als auch *List1 <:List2* gilt (S. 73). Regel (2) läßt sich ebenfalls gut über Beispiele motivieren:

```
Let Rec PersList <:Ok =
    Tuple case nil case cons with car :Person  cdr :PersList end
Let Rec StudList <:Ok =
    Tuple case nil case cons with car :Student  cdr :StudList  end
```

Unter der Annahme *Student <:Person* und *PersList <:StudList* gilt

```
Tuple case nil case cons with car :Student  cdr :StudList  end <:
Tuple case nil case cons with car :Person  cdr :PersList  end
```

und damit auch gemäß Regel (2) die erwartete Subtypbeziehung zwischen potentiell unendlichen Listen von Studenten und Personen (*StudentList<:PersonList*, s. Fig. 4.6). In diesem Beispiel treten die Typen *Person* und *Student* in kovarianten Positionen auf. Regel (2) führt jedoch auch für Rekursionen mit kontravarianten Subtypbeziehungen zwischen den Elementen zu dem erwarteten Ergebnis. Für

```
Let Rec WriteOnlyPersCell <:Ok = Tuple
  new() :WriteOnlyPersCell
  set(:Person) :WriteOnlyPersCell
end
```

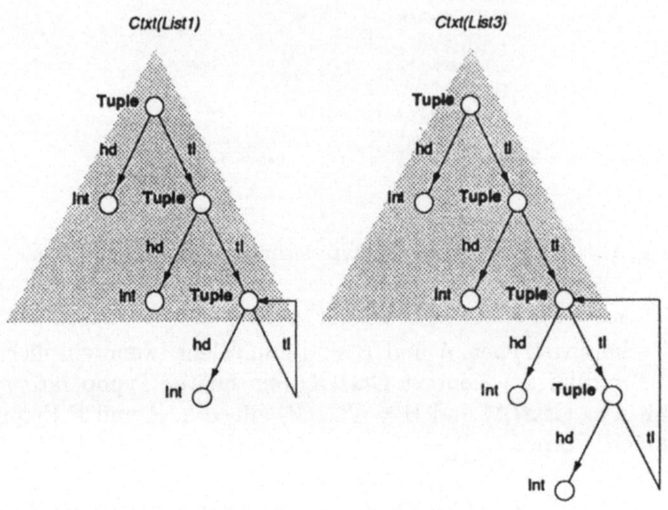

Fig. 4.7. Fixpunkte eines Typoperators über rationalen Bäumen

Let Rec *WriteOnlyStudCell* <:**Ok** = **Tuple**
new() :WriteOnlyStudCell
set(:Student) :WriteOnlyStudCell
end

gilt *WriteOnlyPersCell* <:*WriteOnlyStudCell*. Tritt eine Rekursionsvariable sowohl kovariant als auch kontravariant auf, so können keine nicht-trivialen Subtypbeziehungen gelten, z.B. für

Let Rec *PersCell* = **Tuple**
new() :PersCell
set(:Person) :PersCell
equal(:PersCell :PersCell) :Bool
end
Let Rec *StudCell* = **Tuple**
new() :StudCell
set(:Student) :StudCell
equal(:StudCell :StudCell) :Bool
end

gilt weder *PersCell* <:*StudCell* noch *StudCell* <:*PersCell*.

Regel (1) und (2) allein gestatten nur den Beweis von *List1* <: *List3* nicht aber von *List3* <:*List1* (S. 73). In diesem Beispiel benötigt man Regel (3). Wählt man

Let *Ctxt(X* <:**Ok**) = **Tuple** *hd :Int tl* :**Tuple** *hd :Int tl :X* **end end**

so gilt *List1* = *Ctxt(List1)* und *List3* = *Ctxt(List3)*, indem man *List1* zweimal und *List2* einmal gemäß Regel (1) expandiert. Damit gilt insgesamt gemäß

Regel (3) *List1* = *List3* (s. Fig. 4.7). Intuitiv läßt sich der Subtypisierungsalgorithmus in zwei Phasen einteilen: Zunächst wird die Expansion rekursiver Typen über Regel (1) mittels eines geeignet zu wählenden initialen Kontextes *Ctxt* synchronisiert, um anschließend über die einmalige Anwendung von Regel (2) die Subtypbeziehung zu überprüfen.

4.6.3.3 Rekursive Typoperatoren

Eine naheliegende Verallgemeinerung rekursiver Typdeklarationen ist die Definition rekursiver Typoperatoren, z.B.

```
Let List(A <:Ok) <:Ok = Tuple
    case nil
    case cons with car :Int  cdr :List(A)
end
```

Diese Generalisierung führt jedoch zu Typsystemen, in denen bereits für den Typäquivalenztest keine entscheidbaren Algorithmen bekannt sind. So wird in [Solomon 78] gezeigt, daß das Problem des strukturellen Typäquivalenztests für parametrisierte Typdeklarationen auf das Problem der Gleichheit zweier deterministischer kontext-freier Sprachen (DCFL's) reduzierbar ist. Es ist unbekannt, ob das Problem $L_1 = L_2$ für zwei DCFL's entscheidbar ist [Hopcroft, Ullmann 79, S. 281].

In allen bekannten Sprachen, die parametrisierte Typen enthalten, sind daher rekursive Typoperatordefinitionen verboten. Die in der Praxis häufig auftretenden Fälle *homogen* parametrisierter Typoperatoren (Liste, Baum etc.) lassen sich jedoch folgendermaßen durch einen einfachen Typoperator modellieren, der einen rekursiven Typ (hier in einer nicht-TL Syntax mit dem Schlüsselwort **Rec** angedeutet) zurückliefert [Cardelli 89]:

```
Let Rec List(A <:Ok) <:Ok = Rec(B <:Ok) Tuple
    case nil
    case cons with car :Int  cdr :B
end
```

Die Sprache Ponder [Fairbairn 88] enthält eine semantisch äquivalente Restriktion, indem jede Instanziierung eines rekursiv definierten Typoperators exakt mit seinen "eigenen" Formalparametern erfolgen muß:

```
Let Rec F(T1,T2,T3,...,Tn <:Ok) = ... F(T1,T2,T3,...,Tn) ...
```

Etwas flexibler sind die Typregeln von Napier88 [Dearle et al. 89], da dort beliebige Permutationen der Formalparameter zulässig sind:

```
Let Rec Alternate(X,Y <:Ok) <:Ok = Tuple hd :X  tl :Alternate(Y X) end
```

Ausgeschlossen sind damit Typen, deren Komplexität bei der schrittweisen Expansion wächst:

```
Let Rec E(X <:Ok) <:Ok = Tuple hd :X  tl :E(Tuple :X end) end
```

Leider treten in der Programmierpraxis überaschend häufig Situationen auf, die den Einsatz rekursiver Typoperatoren erfordern, bei denen der Typoperator in seiner Definition mehrfach verschieden instanziiert werden muß. Das erste Beispiel stammt aus der objekt-orientierten Programmierung [Cook et al. 90]:

```
Let Rec List(A <:Ok) <:Ok = Tuple
    head() :A
    tail() :List(A)
    empty() :Bool
    map(B <:Ok f(:A) :B) :List(B)
    dup() :List(Pair(A))
    power() :List(List(A))
end
```

Problematisch sind in diesem Fall sowohl die polymorphe *map* Funktion, die eine Liste des Typs *A* in eine Liste des Typs *B* abbildet, als auch die Funktionen *dup* und *power*, die Listen einer zunehmend komplexeren Elementstruktur zurückliefern. Ein anderes relevantes Beispiel sind Mehrwegbäume, in denen alle Bruderknoten einen identischen Typ besitzen:

```
Let Rec Tree(A <:Ok) <:Ok = Tuple info :A
    case leaf
    case inner with SonType <:Ok  sons :List(Tree(SonType))
end
```

Schließlich sind auch rekursive Typoperatoren höherer Ordnung von Bedeutung:

```
Let Rec Tree2(A <:Ok L <:List) <:Ok = Tuple info :A
    case leaf
    case inner with SonType <:Ok  sons :L(Tree2(SonType L))
end
```

Im Unterschied zu dem Typ *Tree* kann im Typ *Tree2* zusätzlich noch der zur Bruderverkettung herangezogene Listentyp durch einen Subtyp des global deklarierten Typs *List* parametrisiert werden.

Aufgrund der praktischen Relevanz rekursiver Typoperatoren dieser flexiblen Form weicht TL von dem im vorangegangenen Abschnitt vorgestellten strikten Modell rein struktureller Typäquivalenz und rein struktureller Subtypisierung für rekursive Typausdrücke ab. In den Typregeln von TL findet sich daher Regel (1) ([Subtype Non-Rec Rec] und [Subtype Rec Non-Rec] in § A.5.2) und Regel (2) ([Subtype Rec Rec] in § A.5.2), nicht jedoch Regel (3). Bezogen auf das Modell unendlicher regulärer Bäume ist der TL Typüberprüfungsalgorithmus somit korrekt aber nicht vollständig. Durch den Verzicht auf Regel (3) wird insbesonderung die Terminierung des Algorithmus' auch für rekursive Typoperatoren eventuell höherer Ordnung gesichert (s.a. § 6.8).

Für die Programmierung bedeutet diese striktere Subtypisierungsregel, daß die Form, in der rekursive Typausdrücke (und nur diese) verknüpft werden, Einfluß auf die Typkompatibilität der Typausdrücke besitzen kann. Konkret gelten alle im vorigen Abschnitt besprochenen Subtypbeziehungen bis auf die Relationen *List1 <:List3* und *List3 <:List1*, da die beiden rekursiven Typausdrücke nicht-isomorphe Graphen definieren.

Wie die vorangegangenen Beispiele zeigen, muß für jede Typvariable, die an einer rekursiven Bindung teilnimmt, in TL ein Supertyp spezifiziert werden. Für geschlossene Typen genügt die Spezifikation des maximalen Typs **Ok**, während bei der Definition von rekursiven Typoperatoren höherer Ordnung dieser Operatorsupertyp zur Überprüfung der korrekten Instanziierung des Typoperators innerhalb der rekursiven Bindung herangezogen wird, z.B.

Let Rec *Alternate* <:**Oper**(*X,Y* <:**Ok**) **Ok** =
  Oper(*X,Y* <:**Ok**) **Tuple** *hd :X tl :Alternate(Y X)* **end**

oder abkürzend (s. § 6.3)

Let Rec *Alternate(X,Y* <:**Ok**) <:**Ok** = **Tuple** *hd :X tl :Alternate(Y X)* **end**

Das folgende komplexere Beispiel unterstreicht die Bedeutung der Supertypspezifikation für die Analysier- und Lesbarkeit rekursiver Typoperatordefinitionen. Bei der folgenden Definition von *n* Typoperatoren

Let Rec *A1* = *A2(A2)* **and** *A2* = *A3(A3)* **and** ...
and *An* = **Oper**(*X(Y* <:**Ok**) <:**Ok**) *X(Int)*

müßte die Operatorsignatur von *A1* durch eine aufwendige Analyse der Typabhängigkeiten zwischen den Typvariablen und damit schließlich von dem an *An* gebundenen Typausdruck abgeleitet werden. Diese Definition muß in TL folgendermaßen formuliert werden:

Let *Unary* = **Oper**(*X(Y* <:**Ok**) <:**Ok**) **Ok**
Let *A1* <:*Unary* = *A2(A2)* **and** *A2* <:*Unary* = *A3(A3)* **and** ...
and *An* <:*Unary* = **Oper**(*X(Y* <:**Ok**) <:**Ok**) *X(Int)*

Zusammenfassend läßt sich der Entwurf der TL Typregeln für rekursive Bindungen folgendermaßen charakterisieren:

- Statisches Verbot nicht-kontraktiver Typen;
- Rein strukturelle Typäquivalenz für nicht-rekursive Typen;
- Typäquivalenz und Subtypisierung zwischen rekursiven Typbindungen basierend auf Graphisomorphie zur Vermeidung unentscheidbarer (nicht-terminierender) struktureller Typtests;
- Keine Identifikation von Typausdrücken, deren unendliche Expansion identisch ist, die jedoch durch nicht-isomorphe rekursive Bindungen definiert sind;
- Zulässigkeit rekursiver Typoperatoren auch höherer Ordnung;
- Möglichkeit zur flexiblen Instanziierung rekursiver Typoperatoren innerhalb ihrer rekursiver Definition, zum Beispiel:

  Let *L(A* <:**Ok**)<:**Ok** = ... *L(L(A))* ...

5. Generische Programmierung persistenter Objektsysteme

Kapitel § 4 stellt den TL Sprachkern anhand rein funktionaler Sprachkonzepte (Funktionsabstraktion, Funktionsapplikation, bedingte Evaluation) vor. Gegenstand dieses Kapitels sind die verbleibenden TL Sprachprimitive, die den TL Sprachkern um die Basismechanismen der imperativen, objekt-orientierten und modularen Programmierung erweitern, und die somit die Verwendung von TL zur Entwicklung vollständiger, effizienter persistenter Objektsysteme gestatten.

Aufgrund der Orthogonalität der TL Sprachdefinition genügen minimale Spracherweiterungen, um aufbauend auf den Basiskonzeption von Kapitel § 4 (Wert, Funktion, Typ, Bindung, Signatur, Subtypisierung) auch komplexe Konzepte spezialisierter Datenbanksprachen (Iteratoren, Transaktionen, Kontrollstrukturen, Methoden, Klassen, Vererbung, Prädikate, Hornklauseln) adäquat zu erfassen.

Dieses Kapitel beschränkt sich auf den Nachweis der prinzipiellen Eignung von TL zur Unterstützung substantiell verschiedener Programmier- und Modellierungsstile. Weitere Argumente für diese These liefern die praktischen Erfahrungen bei der Entwicklung der Tycoon Bibliotheken für Massendatenstrukturen und Iterationsabstraktionen [Matthes, Schmidt 91a], für generische Compilerwerkzeuge [Schröder, Matthes 92] sowie für die graphische Datenvisualisierung [Kirch, Müßig 92], die ebenfalls in § 9 kurz vorgestellt werden.

5.1 Imperative Programmierung

Die imperative Programmierung und die klassische Datenbankprogrammierung basieren auf dem Konzept eines veränderlichen, globalen (persistenten) Speichers sowie auf Mechanismen zur sequentiellen Ausführung von Operationen zum Anlegen, Löschen, Verändern und Lesen von Speicherobjekten.

5.1.1 Mutabilität und Zuweisungen

Ausgangspunkt für die Unterstützung der imperativen Programmierung in TL ist die Möglichkeit, die Bindung einer Wertvariablen an einen Wert durch das Schlüsselwort **var** als *veränderlich* zu markieren. Eine existierende Bindung

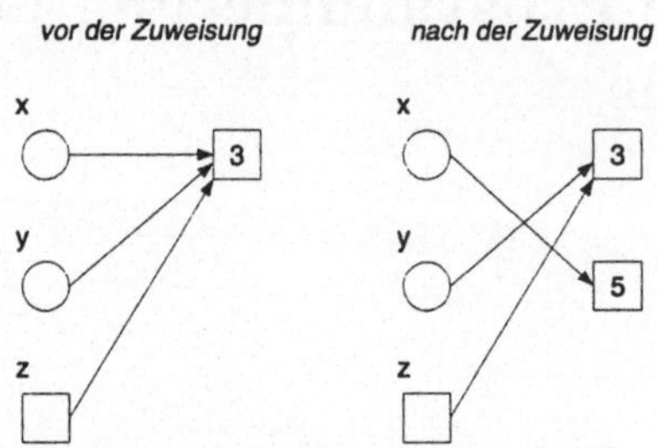

Fig. 5.1. R-Wert-Bindungen in TL Ausdrücken

kann mittels einer destruktiven Zuweisung, die mit dem Infixsymbol := bezeichnet wird, durch eine neue Wertbindung ersetzt werden.

let var *x = 3*
let var *y = x*
let *z = x*
x y z
⇒ *3 :Int 3 :Int 3 :Int*
x:= 5
⇒ **ok** *:***Ok**
x y z
⇒ *5 :Int 3 :Int 3 :Int*

Wie die durch **let** Bindungen eingeführten nicht-veränderlichen Wertvariablen evaluieren veränderliche (imperative) Wertvariablen in Ausdrücken zu dem augenblicklich an sie gebundenen Wert (*R-Wert, r-value* [Sebesta 89; Morrison et al. 87a]). Die Modifikation der Bindung an *x* im obigen Beispiel beeinflußt daher die Bindungen von *y* und *z* nicht (s. Fig. 5.1). Sprachlich gesehen ist die Zuweisung in TL eine systemweit bekannte Funktion mit der folgenden Signatur[1]:

*:=(A <:***Ok** **var** *lValue :A rValue :A) :***Ok**

Die Zuweisung evaluiert wie der leere Block (**begin end**, vgl. § 4.3.1) zu dem trivialen Wert **ok** des Typs **Ok**.

Neben der in § 4.3.2 beschriebenen Wertparameterübergabe (*call by value*) existiert in TL ebenfalls das Konzept der Variablenparameter (*call by reference*) imperativer Programmiersprachen. Durch das Schlüsselwort **var** kann für Wertvariablen in Funktionssignaturen eine dynamische *L-Wert-Bindung* (*l-value binding*) zum Funktionsapplikationszeitpunkt erzwungen werden. Der korrespondierende Aktualparameter muß eine typkompatible veränderliche Wertbindung bezeichnen, z.B.

[1]Der Infixbezeichner ":=" ist kein Schlüsselwort und kann daher lokal an benutzerdefinierte polymorphe Funktionen gebunden werden (vgl. § 5.4.3).

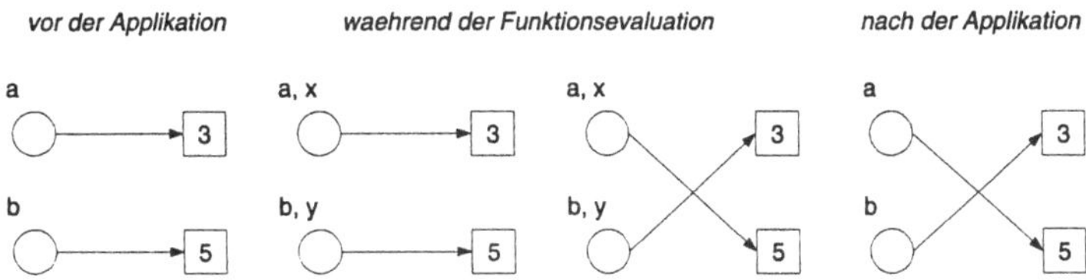

Fig. 5.2. L-Wert-Bindungen für Variablenparameter

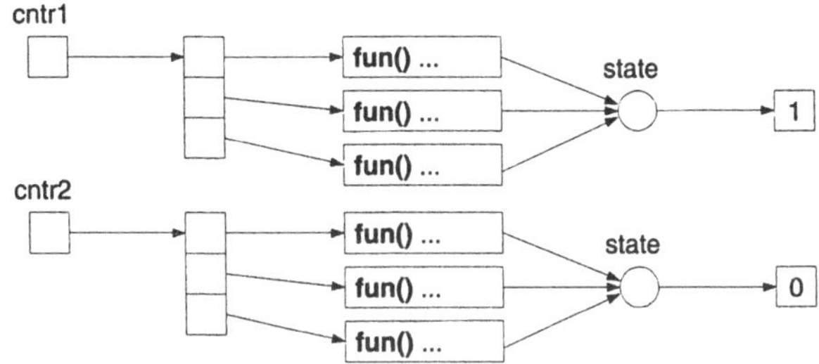

Fig. 5.3. L-Wert-Bindungen und statisch geschachtelte Funktionsabstraktionen

let *swap(A <:***Ok var** *x, y :A)* = **begin let** *tmp = x x:= y y:= tmp* **end**
let var *a = 3* **and var** *b = 5*
swap(:Int a b)
a b
⇒ *5 :Int 3 :Int*
swap(:Int 3 b)
⇒ ... *: Incompatible function arguments: 'var' component expected*
... *: [While checking function argument 'x']*

Wie in Fig. 5.2 dargestellt ist, wird der Formalparameter zum Aufrufzeitpunkt ein *Alias* für die Aktualparametervariable, so daß Zuweisungen während der Funktionsevaluation unmittelbar die Bindung der Aktualparametervariable verändern. Diese Tatsache wird durch die Funktion *sideEffect* illustiert:

let var *global = 3*
let *sideEffect(***var** *x :Int)* = **begin** *x:= global+1 global:= global+1* **end**
sideEffect(global)
global
⇒ *5 :Int*

Die in § 4.3.3 vorgestellten Sichtbarkeits- und Lebensdauerkonzepte für Funktionen höherer Ordnung in TL erlauben die dynamische Generierung von gekapselten Zustandsvariablen, die von mehreren Funktionen gemeinsam benutzt werden können (*shared variables*):

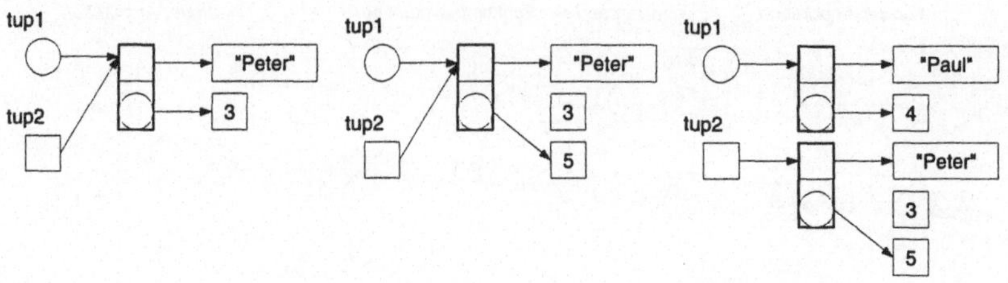

Fig. 5.4. Aggregierte veränderliche Bindungen

```
let newCounter() = begin
    let var state = 0
    tuple
  let reset() :Ok = state := 0
  let inc() :Ok = state := state +1
  let value() :Int = state
    end
end
let cntr1 = newCounter() and cntr2 = newCounter()
cntr1.inc() cntr1.value() cntr2.value()
⇒ ok :Ok  1 :Int  0 :Int
```

Jeder Aufruf der Funktion *newCounter* liefert ein Tripel von Funktionen zurück, deren statischer Sichtbarkeitsbereich L-Wert-Bindungen an eine neu generierte, lokale, veränderliche Variable *state* enthält (s. Fig. 5.3).

Auch in den aggregierenden TL Wertkonstruktoren (**tuple**, **record**, **exception**) können Komponentenbindungen mit dem Schlüsselwort **var** als veränderlich gekennzeichnet werden. Bindet man mehrere Variablen an den aggregierten Wert, so werden Zuweisungen an eine Komponente als Seiteneffekt über mehrere Pfade sichtbar, z.B. (vgl. Fig. 5.4)

```
let var tup1 = tuple let name = "Peter" let var age = 3 end
let tup2 = tup1
tup1.age := 5
tup1.age  tup2.age
⇒ 5 :Int  5 :Int
tup1:= tuple let name = "Paul" let var age = 4 end
tup1.age  tup2.age
⇒ 4 :Int  5 :Int
```

Dieses Beispiel zeigt auch, daß jede Evaluation eines aggregierenden Wertkonstruktors (hier **tuple**) voneinander unabhängig veränderliche Bindungen generiert.

5.1.2 Kontrollstrukturen und Ausnahmebehandlung

Neben den bedingten **if**, **orif**, **andif**, **case**, **typecase** Ausdrücken existieren in TL folgende Kontrollstrukturen, die von der ansonsten strikten links-nach-rechts Evaluationsreihenfolge abweichen:

try *Bindings* { **when** *Value* [**with** *Ide*] **then** *Bindings* } [**else** *Bindings*] **end**

raise *Value* [**with** *Bindings* **end**]
reraise

loop *Bindings* **end**
exit

while *Condition* **do** *Bindings* **end**
for *Ide* = *Value1* (**upto** | **downto**) *Value2* **do** *Bindings* **end**

Ein **exit** darf nur statisch innerhalb eines **loop** Blocks geschachtelt auftreten. Auf dem Schachtelungspfad zwischen **exit** und **loop** darf keine Funktionsabstraktion mittels **fun** stattfinden. Gleiches gilt für ein **reraise**, das nur statisch geschachtelt innerhalb der **then** und **else** Zweige eines **try** Blocks auftreten darf.

Die Semantik von und die Interaktion zwischen diesen imperativen Sprachkonstrukten läßt sich am besten durch eine Reduktion auf die rein sequentielle Evaluation **begin end** und die Ausnahmebehandlung (*exception handling*) erläutern. Obwohl die sprachliche Mächtigkeit von TL durch Schleifen nicht erhöht wird, existieren sehr effiziente Implementierungen dieser Sprachkonstrukte auf heutigen Rechnerarchitekturen, die in diesem Fall einen Verzicht auf Minimalität im TL Sprachentwurf gerechtfertigt erscheinen lassen.

Ausnahmebehandlung Partielle Funktionen spielen eine wichtige Rolle in der Programmierung. Insbesondere in Datenbankanwendungen existieren häufig statische und dynamische Konsistenzbedingungen, die den durch Funktionen (mit Seiteneffekten) beschriebenen Zustandsübergangsraum eingeschränken sollen und somit natürlich zu dem Konzpet partieller Funktionsdeklarationen führen.

In TL kann daher die Evaluation einer Funktion des Typs **Fun**(*S*) :*A* anstelle eines Wertes a des Typs *A* ein Ausnahmepaket *exc* als Ergebnis besitzen. Neben den im mathematischen Sinne partiellen Funktionen wie *int.div*, *int.mod* oder *real.arctan* sind die meisten arithmetischen Funktionen der Tycoon Bibliotheken aufgrund der Beschränkung des auf einer konkreten Maschinenarchitektur repräsentierbaren Wertebereichs nur partiell definiert und liefern im Falle eines Überlaufs ein Ausnahmepaket zurück. Auch die Variantenprojektion *variant!caseLabel* ist ein Beispiel einer partiellen TL Funktion.

Jedes Ausnahmepaket enthält einen String, der eine Identifikation der Ausnahmesituation auf dem *top level* ermöglicht:

```
3 / 0
⇒ Exception: "Int error"
int.maxValue + 1
⇒ Exception:"Int overflow"
```

Tritt ein Ausnahmepaket während der Evaluation eines zusammengesetzten Ausdrucks (z.B. der Parameterliste eines Funktionsaufrufs, eines **if end**, **tuple end** oder **begin end**) auf, so wird die Auswertung eventuell weiterer Subterme abgebrochen und das Ausnahmepaket propagiert. Die Propagierung folgt daher der dynamischen Aufrufhierarchie (*dynamic call chain*).

Eine programmgesteuerte Ausnahmebehandlung ist durch das zusammengesetzte **try** Konstrukt möglich:

```
let safeDiv(x,y :Int) :Int = try x / y else int.maxValue end
```

Evaluiert der Block zwischen den Schlüsselworten **try** und **else** zu einem Ausnahmepaket, so wird der Block zwischen den Schlüsselworten **else** und **end** evaluiert, der eventuell seinerseits ein Ausnahmepaket liefern kann, das weiterpropagiert wird. Der Ergebnistyp beider Blöcke des **try** Ausdrucks muß übereinstimmen.

TL erlaubt auch die Generierung benutzerdefinierter Ausnahmepakete (**raise**). Ein Ausnahmepaket besteht aus einer unveränderlichen Bindung an eine Ausnahme und optional weiteren Wert- und Typbindungen. Die Signaturen dieser Bindungen müssen bei der Definition einer Ausnahme (**exception**) angegeben werden:

```
let noCredit = exception "No Credit" with overdrawn :Int end
let withdraw(var account :Int  amount :Int) =
      if amount <= account then account:= account - amount
      else raise noCredit with let overdrawn = amount - account end
      end
try
      withdraw(petersAccount 300)
      print.string("Transfer succeeded")
when noCredit with exc then
      print.string("Overdrawn by "  <> fmt.int(exc.overdrawn))
else
      print.string("Unexpected exception occured")
end
```

Jede Evaluation eines **exception** Ausdrucks generiert eine neue, eindeutig identifizierbare Ausnahme, die eine Fallunterscheidung in **when** Klauseln des **try** Konstrukts gestattet. In Analogie zu **case** Fallunterscheidungen kann in jedem **when** Zweig eine lokale Wertvariable (hier *exc*) zum typsicheren Zugriff auf die Bindungen des Ausnahmepakets definiert werden. Die Ausnahmen der Tycoon Bibliotheksfunktionen sind an exportierte Variablen der jeweiligen Module gebunden (s. § B) und können somit ebenfalls selektiv behandelt werden:

try *x / y*
when *int.overflow* **then** *int.maxValue*
when *int.error* **then** *print.string("Division by zero")* **reraise**
end

Dieses Beispiel zeigt auch, daß nach einer Ausnahmebehandlung das Ausnahmepaket durch **reraise** weiterpropagiert werden kann.

Die Typisierung von Ausnahmepaketen entspricht der Typisierung von Varianten eines einzelnen systemweiten Tupeltyps, wobei die Variantendiskrimination nicht durch eine statisch fixierte Menge von Fallmarken, sondern durch dynamisch generierte Ausnahmen ermöglicht wird.

Da Typen in TL nur die Werte terminierender Berechnungen spezifizieren, läßt sich **raise** und **reraise** Termen ein *beliebiger* Typ zuordnen, z.B.

if a **then** *3* **else raise** *int.overflow* **end** *:Int*
if a **then** *"String"* **else raise** *int.overflow* **end** *:String*

Dieser Tatsache wird durch die Typisierung **raise** *Value* :**Nok** und **reraise** :**Nok** Rechnung getragen. **Nok** bezeichnet in TL den Subtyp aller nicht-parametrisierten Typen, also

A <:**Ok** ⇒ **Nok** <: *A*

Diese Eigenschaft des Typs **Nok** wird in der Programmierpraxis häufig zur Definition von polymorphen "Nullelementen" verwendet:

```
Let Rec AnyStream <:Ok =
      Tuple empty() :Bool  get() :Nok  rest() :AnyStream end
let emptyExc = exception "Empty Stream"
let emptyStream :AnyStream = tuple
      let empty() :Bool = true
      let get() :Nok = raise emptyExc
      let rest() :AnyStream = raise emptyExc
end
```

So gilt z.B. unter Verwendung der Regeln für rekursive Typbindungen *AnyStream* <:*IntStream* für den auf S. 72 definierten Typ *IntStream*.

Kontrollstrukturen Die statische und dynamische Semantik der imperativen TL Kontrollstrukturen läßt sich konzeptionell vollständig auf das Konzept der sequentiellen Evaluation und der Ausnahmebehandlung zurückführen. So ist eine potentiell unendliche **loop** Schleife äquivalent zu einer rekursiven Funktion der folgenden Form (*tail recursion*):

```
let leave = exception "Exit Loop"
let rec f() :Ok = begin Bindings  f() end
try f() when leave then ok  else reraise  end
```

Die Semantik eines **exit** Ausdrucks ist äquivalent zum Auslösen der Ausnahme **raise** *leave*. Beim Auftreten einer anderen Ausnahme wird die Iteration ebenfalls unmittelbar beendet und die Ausnahme propagiert. Ein **exit** verläßt somit immer nur die innerste von mehreren geschachtelten **loop** Schleifen. Eine subtile Konsequenz der Äquivalenz zwischen Schleifen und rekursiven Funktionen ist die Tatsache, daß in jedem Schleifendurchlauf voneinander unabhängig veränderliche Bindungen für lokal zur Schleife definierte Variablen eingeführt werden:

```
let f(var x :Int) = ... (* retain l-value binding x *)
loop let var newLValue = 3  f(newLValue) end
```

Als weitere Konsequenz der Äquivalenztransformation gelten die Typregeln **loop end :Ok** und **exit :Nok**. Die abweisenden (*pre check*) **while** und **for** Schleifen können schließlich folgendermaßen auf das primitivere **loop** Konstrukt abgebildet werden:

```
(* while Condition do Bindings end *)
loop if not(Condition) then exit end Bindings end

(* for Ide = Value1 ( upto | downto ) Value2 do Bindings end *)
let body(Ide :Int) = begin Bindings end
let var i = Value1
let last = Value2
while i <= last do body(i)  i:= {i+1} end
(* while i >= last do body(i)  i:= {i-1} end *)
```

Man beachte, daß somit Zuweisungen oder L-Wert-Bindungen an die **for** Schleifenvariable *Ide* statisch verboten sind.[2]

5.1.3 Subtypisierungsregeln für veränderliche Bindungen

Die Details der Interaktion zwischen Subtypisierungsregeln und destruktiven Zuweisungen sind von großer Bedeutung für die Typsicherheit polymorpher Programmiersprachen [Connor et al. 91]. So besitzt z.B. die Sprache Eiffel (wie bereits Simula [Dahl, Nygaard 66]) Lücken im Typsystem [Meyer 89; Cook 89; Curtis 90], die bei der Spezialisierung von Funktionen und Attributredefinitionen in Subklassen zu weder statisch noch dynamisch erkannten Fehlersituationen wie in dem folgenden (statisch inkorrekten) TL Programm führen können:

```
let update(var a :Person  b :Person) = a:= b
let var s :Student = tuple let name = "Peter" let age = 23 let semester = 3 end
let p :Person = tuple let name = "Paul" let age = 24 end
update(s p)
s.semester  (* Crash *)
```

[2] Die Definition impliziert ebenfalls, daß inkrementierende (dekrementierende) **for** Schleifen mit einem Endwert von *int.maxValue* (*int.minValue*) zu einem Laufzeitfehler nach dem letzten Schleifendurchlauf führen.

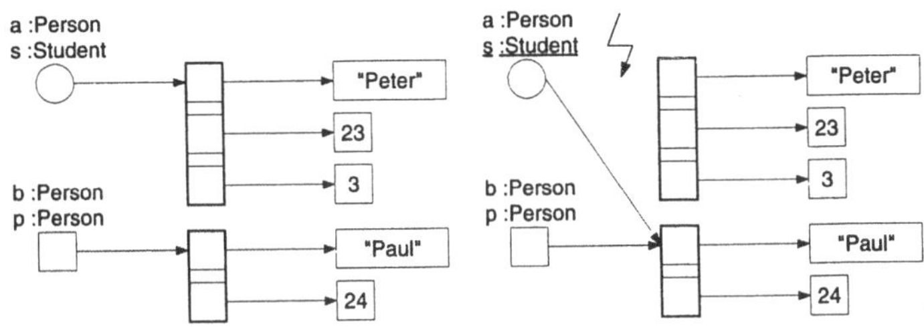

Fig. 5.5. Typfehler durch Subtypisierung auf Variablenparametern

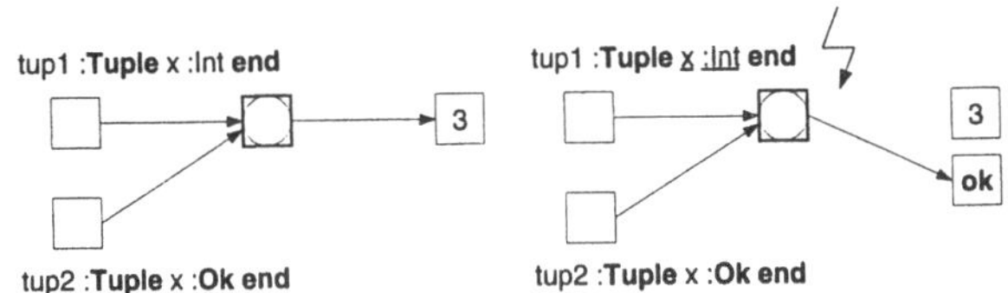

Fig. 5.6. Typfehler durch Subtypisierung auf aggregierten veränderlichen Bindungen

Wie in Fig. 5.5 dargestellt, besteht die charakteristische Eigenschaft dieser Fehlersituation in der Tatsache, daß eine veränderliche Bindung über verschiedene Sichten (*Aliases*) mit unterschiedlichen statischen Typen (*a :Person* und *s :Student*) verändert werden kann. Insbesondere führt eine Neubindung an einen R-Wert, der einer schwächeren Typspezifikation (*Person*) als der stärksten Typspezifikation für die Bindung genügt (*Student*), zu Fehlern bei nachfolgenden Zugriffen (*s.semester*), die die stärkere Spezifikation voraussetzen.

Analoge Fehlersituationen treten beim *Aliasing* geschachtelter veränderlicher Bindungen in aggregierten Wertbindungen auf (vgl. Fig. 5.6):

let *tup1* = **tuple let var** *x* = *3* **end**
let *tup2* :**Tuple var** *x* :**Ok end** = *tup1*
tup2.x := **ok**
tup1.x (* *Crash* *)

Auch in diesem Beispiel besteht eine Diskrepanz zwischen den Typen *tup1.x :Int* und *tup2.x* :**Ok**, die einer einzelnen veränderlichen Bindung zugeordnet werden. Während Modula-3 diese Typunsicherheit durch dynamische Laufzeittests vermeidet [Nelson 91], folgt TL dem Beispiel der Sprache Quest (und entfernt verwandten Konzepten in Trellis und C++) und verbietet die Anwendung der Subsumptionsregel auf veränderliche Bindungen. So gilt

Fun(*x :Person y :Person*) :**Ok** <:**Fun**(*x :Student y :Student*) **Ok**
Tuple *x :Int* **end** <:**Tuple** *x* :**Ok end**

aber *nicht*

Fun(**var** *x :Person y :Person*) *:***Ok** <: **Fun**(**var** *x :Student y :Student*) *:***Ok**
Tuple var *x :Int* **end** <: **Tuple var** *x :***Ok end**

Durch das in TL vorhandene Konzept des *bounded parametric polymorphism* läßt sich jedoch problemlos eine typsichere polymorphe *update* Funktion definieren, die uniform für beliebige Subtypen des Typs *Person* arbeitet:

let *update(P <:Person* **var** *a :P b :P) = a:= b*

Schließlich ist es in TL möglich, veränderliche Bindungen in Aggregaten als nicht-veränderlich zu typisieren, so daß für den ausschließlich lesenden Zugriff auf Wertvariablen die üblichen Subtypisierungsregeln verwendet werden können, z.B.

Tuple var *x :Int* **end** <: **Tuple** *x :Int* **end**

5.1.4 Felder und Feldindizierung

Feldtypen sind ein fundamentaler Typkonstruktor der imperativen Programmierung. Anhang § B zeigt die Signatur des polymorphen Tycoon Bibliotheksmoduls *arrayOp* mit Operationen zum Anlegen, Lesen und Ändern von Feldern. Ein Feld des Typs *Vector(A) = arrayOp.V(A)* aggregiert eine (evtl. leere) geordnete Folge von anonymen unveränderlichen Bindungen an Werte des Typs *A*. Die Bindungen werden über positive Indices ($i > 0$) identifiziert. Die Feldgröße ist nicht statisch fixierbar und damit auch nicht Bestandteil des Vektortyps. Die Überprüfung der Indexgrenzen erfolgt ausschließlich dynamisch zur Programmlaufzeit. Ein Feld des Typs *Array(A) = arrayOp.T(A)* aggregiert eine Folge von anonymen veränderlichen Bindungen an Werte des Typs *A*. Destruktive Zuweisungen sind nur an Arrayelemente, nicht jedoch an Vektorelemente gestattet.

Für Vektoren und Arrays in TL gelten die folgenden Typregeln:

- Der Typoperator *Vector* ist kovariant, d.h. *A <:B* impliziert *Vector(A) <:Vector(B)*.

- Der Typoperator *Array* ist ein Subtyp des Typoperators *Vector* (*Array <:Vector*). Jeder Arraywert ist damit ein Vektorwert.

- Ein Vektor mit 0 Elementen besitzt den Typ *Vector(***Nok***)* und ist damit aufgrund der Kovarianzregel für Vektoren kompatibel zu Vektoren beliebiger Elementtypen.

Das folgende Beispiel illustiert die Benutzung der Operationen des Moduls *arrayOp*:

```
let sum(arr :Vector(Int)) :Int = begin
    let var result = 0
    for i = 1 upto arrayOp.size(arr) do
  result:= result + arrayOp.get(:Int arr i)
    end
    result
end
let a :Array(Int) = arrayOp.new(:Int 3 1)
arrayOp.set(:Int a 3 99)
arrayOp.get(:Int a 3) + 4     sum(a)
⇒ 103 :Int  101 :Int
```

In der Datenbankprogrammierung spielen Felder neben induktiv definierten Datenstrukturen eine wichtige Rolle als Bausteine für die effiziente Implementierung von Strukturen für Massendaten wie Hashtabellen, Bitlisten oder Mehrwegbaumknoten (vgl. [Atkinson, Bunemann 87; Atkinson et al. 91; Matthes, Schmidt 91a]).

TL unterstützt daher nicht nur die traditionelle Indexnotation mit eckigen Klammern und die Denotation von Feldliteralen (**array end**), sondern auch eine *Listfix*-Notation für Funktionsapplikationen mit einem einzelnen Feldparameter. Das obige Beispiel läßt sich daher folgendermaßen umformulieren

```
let a = array var 1 1 1 end
let v = array 1 1 1 end
a[3] := 99
a[3] + 4   sum of 1 1 99 end
⇒ 103 :Int  101 :Int
```

Diese Investition in die TL Syntax erweist sich bei der Programmierung mit komplexeren benutzerdefinierten Abstraktionen als besonders vorteilhaft. Dies zeigt exemplarisch die Listfix-Funktionsapplikation von *program* bei der in Fig. 5.8 auf Seite 104 angedeuteten Emulation von typisierten Hornklauseln in TL Syntax.

5.2 Objekt-orientierte Programmierung

Neben den Mechanismen der imperativen Programmierung (veränderliche Bindungen, destruktive Zuweisungen und sequentielle Evaluation) werden allgemein die folgenden Mechanismen als charakteristisch für die objekt-orientierte Programmierung angesehen [Booch 86; Cox 86; Meyer 88; Wegner 87]:

Datenkapselung: Der ändernde und lesende Zugriff auf die Zustandsvariablen individueller Objekte wird durch Kapselung mittels "Methoden" kontrolliert.

Dynamische Bindung: Die Selektion der Implementierung für diese Zugriffsfunktionen erfolgt dynamisch zum Aufrufzeitpunkt und nicht statisch zum Übersetzungszeitpunkt (s.a. § 4.3.2).

Subtyppolymorphismus: Programmvariablen dürfen dynamisch an Objekte verschiedener Struktur gebunden werden, solange ihre Struktur eine gemeinsame generalisierte Spezifikation erfüllt (s.a. § 4.5).

Vererbung: Objekte und Klassen können durch inkrementelle Erweiterung oder Modifikation existierender Objekte oder Klassen definiert werden.

Diese Kernkonzepte werden in konkreten objekt-orientierten Programmiersprachen wie Eiffel [Meyer 88], Modula-3 [Nelson 91], C++ [Ellis, Stroustrup 90], Object Oberon [Mössenböck, Templ 89], Object Pascal [Tesler 85], Oberon-2 [Mössenböck 91], Smalltalk [Goldberg, Robson 83], Self [Ungar, Smith 87] und CLOS [Bobrow et al. 88] in vielgestaltigen Variationen sprachlich verpackt (Objekte als Prototypen, Klassen als Typen, virtuelle Funktionen, typgebundene Prozeduren, Module als Sprachobjekte erster Klasse etc.).

In der Datenmodellierung werden häufig auch die folgenden Konzepte mit der objekt-orientierten Modellierung in Zusammenhang gebracht [Kim, Lochowsky 89; Atkinson et al. 90]:

Objektidentität: Objekte besitzen eine eindeutige, unveränderliche Identität, die unabhängig von den Werten der Objektattribute ist, und die zur Modellierung von Objektbeziehungen verwendet werden kann.

Klassifikation: Objekte gleicher Struktur werden durch Klassen beschrieben. Eine Klasse kann neben der Objektstruktur auch die (dynamisch veränderliche) Menge aller Instanzen einer Klasse beschreiben.

Komplexe Objektstruktur: Die Objektstruktur kann durch rekursive Anwendung der Typkonstruktoren Menge, Tupel, Variante ausgehend von den Basistypen und Objekttypen beschrieben werden und ist nicht wie im relationalen Datenmodell auf flache Strukturen beschränkt.

Nachfolgend werden systematische Ansätze zur Repräsentation dieser Konzepte durch TL Sprachkonstrukte beschrieben. Während sich ein Großteil der Konzepte auch notationell adäquat in TL formulieren läßt, ist die Abbildung einiger Strukturen untypisierter oder schwach typisierter Sprachen (Smalltalk, C++) aufgrund der strikten Typisierung in TL unmöglich.

5.2.1 Von modularer zu objekt-orientierter Programmierung

Aufgrund weitgehender sprachlicher Neutralität von TL lassen sich die konzeptionellen Schritte von der klassischen modularen Programmierung (in Ada, Modula-2, Oberon) hin zu der objekt-orientierten Programmierung klar nachvollziehen. Dieser Übergang wird nachfolgend anhand eines kanonisches Beispiel aus der Literatur (*Point*, *ColorPoint* [Cardelli, Mitchell 89; Ghelli 91]) illustriert, da er auch einen Eindruck von der sprachlichen Flexibilität in TL liefert und zeigt, wie Typunsicherheiten anderer objekt-orientierter Sprachen in TL vermieden werden.

Modulare Programmierung und objekt-orientierte Programmierung sind beide durch eine *datenorientierte* Modellierung gekennzeichnet, die sich z.B. stark von der klassischen strukturierten Programmierung unterscheidet, wie sie in [Wirth 71] vorgeschlagen wird[3]. Eine typische Modulschnittstelle definiert einen opaken Typ, Generatoren für Werte dieses Typs, sowie Operationen, die lesend und eventuell ändernd auf Komponenten des opaken Typs zugreifen. Modulschnittstellen werden in TL durch Tupel- oder Recordtypen repräsentiert (vgl. § 4.6.2.1):

```
Let Point = Tuple
    T <:Ok
    new(x,y :Real) :T
    getX, getY(:T) :Real
    setX, setY(:T :Real) :Ok
    eq(:T :T) :Bool
end
```

Eine Modulinstanz muß kompatible Typ- und Wertbindungen für die in der Modulschnittstelle definierten Typ- und Wertvariablen definieren. Sie ist also ein Wert des Modultyps:

```
let point :Point = tuple
    Let T = Tuple var x,y :Real end
    let new(x,y :Real) = tuple var x var y end
    let getX(p :T) = p.x
    let getY(p :T) = p.y
    let setX(p :T x :Real) = p.x := x
    let setY(p :T y :Real) = p.y := y
    let eq(p1, p2 :T) = {p1.x == p2.x} /\ {p1.y == p2.y}
end
```

In der Programmierpraxis benötigt man typischerweise verschiedene Implementierungen des gleichen abstrakten Datentyps (z.B. Mengenimplementierungen durch Listen, Arrays oder Bitvektoren). In TL (im Gegensatz zu Modula-2) können verschiedene Modulwerte für die gleiche Modulschnittstelle koexistieren:

```
let point2 :Point = tuple
    Let T = Tuple var r, theta :Real end
    let new(x,y :Real) = tuple let var r = real.sqrt({x*x} + {y*y}) ... end
    let getX(p :T) = ...
    ...
end
```

[3]Spätere Veröffentlichungen zur strukturierten Programmierung betonen ebenfalls die systematische Ableitung von Programmstrukturen (Iterationen, Sequenzen, Fallunterscheidungen, ...) für gegebene Datenstrukturen (Felder, Tupel, Varianten, ...) [Wirth 83; Brodie, Ridjanovic 84].

Eine Schwäche der klassischen modularen Programmierung tritt nun in Applikationen zutage, die verschiedene Repräsentationen desselben ADT manipulieren müssen, da der Programmierer aufgrund der statischen Bindung an Modulimplementierungen bei Funktionsaufrufen (z.B. *point.eq*) nicht völlig von den Unterschieden zwischen ADT Repräsentationen abstrahieren kann:

```
let p1 = point.new(3.0 4.0) and p2 = point.new(3.0 4.0)
let p3 = point2.new(2.0 4.0) and p4 = point2.new(2.0 4.0)
point.eq(p1 p2)
point2.eq(p3 p4)
point.eq(p1 p3)
⇒ ... : Type error in application: Type 'point.T' expected, found 'point2.T'
  ... : [while checking function parameter 'p2']
```

Andererseits ist eine flexible *dynamische* Bindung wie in der folgenden TL Funktion nur in wenigen modularen Sprachen möglich und außerdem notationell wenig vorteilhaft:

```
let scale(rep :Point  p :rep.T  a :Real) :Ok = begin
    rep.setX(p  rep.getX(p) * a)
    rep.setY(p  rep.getY(p) * a)
end
scale(point p1 2.0)  scale(point2 p3 0.5)
```

Ein partieller Beitrag zur Lösung dieses Problems durch die objekt-orientierte Methodik ist die Aggregation von Zustandsvariablen und den zu ihnen "passenden" Funktionen. Zum Beispiel läßt sich die Struktur eines "Punktobjekts" in TL durch einen rekursiven Typ beschreiben:

```
Let Rec PointObj <:Ok= Tuple
    getX, getY() :Real
    setX, setY(:Real) :Ok
    eq(:PointObj) :Bool
end
```

Die Signatur eines Objekttyps entsteht also systematisch aus der Signatur eines ADT durch Elimination der abstrakten Typvariablen und der Objektgenerierungsfunktion (*T* und *new* im Beispiel des ADT *Point*). Außerdem entfällt jeweils ein Funktionsparameter aller ADT Funktionen, da er bereits implizit durch den gekapselten Objektzustand beschrieben ist. Alle weiteren Auftreten der abstrakten Typvariable in der Signatur werden durch den Objekttyp selbst ersetzt. Objekttypdefinitionen sind daher in der Regel rekursiv.

Objekte werden dynamisch durch eine Funktion generiert, deren Formalparameter mit den Formalparametern der Generierungsfunktion des ADT übereinstimmen. Diese Funktion erzeugt einen Wert des Objekttyps, der Funktionen aggregiert, die auf verborgene, gemeinsam genutzte Zustandsvariablen (*a*, *b*) zugreifen:

```
let newPointObj(x,y :Real) :PointObj = begin
    let var a = x
    let var b = y
    tuple
  let getX() = a
  let getY() = b
  let setX(x :Real) = a := x
  let setY(y :Real) = b := y
  let eq(p :PointObj) = {p.getX() == a} /\ {p.getY() == b}
    end
end
```

Verschiedene Objektgeneratoren können typkompatible Objekte mit unterschiedlicher Zustandsvariablenstruktur generieren:

```
let newPoint2Obj(r, theta :Real) :PointObj = begin
    let var r = r
    let var theta = theta
    tuple
  let getX() = real.cos(theta) * r
  let getY() = ...
  ...
    end
end
```

Ein weiterer Vorteil der objekt-orientierten Methodik ist die implizite, dynamische Selektion der zu einem Objektzustand "passenden" Funktionen durch die Punktnotation *object.message* wie in den folgenden Beispielen:

```
let p1 = newPointObj(3.0 4.0) and p2 = newPointObj(3.0 4.0)
let p3 = newPoint2Obj(2.0 4.0) and p4 = newPointObj(2.0 4.0)
p1.eq(p2)
p3.eq(p4)
let scale(p :PointObj  a :Real) :Ok = begin
    p.setX(p.getX() * a)  p.setY(p.getY() * a)
end
```

In der objekt-orientierten Terminologie werden der Objekttyp und der (oft implizite) Objektgenerator häufig als *Klasse* bezeichnet, während die aggregierten Funktionskomponenten als *Methoden* bezeichnet werden. Das Senden einer *Nachricht* an ein Objekt entspricht einem dynamisch gebundenen Funktionsaufruf, wie z.B. *p.setX(3.0)*. Das dynamisch an die Variable *p* gebundene Objekt wird in diesem Fall der *Empfänger* der Nachricht genannt.

Die Verwaltung der Extension (*extent*) einer Klasse (die dynamische Menge ihrer Instanzen) und die Repräsentation von *Klassenvariablen* (für alle Klasseninstanzen sichtbare, gemeinsam genutzte Variablen) kann in TL ebenfalls unterstützt werden:

```
let pointClass = tuple
    let var extent = set.new(:Point)
    let var maxX = 0.0
    let new(x, y :Real) :PointObj = begin
  let p = newPointObj(x y)
  set.insert(:Point extent p)
  maxX := real.max(real.abs(x) maxX)
  p
    end
end
```

5.2.2 Inkrementelle Softwareentwicklung, Subtypisierung und Vererbung

Die Vorteile der objekt-orientierten Programmierung gegenüber rein modularen Ansätzen werden besonders bei der Modellierung von *Spezialisierungshierarchien* deutlich. Als ein triviales Beispiel sollen nachfolgend Punktobjekte mit einem Farbattribut als Spezialisierung allgemeiner Punkte angesehen werden. Die Klassenstruktur wird durch den TL Typ *ColorPointObj* <:*PointObj* beschrieben:

```
Let ColorPointObj = Tuple
    getX, getY() :Real
    setX, setY(:Real) :Ok
    eq(:PointObj) :Bool  (* ignore color attribute *)
    getColor() :Color
    setColor(c :Color) :Ok
end
```

Der Objektgenerator für *ColorPointObj* kann unter Verwendung des Objektgenerators für die sogenannte *Superklasse PointObj* folgendermaßen definiert werden:

```
let newColorPointObj(x,y :Real c :Color) :ColorPointObj = begin
    let super = newPointObj(x y)
    let var color = c
    tuple
  let getX = super.getX
  let getY = super.getY
  let setX = super.setX
  let setY = super.setY
  let eq = super.eq
  let getColor() = color
  let setColor(c :Color) = color := c
    end
end
```

Aufgrund der in § 4.5 definierten Subtypisierungsreglen für Tupel und Funktionen können Instanzen der Klasse *ColorPointObj* überall dort verwendet werden, wo Instanzen der Klasse *PointObj* benötigt werden:

```
let p = newPointObj(3.0 4.0)
let colorP = newColorPointObj(3.0 4.0 tuple case red of Color end)
p.eq(colorP)  colorP.eq(p)
⇒ true :Bool  true :Bool
```

Bei der Subklassendefinition können individuelle Methoden redefiniert werden (*method overriding*), z.B.

```
let setX(x :Real) = if real.abs(x) > 1000.0
    then raise exception "Too large" else super.setX(x) end
```

In Eiffel ist darüber hinaus eine Spezialisierung von Methodensignaturen wie im folgenden Beispiel der *eq* Methode zulässig:

```
Let Rec ColorPointObj = Tuple
    getX, getY() :Real
    setX, setY(:Real) :Ok
    eq(:ColorPointObj) :Bool
    getColor() :Color
    setColor(c :Color) :Ok
end
let newColorPointObj(x,y :Real c :Color) :ColorPointObj = begin
    let super = newPointObj(x y)
    let var color = c
    tuple
  ...
  let eq(p :ColorPointObj) = super.eq(p) /\ {p.getColor() == color}
  ...
    end
end
```

In TL gilt dann jedoch *nicht* *ColorPointObj* <:*PointObj*, da die Typvariable in der rekursiven Bindung *ColorPointObj* bei der Methode *eq* an einer kontravarianten Position auftritt. Diese Restriktion ist jedoch korrekt, da sie die bekannten Typfehler in Eiffel vermeidet, die entstehen, falls man eine Instanz *colorP* der Klasse *ColorPointObj* als Instanz der Klasse *PointObj* betrachtet, und ihr die Nachricht *eq* mit einem *PointObj* Argument sendet, die zum Aufruf einer nicht-existenten Methode *p.getColor* führt:

```
let p = newPointObj(3.0 4.0)
let colorP :PointObj = newColorPointObj(...)  (* ill-typed in TL, ok in Eiffel *)
p.eq(colorP)  colorP.eq(p)
⇒ true :Bool  (* Crash *)
```

Eine Stärke der objekt-orientierten Methodik ist neben dem Subtyppolymorphismus *SubClass* <:*SuperClass* die *Vererbung* von Klassendefinitionen und Klassenimplementierungen, die eine inkrementelle Softwareentwicklung gestatten, wobei in Subklassen ausschließlich die (typischerweise geringen) Differenzen zu ihren Superklassen zu spezifizieren sind, ohne Superklassendefinitionen wiederholen zu müssen. Dieser wichtige Unterschied zwischen reiner Subtypisierung in der Typtheorie und der objekt-orientierten Vererbung wird ausführlich in [Cook et al. 90] behandelt.

In TL exisitieren analoge (generalisierte) Mechanismen zur Unterstützung der inkrementellen Softwareentwicklung:

- In Signaturen ist eine Wiederholung benannter Tupel-, Record- oder Funktionssignaturen durch eine **Repeat** Phrase möglich:

```
Let ColorPointObj = Tuple
    Repeat PointObj
    getColor() :Color
    setColor(c :Color) :Ok
end
```

  oder auch

```
Let ColorObj = Tuple
    getColor() :Color
    setColor(c :Color) :Ok
    (* eq(:ColorObj) :Bool *)
end
Let ColorPointObj = Tuple Repeat PointObj  Repeat ColorObj end
```

  Durch die Wiederholung entstehende Duplikate (*name clashes*, z.B. zwischen *eq* von *PointObj* und *ColorObj*) sind in Tupel- und Funktionssignaturen zulässig, jedoch in Recordsigaturen statisch unzulässig (s. § 4.4.3). Die Sichtbarkeitsregeln für die **Repeat** Phrase vermeiden eine unerwünschte Neubindung (*variable capture*) von Typbezeichnern:

```
Let PointGen = Fun(x,y :Real) :PointObj
Let Real = Int
Let ColorPointGen = Fun(Repeat PointGen  c :Color) :ColorPointObj
```

  Die Komponenten *x* und *y* der Signatur *ColorPointGen* besitzen einen Typ identisch zu den Komponententyp von *x* und *y* und sind nicht an den lokal durch *Real* = *Int* redefinierten Typbezeichner gebunden.

- In Bindungen ist eine Wiederholung existierender, zu Tupel- und Recordwerten aggregierter Bindungen durch eine **open** Phrase möglich:

```
let newColorPointObj(x,y :Real c :Color) :ColorPointObj = begin
    let super = newPointObj(x y)
    let var color = c
    tuple
   open super
   let getColor() = color
   let setColor(c :Color) = color := c
    end
end
```

Genauer gesagt ist die Bindung **open** *ide* für *ide* :**Tuple** x_1 :X_1 x_2 :X_2 $\ldots x_n$:X_n **end** äquivalent zu den Bindungen

let $x_1 = ide.x_1$ **let** $x_2 = ide.x_2$ ... **let** $x_n = ide.x_n$

Durch **open** *ide* werden auch in *ide* aggregierte Typbindungen wiederholt (**Let** $T = ide.T$).

Ersetzt man in den obigen Beispielen alle Tupelkonstruktoren durch Recordkonstruktoren, so gilt neben *ColorPointObj* <:*PointObj* auch *ColorPointObj* <: *ColorObj* (s. § 4.5.3).

Abschließend bleibt zu bemerken, daß der Einsatz von **Repeat** und **open** nicht nur auf die Modellierung von Vererbungssituationen beschränkt ist. So kann z.B. der nicht-qualifizierende Import in Modula-2 und Modula-3 durch ein "Öffnen" von Modulwerten (Tupeln oder Records) in TL modelliert werden. Insbesondere für die "vordefinierten" Infixoperatoren ist der nicht-qualifizierende Import angebracht. So existiert in der Tyoon Bibliothek ein Modul *stdIde* (s. Anhang § B), das neben *Bool*, *Int* etc. auch die Infixfunktionen +, −, * etc. auf ganzen Zahlen exportiert. Programmierer können bei Bedarf den Sichtbarkeitsbereich dieses Moduls mittels **open** öffnen, um Anwendungsmodule unter Verwendung problemangepaßter Namensbindungen zu formulieren.

Außerdem kann die Projektionsliste von mengenwertigen Joinoperationen durch die Konkatenation von Tupelbindungen definiert werden:

```
    SELECT * FROM persons p, companies c
⇒
    join2(:Person :Company
    let select(p :Person  c :Company) = tuple open p  open c end
    let from1 = persons
    let from2 = companies)
```

5.2.3 Objektidentität

Wie in der Einführung zu § 5.2 beschrieben, wird allgemein die Möglichkeit zur Objektidentifikation unabhängig von den Werten der Objektattribute als ein relevantes Konzept der objekt-orientierten Modellierung angesehen [Khoshafian, Copeland 86; Abiteboul, Kanellakis 89; Ohori 90]. Die TL Programmierumgebung stellt daher zwei polymorphe Funktionen mit folgenden Signaturen zur Verfügung, die als Bausteine für die Implementierung problemadäquater Identifikationsmechanismen verwendet werden können:

```
==, =/=(A <:Ok  x, y :A) :Bool
```

Es gilt

```
x == y ⇔  bool.not(x =/= y)
```

Diese binären Infixoperatoren gestatten den Vergleich zweier R-Werte (vgl. §5.1.1) beliebigen, aber identischen Typs *A*. Das Ergebnis dieses Identitätstests ist auf den Typen *Int*, *Char*, *Bool* und *Real* durch Wertgleichheit definiert. Jede Funktionsabstraktion, sowie jede Anwendung eines Tupel-, Record-, Feld-, und Ausnahmewertkonstruktor generiert jedoch einen Wert, dessen Identität verschieden von der Identität jedes anderen TL Wertes ist. Nach einer Bindung **let** *y* = *x* oder einer Zuweisung *z* := *x* für eine Variable *x* :*A* eines *beliebigen* TL Typs *A* gilt sowohl {*x* == *y*} == *true* als auch {*x* == *z*} == *true*, z.B.

```
tuple 3 end == tuple 3 end
⇒ false :Bool
let x = tuple 3 end
let y = x
x == y
⇒ true :Bool
```

Denkbar ist auch die Einführung einer Funktion *isAlias*, die zwei L-Werte (vgl. § 5.1.1) auf Identität überprüft, und die somit das Erkennen von *Alias*-Variablen gestattet:

```
isAlias(A <:Ok var a, b :A) :Bool
Let T = Tuple :Int end
let var x = tuple 3 end
let var y = x
x == y   isAlias(:T x y)   isAlias(:T x x)
⇒ true :Bool  false :Bool true :Bool
```

Die Existenz der Subsumptionsregel (vgl. §4.5) in TL erlaubt es, einen Identitätstest zwischen Werten verschiedener Typen durchzuführen, da alle Werte als Elemente des Typs **Ok** angesehen werden können:

```
let equal(a, b :Ok) :Bool = a == b
equal(3 3.0)  equal(3 tuple 3 end)  equal(3 ok)
⇒ false :Bool  false :Bool  false :Bool
```

Eine weitergehende Diskussion der Identifikations- und Gleichheitsproblematik findet sich in [Atkinsion et al. 91]. In der Programmierpraxis erweist es sich als sinnvoll, einerseits jeden abstrakten Datentyp mit einem expliziten Gleichheitsprädikat auszustatten und andererseits bei der Instanziierung polymorpher Datenstrukturen eine explizite Parametrisierung durch ein benutzerdefiniertes Elementgleichheitsprädikat zu fordern.

5.2.4 Dynamische Bindung von Selbstnachrichten

Bei dem in § 5.2.1 vorgestellten Beispiel des Objektgenerators *newPointObj* besitzt die *eq* Methode die folgende Implementierung:

```
let eq(p :PointObj) = {p.getX() == a} /\ {p.getY() == b}
```

Im Rumpf der Funktion findet also eine statische Bindung an die gekapselte Zustandsvariablen *a* und *b* statt. Diese Bindungsform ist für die in § 5.2.1 vorgestellte Modellierung von Objekten adäquat, bei der davon ausgegangen wird, daß *a* und *b* an die für "Klienten" des Objekts sichtbaren X- und Y-Koordinaten gebunden sind.

Diese Annahme kann jedoch durch das Überschreiben der Methodenimplementierungen für *getX*, *getY*, *setX* und *setY* in Subklassen (*method overriding*) invalidiert werden. Eine strikt objekt-orientierte Programmiermethodik verlangt daher auch "innerhalb" einer Klassendefinition die dynamische Bindung durch das Versenden sogenannter Selbstnachrichten (*self messages*). In TL erfordern Selbstnachrichten eine explizite rekursive Bindung, während das destruktive *in situ* Überschreiben von Methodenimplementierungen veränderliche Funktionsbindungen voraussetzt:

```
Let Rec PointObj = Record
    var getX, getY() :Real
    var setX, setY(:Real) :Ok
    var eq(:PointObj) :Bool
end
let newPointObj(x,y :Real) = begin
    let var a = x
    let var b = y
    let rec self :PointObj = record
   let var getX() = a
   let var getY() = b
   let var setX(x :Real) = a := x
   let var setY(y :Real) = b := y
   let var eq(p :PointObj) =
 {p.getX() == self.getX()} /\ {p.getY() == self.getY()}
    end
end
```

Als ein einfaches Beispiel für eine Methodenredefinition betrachte man eine (interne) Koordinatentransformation durch Spiegelung an der Y-Achse:

```
let newPoint2Obj(x,y :Real) :PointObj = begin
    let self = newPointObj(x y)
    let superGet = self.getX
    let superSet = self.setX
    self.getX := fun() real.negate(superGet())
    self.setX := fun(x :Real) superSet(real.negate(x))
    self
end
```

Die rekursive und dynamische Bindung des Funktionsaufrufs *self.getX()* in der *eq* Funktion garantiert in diesem Fall die Konsistenz zwischen dem observierbaren Verhalten der *getX* und *eq* Funktion.

Objekt-orientierte Sprachen beschränken typischerweise die Methodenredefinition auf Subklassen und unterscheiden (mittels **export** Klauseln) zwischen "exportierten" und "privaten" Methoden. In TL läßt sich ebenfalls die für Subklassen sichtbare Klassensignatur als Recordsubsignatur der für Klienten sichtbaren Signatur ausdrücken. So gilt zum Beispiel für

```
Let Rec ClientView <:Ok = Record
    getX, getY() :Real
    eq(:ClientView) :Bool
    shiftX, shiftY(:Real) :Ok
end
Let Rec SubclassView <:Ok = Record
    var getX, getY() :Real
    var setX, setY(:Real) :Ok
    var eq(:ClientView) :Bool
    var shiftX, shiftY(:Real) :Ok
end
```

die Subtypbeziehung *SubclassView <:ClientView* aufgrund der Subtypisierungsregeln für Records, veränderliche Bindungen und rekursive Typen (man beachte den Typ *ClientView* in der Signatur der *eq* Funktion).

Wie in [Meyer 88] beschrieben, erfordert die Offenheit von Klassendefinitionen gegenüber "destruktiven" Subklassenerweiterungen eine strikte Formalisierung und Beachtung abstrakter Klasseninvarianten sowie präziser Prä- und Postkonditionen für individuelle Methoden. In der Programmierpraxis ist festzustellen, daß die dynamische Bindung von Selbstnachrichten zumindest die modulare Verstehbarkeit (und damit auch die Wartbarkeit) von Softwaresystemen negativ beeinflußt [Ponder, Bush 92].

5.3 Logikbasierte Programmierung

Die relationale und logikbasierte Programmierung [Minker 88] basieren auf sogenannten *first-order languages*, die durch Variablen, Konstanten, Funktionen, boolesche Operatoren, Relationen und Quantoren gebildet werden. Die Semantik dieser Sprachen, ihr Variablenbegriff und das unifikationsbasierte Evaluationsmodell unterscheiden sich erheblich von den entsprechenden Konzepten funktionaler und imperativer Sprachen [Apt 90]. Aufgrund der *deklarativen* Natur von Logikprogrammen erfordert ihre Modellierung in TL einen ungleich größeren Implementierungsaufwand als die Abbildung imperativer oder objektorientierter Konzepte.

Nachfolgend wird für eine einfache, eingeschränkte Klasse von *Hornklauselprogrammen* exemplarisch die Abbildung der Syntax, des Variablenbegriffs und der Typisierung auf äquivalente TL Konzepte skizziert.

Die in Fig. 5.7 in der Signatur von *HornClauses* angegebenen Funktionen können als Präfix-, Infix- und Listfix-Termkonstruktoren für Hornklauselprogramme angesehen werden, wie sie beispielhaft in Fig. 5.8 gezeigt werden. Die abstrakten Datentypen *Term, Literal, Body, Rule* und *Program* repräsentieren die relevanten syntaktischen Kategorien in Hornklauselprogrammen. Durch Typisierung der Argumente und Ergebnisse der Termkonstruktoren lassen sich die

```
Let HornClauses = Tuple
    (* — Syntactic categories (attributed with types): *)
    Term(A <:Ok) <:Ok
    Body, Rule, Program <:Ok
    Literal <:Body
    (* — Generators for typed logic variables and predicates: *)
    newVar(A <:Ok) :Term(A)
    newPred1(A <:Ok)(a :Term(A)) :Literal
    newPred2(A,B <:Ok)(a :Term(A)  b :Term(B)) :Literal
    newPred3(A,B,C <:Ok)(a :Term(A)  b :Term(B)  c :Term(C)) :Literal
    (* — Term constructors for horn clause programs: *)
    str(value :String) :Term(String)
    int(value :Int) :Term(Int)
    TRUE :Literal
    {&}(b :Body  l :Literal) :Body
    {:-}(lhs :Literal  rhs :Body) :Rule
    program(rules: Vector(Rule)) :Program
    (* — Evaluation of queries against horn clause programs: *)
    evaluate(p :Program)(query :Literal) :Iter.T(Iter.T(String))
    (* Return {} for false, {{}} for true or an iteration of variable bindings *)
end
let hornClauses :HornClauses = tuple ... end
```

Fig. 5.7. Typen und Funktionen zur Repräsentation typisierter Hornklauseln in TL

Syntaxregeln für Hornklauseln durch den TL Typüberprüfer statisch erzwingen, z.B.

parent(x str("Peter")) :– parent(x TRUE)
⇒ ... : Incompatible function arguments: Type 'hornClauses.Term(String)' expected, found 'hornClauses.Literal'

Insbesondere wird durch die Subtypbeziehung *Literal <:Body* zum Ausdruck gebracht, daß Literale zulässige rechte Seiten von Hornklauseln bilden (nicht aber umgekehrt).

Im Unterschied zu "klassischen" Hornklauseln sind die Literale, Variablen und Prädikate in Fig. 5.7 *typisiert*. So kann, z.B. das zweistellige Prädikat **let** *salary = newPred2(:String :Int)* nur auf Terme der Typen *String* bzw. *Int* angewendet werden:

salary(str("Peter") str("30"))
⇒ ... : Type error in function application: Type 'hornClauses.Term(Int)' expected, found 'hornClauses.Term(String)'

Diese Typisierung von Termen läßt sich in TL direkt durch die Verwendung von abstrakten *Typoperatoren* (*Term(A <:***Ok***) <:***Ok**) beschreiben und somit

```
open hornClauses
let x = newVar(:String)
let y = newVar(:String)
let z = newVar(:String)
let ancestor = newPred2(:String :String)
let parent = newPred2(:String :String)
let rules = program of
    ancestor(x y) :- parent(x y)
    ancestor(x z) :- {parent(x y) & parent(y z)}
    parent(str("Peter") str("Paul")) :- TRUE
    parent(str("Mary") str("Paul")) :- TRUE
    parent(str("Helen") str("Mary")) :- TRUE
end
let eval = evaluate(rules)
eval(parent(x y))
eval(parent(z z))
eval(parent(x str("Paul")))
eval(ancestor(x str("Paul")))
eval(ancestor(str("Helen") str("Paul")))
```

Fig. 5.8. Ein TL Beispiel der Programmierung mittels typisierter Hornklauseln[2]

ebenfalls bereits durch den TL Compiler erzwingen. Konkret wird der bei der Termkonstruktion (*str*) definierte bzw. inferierte Typparameter *A* (hier *A* = *String*) mit dem bei der Instanziierung des polymorphen Prädikatgenerators *newPred2* angegebenen Typ *B* (hier *B* = *String*) verglichen.

Fig. 5.8 zeigt zunächst, daß Logikvariablen nicht direkt durch TL Wert- oder Typvariablen repräsentiert werden, sondern explizit mit der Funktion *newVar* eingeführt werden müssen. Dies gestattet insbesondere (bei einer geeigneten Implementierung der Evaluationsfunktion) die Modellierung von *freien* Variablen in Hornklauseln, wie z.B. der Variablen x in dem Literal *ancestor(x x)*, die vor ihrer Verwendung in TL folgendermaßen eingeführt werden muß:

```
let x = newVar(:String)
```

Die Funktion *evaluate* erlaubt den Konsistenztest eines Literals *query* für ein gegebenes Logikprogramm *program*. Lassen sich (durch Resolution) Variablenbelegungen finden, unter denen das Literal *query* in *program* wahr ist, so liefert die Funktion *evaluate* eine Folge aller möglichen (Folgen von individuellen) Variablenbindungen, z.B.

```
evaluate(rules)(ancestor(x str("Paul")))
⇒ { {"Peter"} {"Mary"} {"Helen"} }
```

Eine mögliche Modulimplementierung *hornClauses* bildet die Typen *Term*, *Body*, ..., *Program* auf TL Tupeltypen (mit Varianten) ab. Termkonstruktoren wie *str*, *&*, *program* und Prädikatkonstruktoren erzeugen quasi 1:1 Abbilder der Syntaxbäume für Hornprogramme, deren Blätter durch Variablen und Konstanten gebildet werden. Bei der Instanziierung des ersten Parameters der Funktion *eval* kann bereits eine optimierte interne Repräsentation des Programms *program* erzeugt werden, die z.B. die Unifikation von Konstanten durch Hashtabellen unterstützt. Durch die Angabe eines Literals als zweiter Parameter für *evaluate* kann schließlich ein (SLD)-Resolutionsalgorithmus auf die interne Repräsentation angewandt werden, der eine (evtl. leere) Folge von Variablenbindungen berechnet und als Funktionsergebnis zurückliefert. Die nicht-strikte Semantik der Iteratoren (s. § 9.1) unterstützt dabei die inkrementelle Berechnung von Variablenbindungen.

Der in diesem Abschnitt skizzierte Ansatz zur systematischen Repräsentation formaler Sprachen durch polymorph typisierte TL Terme läßt sich auch analog auf algebraische Spezifikationen [Schewe et al. 91] oder Wissensrepräsentationsformalismen [Borgida et al. 89a; Borgida et al. 89b] anwenden. In Abschnitt § 9 wird er sowohl für die Repräsentation von typisierten SQL Anfragen als auch für die Beschreibung von attributierten Grammatiken (quasi einer Meta-Grammatik zur Beschreibung konkreter formaler Sprachen) eingesetzt.

5.4 Programmierung im Großen

Eine wesentlicher Beitrag modularer Sprachen (wie Modula-2, Oberon und Modula-3) zur Softwarequalität ist die Erzwingung von (Typ-) Konsistenzbedingungen auch über Systemkomponentengrenzen hinweg. Von besonderer Wichtigkeit für die Entwicklung von vollständigen Anwendungs*systemen* ist dabei das Konzept der *separaten Kompilation*, das verlangt, daß der Übersetzungsaufwand für ein Modul nur proportional zu der Komplexität der Kompilationseinheit und nicht proportional zur Komplexität des Gesamtsystems wachsen darf.

Ein weiteres Kriterium für die Eignung eines Typsystems für die Systemprogrammierung ist die *Lokalisierbarkeit* der die Typkorrektheit bestimmenden Informationen. Ein Gegenbeispiel stellt der in [Meyer 89] vorgeschlagene Ansatz zur Vermeidung der Typunsicherheiten in Eiffel dar. Dort wird vorgeschlagen, eine systemweite Datenbasis zu verwalten, in der potentielle Alias-Beziehungen (z.B. durch Parametrisierung und Subklassendefinition) zwischen allen Programmvariablen eines Eiffel Systems gespeichert werden. Diese Datenbasis gestattet eine Approximation des "maximalen" und "minimalen" dynamischen Typs, der an eine statisch deklarierte Variable gebunden werden kann. Die Typkorrektheit z.B. einer einzelnen lokalen Zuweisung $x := y$ ist in diesem Ansatz von dem maximalen dynamischen Typ der Variablen x abhängig. Aufgrund der durch Wertabhängigkeiten und rekursive Deklarationen erforderlichen "Unschärfe" der Alias-Informationen kann die Typkorrektheit dieser Zu-

[2] Die Listfix-Syntax für die Funktionsapplikation *program* **of** ... wird im letzten Absatz von § 5.1.4 erläutert.

weisung durch zeitlich nachfolgend erstellte, nicht-lokale Subklassendefinitionen oder Parametrisierungen in anderen Klassen invalidiert werden.

Nachfolgend wird erläutert, wie die Entwicklung großer Softwaresysteme in TL durch separate Kompilationseinheiten und einen sprachlich gefaßten Bibliotheksbegriff unterstützt wird (s. § 5.4.1). Module dienen in TL ebenfalls zur Kapselung vordefinierter und externer Systemfunktionalität. Sie unterstützen damit sowohl die Spracherweiterbarkeit als auch die Portabilität von TL Applikationen (s. § 5.4.3).

Module definieren "vertikale" Partitionen in TL Datenbankanwendungssystemen und bilden damit einen Ausgangspunkt für die inkrementelle Evolution persistenter Systeme [Dearle 89]. Ein einfaches TL Persistenzmodell, das diesem Umstand Rechnung trägt, wird in § 5.4.4 vorgestellt.

5.4.1 Module, Schnittstellen und Importbeziehungen

Die Modularisierungsmechanismen in TL sind das Modul, die Modulschnittstelle und die Bibliothek (*module, interface, library*). Sie definieren keine neuen Benennungs-, Bindungs- und Typisierungskonzepte, sondern schränken nur die Orthogonalität existierender Konzepte ein (Funktionen, Tupeltypen, geschachtelte Sichtbarkeitsbereiche und sequentielle Evaluation). Diese Restriktionen vereinfachen einerseits die werkzeugunterstützte Entwicklung und Wartung großer (eventuell persistenter und partiell gebundener) Softwaresysteme. Andererseits erleichtern sie die Interaktion mit externen Diensterbringern und Dienstnehmern, die typischerweise nur einfache Namens- und Bindungskonzepte unterstützen.

Eine Modulschnittstelle ist ein benannter Tupeltyp, der sich auf explizit *importierte* Module und Modulschnittstellen in einem globalen Sichtbarkeitsbereich beziehen kann, z.B. [3]

```
interface List
import bool
export
    T(E <:Ok) <:Ok
    error :Exception
    nil :T(Nok)
    cons, ::(E <:Ok hd :E  tl :T(E)) :T(E)
    empty(E <:Ok l :T(E)) :bool.T
    car(E <:Ok l :T(E)) :E
    cdr(E <:Ok l :T(E)) :T(E)
end
```

[3] Die Schnittstellen der Tycoon Bibliotheken folgen einer von Modula-2+ und Modula-3 übernommenen Konvention, abstrakte Typvariablen uniform mit dem Namen *T* zu versehen und die eigentliche Typinformation über den Modulnamen auszudrücken. Die qualifizierten Typnamen lauten somit *list.T, bool.T, optional.T*, ...

Ein Modul definiert einen Tupelwert, der Bindungen gemäß der Signaturen seiner Modulschnittstelle aggregiert und sich ebenfalls auf importierte Module und Schnittstellen beziehen kann:

```
module list
import bool
export
    Let Rec T(E <:Ok) <:Ok =
   Tuple case nil  case cons with hd :E  tl :T(E) end
    let error = exception "Empty list"
    let nil = tuple case nil of T(Nok) end
    let cons(E <:Ok hd :E  tl :T(E)) = tuple case cons of T(E)  hd tl end
    let :: = cons
    let empty(E <:Ok l :T(E)) :bool.T = l?nil
    let car(E <:Ok l :T(E)) = try l!cons.hd else raise error end
    let cdr(E <:Ok l :T(E)) = try l!cons.tl else raise error end
end
```

Genauer gesagt entspricht das Modul einer mit den importierten Modulen parametrisierten Funktion, deren Rumpf aus einer sequentiellen Bindung besteht, deren letzte Bindung zu einem durch die Modulsignaturen definierten Tupelwert evaluiert:

```
let list(bool :BoolOp) = begin
    Let Rec T(E <:Ok) <:Ok =
   Tuple case nil  case cons with hd :E  tl :T(E) end
    let error = exception "Empty list"
    ...
    let result :List = tuple
  Let T = T
  let error = error
  let nil = nil
  ...
    end
end
```

Durch diese Transformation kann der Modulrumpf auch nicht-exportierte Bindungen und seiteneffekterzeugende Modulinitialisierungsoperationen durchführen. Außerdem muß die Reihenfolge der exportierten Bindungen im Modulrumpf nicht mit der Reihenfolge ihrer Nennung in der Signatur übereinstimmen.

Der Sichtbarkeitsbereich für Modul- und Schnittstellennamen wird durch eine Bibliothek definiert (s.a. Anhang B):

```
library StdLib with
    interface BoolOp IntOp CharOp Float ArrayOp
    module bool :BoolOp  int :IntOp  real :Float arrayOp :ArrayOp
    interface List
    module list :List
end
```

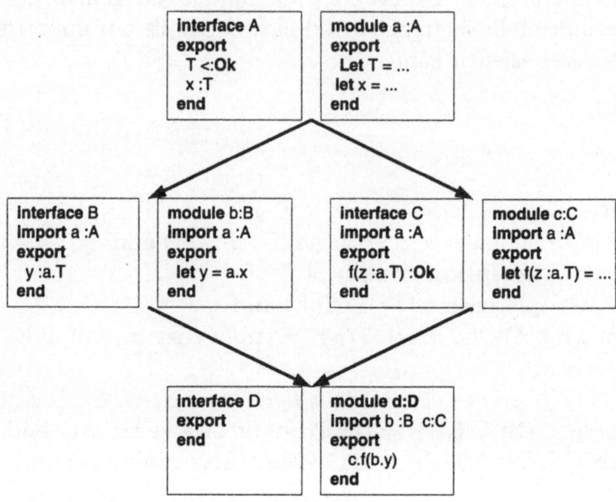

Fig. 5.9. Zum Problem des Rautenimports in ML und TL

Die Reihenfolge der Modul- und Schnittstellennamen ist signifikant, da in ein an Position i deklariertes Modul nur Module und Schnittstellen an Positionen $j < i$ importiert werden können (dasselbe gilt für Schnittstellen). Zyklische Modulabhängigkeiten sind in TL unzulässig, um die Existenz einer sequentiellen Modulinitialisierungsreihenfolge zu garantieren und insbesondere einen Zugriff auf "uninitialisierte" Wertbindungen in importierten Modulen auszuschließen.

Wie in Records müssen Bezeichner innerhalb einer Bibliothek eindeutig gewählt werden. Durch diese Restriktion läßt sich das Problem des Rautenimports (*diamond import* [Milner et al. 90; Cardelli 89]) in TL durch Rückführung auf die Namensäquivalenzregeln für abstrakte Typvariablen lösen. Importiert z.B. ein Modul *d* zwei Module *b* und *c*, die beide einen (abstrakten) Typ *T* aus dem Modul a importieren (s. Funktionsapplikation *c.f(b.y)* in Modul *d* von Fig. 5.9), so kann in TL von der Gleichheit der Typbezeichner *a.T* in den Sichtbarkeitsbereichen von *b* und *c* auf die Gleichheit der gebundenen Typausdrücke geschlossen werden, während diese Gleichheit in ML explizit durch eine *sharing declaration* (in Modul *d*) zugesichert werden muß, die durch einen Laufzeittest zum Importzeitpunkt überprüft wird.

Eine Importklausel der Form

import *:Int :List*

bindet lokal die Schnittstellenbezeichner *Int* und *List* an Tupeltypen, die den Schnittstellensignaturen entsprechen. Transitiv importierte Modul- und Schnittstellenbezeichner (wie *bool :BoolOp* importiert von *List*) werden nicht sichtbar. Eine Importklausel der Form

import *int list*

bindet die Modulbezeichner *int* und *list* an Tupelwerte.

Typischerweise beziehen sich Bibliotheken, die von verschiedenen Benutzergemeinden genutzt werden, auf gemeinsame Module, Schnittstellen und Bibliotheken. Anstelle dem Bedarf nach gemeinsamer Nutzung durch *ad-hoc* Mechanismen in der Programmierumgebung (Suchpfade für Symboldateien und Bibliotheken oder symbolische Verweise in Filesystemen) gerecht zu werden, können Bibliotheken in TL hierarchisch in Subbibliotheken gegliedert werden, z.B. (s.a. Fig. 5.10):

```
library Root
with
    library StdLib BulkLib
    interface Test
    module test :Test
end

library BulkLib
import arrayOp :ArrayOp  list :List  iter :Iter
with
    interface Set Bag Assoc Dictionary VarList
    module linkedSet :Set  bitSet :Set  hashedSet :Set
    module assoc :Assoc varList :VarList  bTree :Set
    hide varList VarList
end
```

Die Deklaration einer Bibliothek (z.B. *BulkLib*) als Komponente einer anderen Bibliothek (z.B. *Root*) macht alle Modul- und Schnittstellenbezeichner der Komponentenbibliothek in der umfassenden Bibliothek sichtbar. Die in der **hide** Phrase aufgeführten lokalen Bezeichner werden ebenfalls global sichtbar, können aber nicht von nicht-lokalen Modulen importiert werden. Bibliotheken mit Importlisten können nur als Komponenten von Bibliotheken deklariert werden, in denen kompatible Modul- und Schnittstellenbindungen definiert werden. So werden im obigen Beispiel die von der Bibliothek *BulkLib* erwarteten Bindungen *arrayOp :ArrayOp list :List iter :Iter* in der Bibliothek *StdLib* definiert, die in der Komponentenliste von *Root* vor der Bibliothek *BulkLib* auftritt.

Trotz der Möglichkeit zur Schachtelung von Bibliotheken und der expliziten Komponentenordnung müssen alle Modul-, Schnittstellen- und Bibliotheksbezeichner innerhalb einer Bibliothek eindeutig sein. Diese Restriktion erleichtert die (in der Praxis häufig erforderliche) Reorganisation von Bibliotheken und vermeidet unerwünschte bibliotheksweite "Überdeckungen" von Modul- oder Schnittstellennamen.

5.4.2 Typbindungen in Signaturen

Die bisher vorgestellte Syntax für Signaturen gestattet ausschließlich *partielle* Typvariablenspezifikationen der Form $X <: A$. Bei der Aufspaltung von Softwaresystemen in Module benötigt man jedoch auch die gemeinsame Nutzung

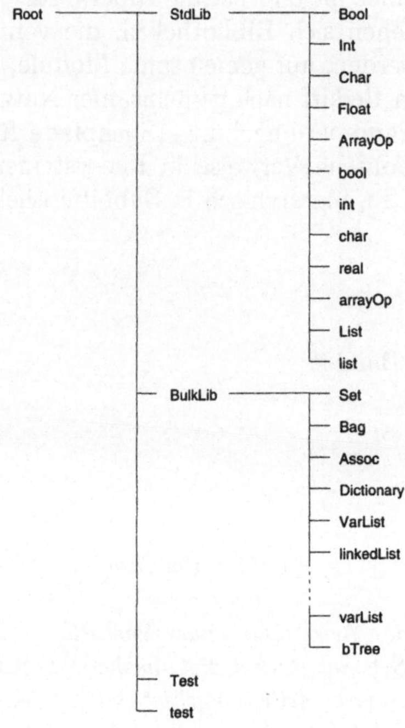

Fig. 5.10. Beispiel einer hierarchischen Komponentenstruktur für TL Bibliotheken

von *vollständigen* Typspezifikationen der Form $X = A$, wie sie durch lokale **Let** Bindungen definiert werden. Um Typbindungen auch in Modulsignaturen zu ermöglichen und gleichzeitig dem Orthogonalitätsprinzip von TL gerecht zu werden, sind Typbindungen ebenfalls in Tupel-, Record-, Funktions- und Ausnahmesignaturen zulässig.

```
Let Signatures = Tuple
    Let Pair = Record fst, snd :Int end
    T <:Pair
end
let bindings :Signatures = tuple
    Let Pair = Signatures.Pair
    Let T = Record Repeat Pair trd :Int end
end
```

Dieses Beispiel zeigt, daß durch **Let** Bindungen definierte Signaturkomponenten über die Punktnotation selektiert werden können und in dem zugehörigen Bindungskontext erneut gebunden werden müssen.

Eine Spezifikation der Form $X{=}A$ ist schärfer als eine Spezifikation der Form $X{<:}A$, es gilt demnach z.B.:

```
    Tuple Let Pair = Record fst,snd :Int end  T<:Pair end
<:
    Tuple Pair <: Record fst,snd :Int end  T<:Pair end
```

5.4.3 Bindung an externe Funktionen

Auch ohne expliziten Import sind einige ("builtin") Bezeichner mit den folgenden Signaturen in jedem TL Programm sichtbar:[4]

```
Dyn Bool, Int, Char, Real, Longreal, String, Locality <:Ok
Dyn Vector(A <:Ok) <:Ok  (* covariant *)
Dyn Array(A <:Ok) <:Vector(A)
false, true :Bool
somewhere :Locality
{:=} (A <:Ok  var x :A  y :A) :Ok
{==}, {=/=} (A <:Ok  x :A  y :A) :Bool
assertError, typecaseError:
    :Exception with line, column :Int  where :String end
caseError, tupleProjectError:
    :Exception with line, column :Int  where :String variant :Int end
extendError:
    :Exception with line, column :Int  where :String label :String end
ParamFormat <:Ok
unsigned1, unsigned2, unsigned4, signed1, signed2, signed4,
float, longfloat, string :ParamFormat
external(Dyn Fct <:Ok  lib, label :String
   param :Array(ParamFormat)
   result :ParamFormat) :Fct
bind(Fct <:Ok  lib, label :String) :Fct
```

Die Namen der abstrakten Typen *Bool, Int* ... werden im Compiler zur Typüberprüfung für Literale und zusammengesetzte Ausdrücke (**if**, **exception**, **for**, **while** ...) benötigt. Im Kodegenerator werden Informationen über die Implementierung dieser abstrakten Datentypen sowie die Lokalitätsspezifikation *somewhere* (s. § 5.4.4) benötigt. Diese Sonderbehandlung der Bindung an Zuweisungs- und Identitätstestfunktionen erleichtert die effiziente Kodegenerierung für diese wichtigen Basisoperationen der TL Programmierung.

Wie bereits in § 3 angesprochen, können in TL Operationen durch die Bindung an *externe* Funktionen (in Maschinenkode) implementiert werden. Dabei ist zwischen Funktionen zu unterscheiden, die Argumente in der internen TML Datenrepräsentation (s. § 8) erwarten und ihre Ergebnisse in TML Datenformaten zurückliefern, und solchen Funktionen, bei denen eine Wertkonvertierung vor und nach dem Aufruf erforderlich ist.

[4] Die Bezeichner können bei Bedarf durch lokale Bindungen "verdeckt" werden.

Funktionen der ersten Klasse erlauben die effiziente, maschinenabhängige Implementierung von TL Bibliothekskode, können jedoch die Konsistenz des Typsystems, des Laufzeitsystems und des Objektspeichers verletzen. Als Beispiel sei die Implementierung des Moduls *int :IntOp* skizziert (vgl. Anhang §B):

```
module int
export
    Let T = Int
    let + = bind(:Fun(:T :T) :T "int.o" "add")
    let - = bind(:Fun(:T :T) :T "int.o" "sub")
    let equal = bind(:Fun(:T :T) :Bool "int.o" "equal")
    let greater = bind(:Fun(:T :T) :Bool "int.o" "greater")
    ...
end
```

Der Aufruf der Funktion *bind* evaluiert wie eine Funktionsabstraktion (**fun**() ...) zu einem Funktionswert, dessen Typ durch einen Aktualtypparameter bestimmt wird. Es findet ein statischer Typtest statt, der garantiert, daß der Aktualtypparameter für *Fct* einen TL Funktionstyp bezeichnet. Die beiden verbleibenden Stringparameter definieren eindeutig eine symbolische Adresse, unter der Maschinenkode zur Implementierung der Funktion abgelegt ist. Dieser Maschinenkode kann z.B. durch die Übersetzung eines Modula-2 Moduls oder einer C Funktion erzeugt worden sein. Auf Seite 29 ist exemplarisch die C Implementierung der Vergleichsfunktion *greater* (in dem Objektfile "int.o" für ganze Zahlen in TL dargestellt. Die Funktion *bind* gestattet die Generierung von Bindungen an Funktionen mit Wert- und Variablenparametern beliebiger Typen. Externe Funktionsbindungen sind von benutzerdefinierten TL Funktionen ununterscheidbar und können insbesondere als Funktionsargumente oder -ergebnisse auftreten und langlebig im Objektspeicher gebunden werden.

Die Funktion *external* (S. 111) unterscheidet sich von der Funktion *bind*, da einerseits die Aktualparameter für *lib* und *label* durch Ausdrücke (und nicht nur durch Stringliterale) definiert werden können und andererseits eine automatische Wertkonvertierung vor und nach dem Aufruf der als Funktionsergebnis zurückgelieferten Funktion erfolgt. So könnte z.B. die externe Modula-2 Funktion *f*

```
PROCEDURE f(x :INTEGER; VAR y :CARDINAL) :REAL;
BEGIN ... END f;
```

folgendermaßen an den Bezeichner *modF* gebunden und dann aufgerufen werden:

```
let modF = bind(:Fun(x :Int var y:Int) :Real
"m2lib" "f"
array signed4 unsigned4 end
float)
let result = modF(~3 4)
```

Mit diesem Mechanismus ist die Wert- und Variablenübergabe von Werten der unstrukturierten TL Basistypen möglich. Wertparameter des Typs *String* werden durch Kopien (im C Stringformat) implementiert. Variablenparameter werden grundsätzlich als *copy-in* / *copy-out* Parameter implementiert. Diese Übergabekonvention wahrt die Integrität der TL Datentypen und der Objektspeicherstrukturen, da keine Referenzen von externen Programmen in den Objektspeicher erzeugt werden können.

Inkonsistenzen zwischen den bei *bind* spezifizierten TL Typen und ihrem Übergabeformat werden erst zum Bindungszeitpunkt erkannt.

Zusammenfassend bilden die in diesem Abschnitt vorgestellten Bindungsmechanismen mit minimalem sprachlichen Aufwand und unter maximaler Ausnutzung existierender TL Konzepte (Funktionen höherer Ordnung, dynamische Typisierung, Typparametrisierung) eine leistungsfähige Basis für die flexible und portable Einbindung externer Systemfunktionalität. Komplexere Bindungsanforderungen (Parameterlisten variabler Länge, dynamische Bindungen, Übergabe strukturierter Werte) müssen durch Kombination dieser Basisprimitive (evtl. unter Ausnutzung dynamischer Typinformationen) abgedeckt werden.

5.4.4 Ein Persistenzmodell für TL

Der Übergang von der traditionellen Programmierung mit flüchtigen Daten in einer Einbenutzerumgebung hin zur persistenten Programmierung in Mehrbenutzerumgebungen läßt sich in TL ohne die Einführung zusätzlicher Sprachkonstrukte vollziehen. Wie in den Sprachen Modula/R [Koch et al. 83] und DBPL [Schmidt, Matthes 91b] genügt hierfür eine verallgemeinerte Interpretation des klassischen Modulbindungsbegriffs [Matthes 88].

Wie in § 4.5.1 beschrieben, entspricht in TL ein nicht-gebundenes Modul *m* einer Funktion *mLink*, deren Funktionsabschluß leer ist, die also über keine nicht-lokalen Bindungen verfügt. Erst zum Modulimportzeitpunkt werden dynamisch Bindungen an die von *m* importierten Module m_i durchgeführt, die als Tupelparameter an die Formalparameter m_i der Funktion *mLink* übergeben werden. Während des Modulimports wird der Rumpf der Funktion *mLink* zu einem Tupelwert *m* evaluiert, der alle durch das Modul exportierten Bindungen aggregiert. Ein (Haupt-)Programm entspricht einem Modul, das durch keine anderen Module importiert wird.

Für das in Fig. 5.9 dargestellte Modulsystem ist die Bindung des Programmes *d* mit dem *top level* Kommando **import** *d* somit äquivalent zu den folgenden Funktionsaufrufen:

let *a :A = aLink()*
let *b :B = bLink(a)*
let *c :C = cLink(b)*
let *d :D = dLink(a b)*

Wiederholt man die Modulinitialisierung geschachtelter Module bei der Bindung eines weiteren Programms e, führt dies zu der bekannten *Kopiersemantik*, die dem Modulimport in traditionellen modularen Sprachen zugrundeliegt, da jedes Anwendungsprogramm beim Modulimport private Instanzen der in dem Modul definierten "globalen" Variablen erhält (vgl. Fig. 5.11 A):

let *a' :A = aLink()*
let *b' :B = bLink(a')*
let *c' :C = cLink(b')*
let *e :E = eLink(a' b')*

Moderne Betriebssysteme nutzen bereits die Tatsache, daß der Modulkode *aLink*, *bLink* und *cLink* von mehreren Benutzern gemeinsam genutzt werden kann, auch wenn sie verschiedene Hauptprogramme (in diesem Fall *dLink* und *eLink*) besitzen, indem sie dynamische Bindungen an Funktionen in einem gemeinsamen Bibliothekspool (*shared dynamic link libraries*) unterstützen. Wie in Fig. 5.11 B dargestellt, enthält in diesem Fall der lokale Adreßraum jedes Prozesses jedoch weiterhin Kopien der in gemeinsam genutzten Bibliotheken deklarierten Variablen (z.B. in *a* und *a'*).

In den oben genannten modularen Datenbankprogrammiersprachen kann eine gemeinsame Nutzung von globalen Variablen (Referenz- statt Kopiersemantik) durch die Deklaration persistenter Module erreicht werden (s. Fig. 5.11 C). Die Initialisierung persistenter Module (*a*, *b* und *c* im Beispiel von Fig. 5.9) erfolgt einmalig zu Beginn der Lebensdauer des Moduls. Seiteneffekte, die z.B. durch das Programm *d* auf Variablen des Moduls *b* durchgeführt werden, sind auch nach Terminierung des Programms *d* bei nachfolgenden Aufrufen des Programms *e* sichtbar.

Erlaubt man die parallele Ausführung mehrerer Programme, so müssen von Datenbanksystemen her bekannte Mechanismen zur Synchronisation und Fehlererholung destruktiver Änderungsoperationen auf gemeinsam genutzten Variablen eingesetzt werden (Transaktionsmodelle, ...).

Wie die in § 2.2.3 vorgestellten persistenten Systeme unterstützt auch die gegenwärtig implementierte persistente Version des Tycoon Systems ein vollständig uniformes Persistenzmodell (vgl. Fig. 5.11 D). Alle durch den Benutzer auf dem *top-level* durchgeführten Bindungen und die von ihnen aus transitiv erreichbaren Bindungen an lokale Daten und Funktionen, importierte Module, etc. werden persistent gespeichert. Nicht mehr erreichbare Module werden durch den *garbage collector* automatisch aus dem Objektspeicher entfernt. Innerhalb einer Sitzung können atomare Sicherungspunkte durch Aufrufe einer TL Bibliotheksfunktion (*store.stabilise*) definiert werden. Duch eine weitere Bibliotheksfunktion (*store.reset*) wird der Objektspeicher in den Zustand zum Zeitpunkt des letzten Sicherungspunktes zurückgesetzt.

Der gegenwärtig im Tycoon System eingesetzte Objektspeicher gestattet keinen parallelen Mehrbenutzerzugriff. Für zukünftige Entwicklungen in dieser Richtung ist die in TL vorhandene Unterscheidung zwischen veränderlichen und unveränderlichen Bindungen von Bedeutung. Wie in [Trinder 89] diskutiert, erlaubt sie eine signifikante Erhöhung des Parallelitätsgrades und eine Reduktion des zur Fehlererholung notwendigen Verwaltungsaufwandes.

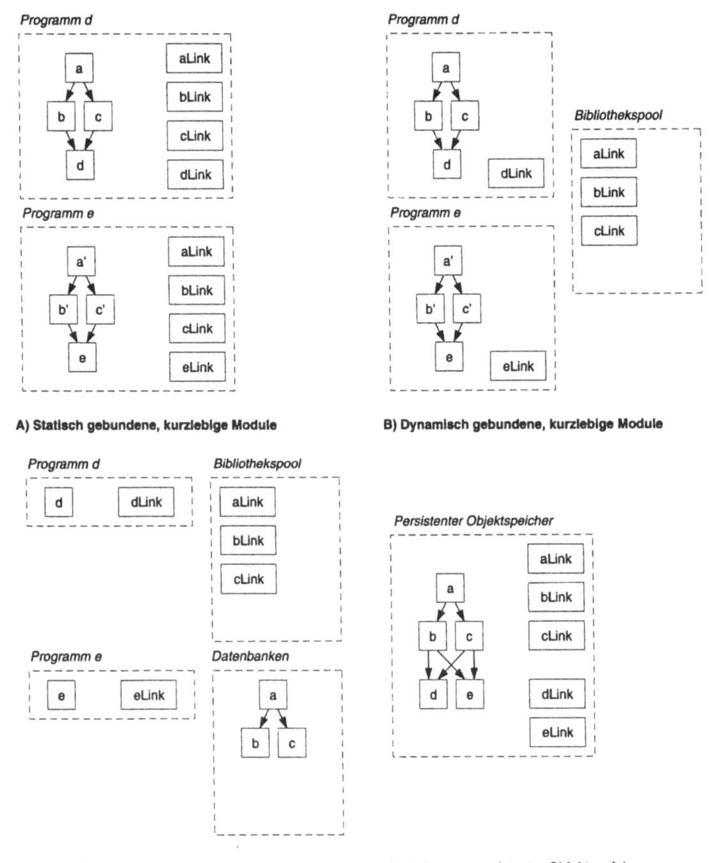

Fig. 5.11. Bindungs- und Lebensdauerkonzepte für modulare Programmsysteme

Der erste Prototyp des Tycoon Systems unterstützt ebenfalls keine inkrementellen Programmänderungen unterhalb der Granularität kompletter Module und Schnittstellen. "Intelligente" Rekompilationsalgorithmen, wie sie z.B. bei den am DEC SRC entwickelten Modula-2 und Modula-2+ Compilern eingesetzt werden, erlauben die aufwärtskompatible Erweiterung von Schnittstellenmodulen ohne dabei die existierenden Klienten der Schnittstelle neu kompilieren oder binden zu müssen.

Beim Entwurf des Tycoon Sprach- und Systemmodell ist bereits dem zukünftigen Einsatz von TL Programmen unter Benutzung nicht-homogener Objektspeicher Rechnung getragen. In persistenten Systemen realer Größenordnung existieren Objektspeicherpartitionen unterschiedlicher operationaler Qualität (Zugriffsgeschwindigkeit, Persistenz, Fehlererholung, Zugriffskontrolle, Parallelitätskontrolle etc.). Eine Minimalforderung bei der Programmierung in solchen Umgebungen stellt die Möglichkeit zur Spezifikation der Objektlokalität bei der Objektgenerierung dar. In TL existiert daher ein vordefinierter Typ *Locality* mit einem (dem Compiler bekannten) Wert des Typs *somewhere*. Weiterhin erlaubt die TL Syntax Lokalitätsspezifikationen in allen syntaktischen Konstrukten, die aggregierte Objektspeicherstrukturen erzeugen, z.B.

Location::=
[**in** *Value*]
;
Value$_2$::=
fun "(" *Signatures* ")" [":" *Type*] *Location Value* |
tuple *Location* [**case** *CaseIde* **of** *Type*] *Bindings* **end** |
record *Location Bindings* **end** |
array *Location ValueBindings* **end** |
begin *Location Bindings* **end** |

Spezielle Objektspeicherimplementierungen können in Bibliotheksmodulen dem TL Programmierer Konstanten, Funktionen und Subypen des Typs *Locality* anbieten, die er zur dynamischen Berechnung von Lokalitätsinformationen verwenden kann.

In [Matthes et al. 91] wird ein formales Modell typisierter Objekte in partitionierten Objektspeichern vorgestellt, das insbesondere die Notwendigkeit von Lokalitätsspezifikationen bei Funktionsabstraktionen verdeutlicht. Ausgehend von diesem Modell werden Typregeln für eine statische Lokalitätskontrolle entwickelt, die z.B. die Erkennung von partitionsübergreifenden Objektspeicherreferenzen gestatten. Die Kenntnis statischer (Approximationen von) Lokalitätsinformationen kann gewinnbringend bei der Freispeicherverwaltung, Objektadressierung, Fehlererholung und Parallelitätskontrolle eingesetzt werden [Matthes et al. 91].

6. Definition der statischen TL Sprachsemantik

Eine präzise Beschreibung einer Programmiersprache ist eine Voraussetzung für ihre Implementierung und ihre Benutzung. Die Beschreibung kann verschiedene Formen besitzen, die jeweils einem gewissen Zweck angepaßt sind. Programmbeispiele und umgangssprachliche Erklärungen wie in den vorangegangenen Kapiteln sind von großer Wichtigkeit zum Verständnis der Pragmatik und Semantik einer Programmiersprache durch menschliche Benutzer. In Referenzhandbüchern hat sich darüber hinaus eine Formalisierung der konkreten Syntax durch EBNF (*Extended Backus Naur Formalism*) Grammatiken bzw. Syntaxgraphen als sinnvoll erwiesen.

Diese Form der Beschreibung einer Sprache L eignet sich jedoch nur begrenzt als Basis für die Implementierung von Übersetzern von L in maschinennähere Formalismen oder für die Entwicklung von Generatoren, die problemorientierte Daten- und Exekutionsmodelle in *TL* abbilden. Kapitel 6 und Anhang A.5 liefern daher eine formale Definition der semantischen Konzepte der Sprache TL.

Charakteristisch für TL ist die starke Betonung flexibler Benennungs-, Bindungs- und Typkonzepte, die insbesondere eine Behandlung von Typen und Signaturen als Sprachobjekte erster Klasse gestatten. Darüber hinaus existiert in TL eine Verfeinerungsordnung auf Typen und Signaturen, die durch induktiv definierte Subtypregeln erfaßt wird. Hingegen besitzt TL ein weitgehend "klassisches", striktes Exekutionsmodell. Somit ist die Formalisierung der *statischen* TL Semantik von besonderem Interesse.

§ 6.1 gibt zunächst einen Überblick über das Zusammenspiel der zur Definition von TL eingesetzten Formalismen und zeigt auf, wie die Entwicklung der Tycoon Systemkomponenten durch die gewählte Formalisierung unterstützt wird. Die nachfolgenden Abschnitte behandeln die statische TL Semantik, während die dynamische TL Semantik in Kapitel 7 behandelt wird.

6.1 Zur Formalisierung der TL Sprachdefinition

Eine vollständige Sprachdefinition ist typischerweise in die Definition der Sprachgrammatik, der statischen Sprachsemantik und der dynamischen Evaluationssemantik gegliedert. Die Aufspaltung einer Sprachdefinition in Subkomponenten erlaubt zunächt den Einsatz leichter überschaubarer Formalismen für spezialisierte Teilprobleme. Sie unterstützt damit andererseits aber auch die effiziente Sprachimplementierung durch nur lose gekoppelte Werkzeuge (Zerlegungs-, Übersetzungs- und Evaluationsalgorithmen). Für repetitive Aufgaben bei der Abbildung von formalen Sprachdefinitionen in Werkzeugimplementierungen bietet sich schließlich der Einsatz von Compilergeneratoren an.

Der Wunsch nach hoher sprachlicher und systemtechnischer Flexibilität im Tycoon System motiviert eine noch weitergehende Faktorisierung der Sprachdefinition in modifizierbare, problemspezifische Teile (Literalproduktionen, Basistypdefinitionen, Basiswertrepräsentationen) und fest verdrahtete aber generische Teile (Bindungen, Signaturen, Nonfix-, Infix- und Listfixapplikationen für Werte und Typen, Laufzeitrepräsentationen für aggregierte Werte). Konkret werden im Tycoon System die folgenden Formalismen eingesetzt:

- Die TL Grammatik ist in Symbolproduktionen für Lexeme und eine kontextfreie Grammatik für die restliche TL Syntax gegliedert, die beide in § A.2 und § A.4 im EBNF wiedergegeben sind. Diese strikte Trennung und die spezielle Wahl der Produktionsregeln erlaubt eine einfache und effiziente Sprachimplementierung durch einen Scanner mit *one character lookahead* und einen LL(k)-Parser mit *one symbol lookahead* (k=1).

  Zur Entkopplung der Definition der semantischen und dynamischen Semantik von den Details der konkreten Sprachsyntax bietet sich eine *Normalisierung* von TL Programmen in Terme einer reduzierten abstrakten TL Syntax an. Diese Syntax ist ihrerseits grob in eine Syntax für Signaturen, Bindungen und Typen (s. Fig. 6.1 auf S. 124) sowie eine Syntax für Werte (s. Fig. 6.2 auf S. 125) gegliedert. Der kontextunabhängige Normalisierungsprozeß wird in § 6.3 beschrieben und läßt sich durch einen einfachen *bottom-up, left-to-right* Attributierungsalgorithmus implementieren.

  Die TL Syntax und der Normalisierungsalgorithmus werden im TL System durch attributierte Grammatiken definiert. Diese Grammatiken werden unter Benutzung eines generischen Parser-Generator aus den Tycoon Bibliotheken (s. § 9.5) in ein direkt ausführbares Programm übersetzt. Das generierte Programm berechnet zu jedem Term der konreten TL Grammatik einen Term der abstrakten Syntax als ein *derived attribute* [Knuth 68; Reps, Teitelbaum 88; Schröder, Matthes 92].

- Die statische TL Semantik formalisiert die Bedingungen, unter denen ein TL Programm als statisch wohlgeformt akzeptiert wird. Diese kontextsensitiven Korrektheitskriterien werden durch Axiome und Deduktionsregeln unter Bezugnahme auf einen *statischen Kontext* formalisiert [Hennessy 90]. Sie umfassen neben der "klassischen" strukturellen Typanalyse von Termen auch Prüfungen auf die Zulässigkeit aller definierenden Auftreten von Namen in Bindungen und ihrer Verwendung in (Typ- oder Wert-) Termen gemäß der Sichtbarkeitsregeln blockstrukturierter Programmiersprachen (*static scoping*). Aus den in § A.5.2 formal definierten TL Typregeln kann unmittelbar ein Entscheidungsalgorithmus (*type checker*) für die statische Korrektheit von TL Termen abgeleitet werden. Durch eine sorgfältige Wahl der TL Typregeln und den Einsatz einer geeigneten Ableitungsstrategie im Typüberprüfungsalgorithmus kann die Vollständigkeit, Korrektheit und Terminierung des Algorithmus' garantiert werden (s. § 6.8).

Die Formalisierung der statischen TL Semantik erfordert wegen der Existenz (rekursiver) Typoperatoren und blockstrukturierter statischer Sichtbarkeitsbereiche eine sorgfältige Behandlung von Bindungs- und Substitutionsregeln. Durch den Einsatz von *de Bruijn Indices* [de Bruijn 72; Abadi et al. 90] (s.a. § 6.7) läßt sich unter anderem die ungewünschte Bindung freier Variablen (*variable capture*) in der Sprachdefinition vermeiden. Der Formalismus der de Brjuin Indices führt außerdem zu speicher- und laufzeiteffizienten Bindungs- und Substitutionsalgorithmen im TL Typüberprüfungsalgorithmus.

Aufgrund der hohen Ausdrucksmächtigkeit der generischen TL Typ- und Sichtbarkeitsregeln erfordert die Typüberprüfung der vordefinierten semantischen Objekte in TL (Zahlen, Zeichen, Zeichenketten, boolesche Werte, Felder) keine Erweiterung des generischen Typüberprüfungsalgorithmus'. Sie werden vielmehr durch "normale" Deklarationen in dem *initialen statischen Kontext* formalisiert und implementiert.

Der TL Typüberprüfungsalgoritmus überprüft durch einen einmaligen syntaxgesteuerten rekursiven Abstieg die statische Korrektheit eines TL Ausdrucks, der durch einen abstrakten TL Syntaxbaum beschrieben ist. Als Seiteneffekt attributiert er die Blätter und inneren Knoten des Baumes mit Typinformationen und bindet (durch einen de Bruijn Index) jedes angewandte Auftreten eines Variablennamens an sein zugehöriges definierendes Auftreten im lokalen statischen Kontext.

- Die dynamische TL-Semantik formalisiert die Evaluationsregeln für untypisierte TML Terme. Die *strukturelle operationale Semantik* für TML benutzt wie die statische Semantik Axiome und Reduktionsregel, die sich jedoch auf eine *dynamische Evaluationsumgebung* beziehen [Plotkin 81; Tofte 88] (s. § 7). Sie beschreibt neben der "klassischen" Betareduktion (Funktionsapplikation) und bedingten Evaluation des Lambda-kalküls auch die Semantik von Zuweisungen, Ausnahmen und Schleifen.

  Die Form der Darstellung der Evaluationsumgebung im formalen Modell wird mit Rücksicht auf eine einfache systematische Abbildung zwischen abstrakten Evaluatorzuständen und konkreten Maschinenimplementierungen (Registerfenster, Parameterkeller, Funktionsabschluß, Objektspeicher) gewählt. Diese "Implementierungsnähe" ist auch im Hinblick auf die zukünftige Formalisierung der Interaktion von Objektspeicherzugriffen von mehreren parallel exekutierenden Evaluatoren in heterogenen Umgebungen durchaus wünschenswert.

Die Reduktionsregeln in § 7 entsprechen direkt den syntaxgesteuerten Zustandsübergängen des portablen TML Interpreters. Aufgrund der Verschiedenartigkeit des Quell- und Zielformalismus' lassen sich die Übersetzungsregeln von TML in C-Kode nicht so systematisch aus der Semantikdefinition von TML ableiten.

Das vorrangige Ziel der Formalisierung ist somit die Schaffung eines unzweideutigen Ausgangspunkts für die Systemimplementierung und Systembenutzung. Eine Studie abstrakter semantischen Eigenschaften von TL (z.B. Sätze und Beweise über Äquivalenztransformationen, Vergleiche mit anderen semantischen Modellen) ist nicht Gegenstand dieses Textes. Diese Fragestellungen werden in aktueller Forschungsarbeiten auf dem Gebiet der Typtheorie untersucht [Cardelli, Longo 90; Rosolini 91].

6.2 Konsistenzbedingungen auf TL Programmen

Die Typregeln der Sprache TL garantieren durch eine statische Programmanalyse bereits zum Übersetzungszeitpunkt einer indviduellen Kompilationseinheit die Abwesenheit der folgenden Fehlersituationen zur Programmlaufzeit:

- Inkompatible Funktionsparameteranzahl oder -typen;
- Inkompatible Funktionsergebnistypen;
- Inkompatible Wertbindungen lokaler Variablen oder globaler Objektspeichervariablen;
- Zugriff auf undefinierte Variablen (Werte, Typen, Funktionen);
- Zugriff auf uninitialisierte Variablen (Werte, Typen, Funktionen);
- Zuweisungen an Objekte, die als unveränderlich erzeugt wurden;
- Zugriff auf nicht vorhandene Tupel-, Record- oder Ausnahmekomponenten;
- Unvollständigkeit der Fallmarken bei der vollständigen Fallanalyse in **case** Ausdrücken;
- Inkompatibilitäten zwischen Modulschnittstellen und ihren Implementierungen sowie zwischen Modulimporten und Modulschnittstellen;
- Zugriff auf verborgene Module in Programmbibliotheken;
- Namenskonflikte zwischen Modulen verschiedener Bibliotheken;
- Nicht-terminierende, rekursive Modulimporte;
- **exit** Anweisungen ohne passende **loop**;
- **reraise** Anweisungen ohne passendes **try**.

Folgende Fehlersituationen werden zum Zeitpunkt des (Re-)Imports einer Schnittstellendefinition (**interface**) oder einer Modulimplementierung (**module**) in ein TL Programm erkannt:

- Schnittstellenmodifikationen zwischen dem Übersetzungs- und dem Importzeitpunkt;
- Fehlende Modulimplementierungen;
- Fehlende Implementierungen für externe Funktionen.

Die Erkennung der folgenden Konsistenzverletzungen wird schließlich durch compilergenerierte Laufzeitüberprüfungen erzwungen:

- Unzulässige Indices bei der Feldelementselektion (*x[i]*);
- Projektion auf eine aktuell ungültige Variante (*x!caseIde*);
- Namenskonflikte bei Recorderweiterungen (**extend** *Value* **with** *Binding* **end**);
- Verletzungen von **assert** Klauseln.

6.3 Normalisierung von TL Programmen

Ausgangspunkt der statischen Semantikdefinition sind wohlgeformte Terme der *abstrakten Syntax* von TL, wie sie im nachfolgenden Abschnitt definiert wird. Dabei sollte hervorgehoben werden, daß ein TL "Programm" auch aus einem einzelnen Typ- oder Wertausdruck, wie z.B. einer Typdefinition, einer Funktionsdefinition oder einem Funktionsaufruf bestehen kann, der sich auf Objekte in einem statischen und dynamischen *top level* Kontext beziehen kann. Somit läßt sich durch diesen Formalismus auch die Semantik von ad-hoc Anfragen, Sichtendefinitionen und Datenbankänderungsoperationen beschreiben.

Die abstrakte TL Syntax stellt nur eine Teilmenge der konreten TL Syntax dar, in der jeder TL Term kanonisch repräsentiert werden kann. Die Umformung eines Zerlegungsbaum (*parse tree*) der konkreten TL Syntax in einen äquivalenten abstrakten TL Syntaxbaum erfordert daher zunächst folgende Normalisierungsschritte:

- Einführung anonymer Bezeichner ("?") in Bindungen und Signaturen:

$$\begin{array}{lcl} :A\ a & \Rightarrow & \textbf{Let}\ ? = A\ \textbf{let}\ ? = a \\ <:A\ :B & \Rightarrow & ?\ <:A\ ?\ :B \end{array}$$

  Ein anonymer Bezeichner "?" wird in den Regeln für die Subsignaturbeziehung [Subsig ide], [Subsig Ide] und [Subsig Ide Let] in § A.5.4 als kompatibel zu jedem anderen Bezeichner x, X behandelt.

- Expansion abkürzender Notationen in Bindungen:

let $x(S_1) \ldots (S_n)$ $:A$ = a ⇒ **let** x = **fun**$(S_1) \ldots$ **fun**(S_n) $:A$ a
let $x(S_1) \ldots (S_n)$ = a ⇒ **let** x = **fun**$(S_1) \ldots$ **fun**(S_n) a
Let $X(S_1) \ldots (S_n)$ <:A = B ⇒ **Let** X = **Oper**$(S_1) \ldots$ **Oper**(S_n) <:A B
Let $X(S_1) \ldots (S_n)$ = A ⇒ **Let** X = **Oper**$(S_1) \ldots$ **Oper**(S_n) A

- Expansion abkürzender Notationen in Signaturen:

$x_1, \ldots, x_n$ $:A$ ⇒ x_1 $:A \ldots x_n$ $:A$
var $x_1, \ldots, x_n$ $:A$ ⇒ **var** x_1 $:A \ldots$ **var** x_n $:A$
$X_1, \ldots, X_n$ <:A ⇒ X_1 <:$A \ldots X_n$ <:A
Dyn $X_1, \ldots, X_n$ <:A ⇒ **Dyn** X_1 <:$A \ldots$ **Dyn** X_n <:A
$x(S_1) \ldots (S_n)$ $:A$ ⇒ x :**Fun**$(S_1) \ldots$:**Fun**(S_n) $:A$
$X(S_1) \ldots (S_n)$ <:A ⇒ X :**Oper**$(S_1) \ldots$ **Oper**(S_n) A

- Umwandlung von Infix- und Listfix-Funktionsapplikationen in die Präfixnotation:

x_1 infix x_2 ⇒ {infix$(x_1\ x_2)$}
f **of** $x_1 \ldots x_n$ **end** ⇒ *f*(**array** $x_1 \ldots x_n$ **end**)

- Umwandlung von Infix-Typoperatorapplikationen in die Präfixnotation:

X_1 infix X_2 ⇒ {infix$(X_1\ X_2)$}

- Ersetzung fehlender **else** Zweige in **if** Ausdrücken durch eine leere Sequenz, die zu **ok** :**Ok** evaluiert:

if *a* **then** *b* **end** ⇒ **if** *a* **then** *b* **else end**

- Ersetzung fehlender **else** Zweige in **try** Ausdrücken durch einen **reraise** Ausdruck.

- Ersetzung fehlender **else** Zweige in **case** Ausdrücken durch **raise** *caseError*.

- Ersetzung fehlender **else** Zweige in **typecase** Ausdrücken durch **raise** *typecaseError*.

- Umwandlung von **andif** und **orif** Ausdrücken in geschachtelte **if** Ausdrücke:

a_1 **orif** a_2 ⇒ **if** a_1 **then** *true* **else** a_2 **end**
a_1 **andif** a_2 ⇒ **if** a_1 **then** a_2 **else** *false* **end**

- Umwandlung geschachtelter **elsif** Zweige in **if** Ausdrücke:

if a$_1$ **then** b_1
elsif a$_2$ **then** b_2
 	
...
 	
end
	$\Rightarrow$	**if** a$_1$ **then** b_1
		else
		  if a$_2$ **then** b_2
		  ...
		  end
		end

- Ersetzung von Zusicherungen durch bedingte Ausdrücke mit Ausnahmegenerierungen:

assert a	$\Rightarrow$	**if** a **then ok**
		else
		  raise exception with
		"Assertion in file ..., line ... failed"
		  end
		end

6.4 Die abstrakte Syntax für TL

Die abstrakte Syntax für TL definiert syntaktische Objekte, die mit folgenden Metavariablen benannt werden:

$S \in$ *Sig*	Signaturen
$D \in$ *Bind*	Bindungen
$E \in$ *BindElem*	Einzelne Bindungen
$A, B \in$ *Type*	Typen
$C \in$ *Case*	Varianten in Tupeltypen
$z \in$ *CaseIde*	Fallmarken in Varianten
$X, Y \in$ *Ide*	Typbezeichner
$x, y \in$ *ide*	Wertbezeichner
$a, b, c \in$ *Value*	Werte
$p, q \in$ *Qualifier*	Signaturselektoren

Die unendlichen Mengen *Ide*, *ide* und *CaseIde* werden jeweils durch die Vereinigungsmenge der Symbole der Kategorien *identifier* und *infix* gebildet, wie sie in § A.2 definiert werden. Diese Mengen und die Mengen der Literale (Symbole der Kategorien *int, real, longreal, char, string*) bilden die Basis für die induktive Definiton der Mengen der übrigen syntaktischen Objekte, die in Fig. 6.1 und 6.2 zusammengefaßt sind. Die Konventionen für Grammatikdefinition sind in § A.1 auf S. 191 erläutert.

Die Unterscheidung zwischen Typsignaturen und Typdefinitionen in Fig. 6.1 spiegelt die Tatsache wider, daß die Mehrzahl der Typaussagen in TL nur partielle Typinformationen liefern ($X <: A$), und daß nur in wenigen ausgezeichneten Fällen (z.B. im Falle lokaler **Let** Bindungen oder expliziter Typbindungen in Modulschnittstellen, s. § 5.4.2) eine *exakte* Typinformation der Form ($X = A$) für eine Typvariable X verfügbar ist.

Die Basistypkonstanten **Int**, **Bool** und **String** sowie die Literale dieser Typen sind nur zur Vereinfachung der Präsentation der TL Typregeln als eigene

Syntax	Bedeutung
$S ::= \oslash$	Leere Signatur
$\mid S, x : A$	Wertsignatur
$\mid S, X <: A$	Typsignature
$\mid S, X = A$	Typdefinition
$\mid S, \textbf{Repeat}(A)$	Signaturvererbung
;	
$D ::= \oslash$	Leere Bindung
$\mid D, E$	Sequentielle Bindung
$\mid D, E_1 \mid \ldots \mid E_n$	Parallele Bindung
$\mid D, \textbf{open}(x)$	Bindungsvererbung
$\mid D, \textbf{open}(x, A)$	Bindungsprojektion
;	
$E ::= x = a$	Wertbindung
$\mid x : A = a$	Einschränkende Wertbindung
$\mid X = A$	Typbindung
$\mid X <: A = B$	Einschränkende Typbindung
;	
$A, B ::= \textbf{Ok}$	Supertyp aller Typen (*top*)
$\mid \textbf{Nok}$	Subtyp aller Typen (*bottom*)
$\mid X$	Typbezeichner
$\mid p.X$	Abstrakter Typbezeichner
$\mid \textbf{Bool} \mid \textbf{Int} \mid \textbf{String}$	Basistypbezeichner
$\mid \textbf{Arr}(A)$	Feldtyp
$\mid \textbf{Fun}(S) : A$	(Polymorpher) Funktionstyp
$\mid \textbf{Tup}(S; C)$	Tupeltyp mit Varianten
$\mid \textbf{Rcd}(S)$	Recordtyp
$\mid \textbf{Exc}(S)$	Ausnahmetyp
$\mid \textbf{Rec}(X_i, X_1 <: A_1 = B_1 \ldots X_n <: A_n = B_n)$	Rekursiver Typ ($1 \leq n$, $1 \leq i \leq n$)
$\mid \textbf{Var}(A)$	Typ veränderlicher Bindungen
$\mid \textbf{Dyn}(A)$	Dynamischer Typ
$\mid \textbf{Oper}(X_1 <: A_1, \ldots, X_n <: A_n)B$	Typoperator
$\mid A(D)$	Typoperatorapplikation
;	
$C ::= \textbf{Case}(z_1, S_1) \ldots \textbf{Case}(z_n, S_n)$	Varianten in Tupeltypen ($1 \leq n$)
;	
$p ::= x$	Wertsignaturselektor
$\mid X$	Typsignaturselektor
$\mid p.x$	Feldsignaturselektor
;	

Fig. 6.1. Die abstrakte TL Syntax für Signaturen, Bindungen und Typen

$a, b ::=$	**ok**	Der kanonische Wert des Typs **Ok**
|	*int*	Ganzzahlliterale (s. § A.2)
|	*real*	Fließkommaliterale (s. § A.2)
|	*longreal*	Doppeltgenaue Fließkommaliterale (s. § A.2)
|	*char*	Zeichenliterale (s. § A.2)
|	*string*	Zeichenkettenliterale (s. § A.2)
|	x	Wertbezeichner
|	**fun**$(S)a$	(Polymorpher) Funktionskonstruktor
|	$a(D)$	Funktionsapplikation
|	**arr**(D)	Feldkonstruktor
|	$a[b]$	Feldelementselektion
|	**tup**(D)	Tupelkonstruktor
|	**tup**$(D; z; A)$	Tupelkonstruktor mit Variante
|	**rcd**(D)	Recordkonstruktor
|	$a.x$	Tupel-, Record- und Ausnahmefeldselektion
|	$a!z$	Variantenprojektion
|	$a?z$	Variantentest
|	**extend**(a, D)	Recorderweiterung
|	**exc**(a, S)	Ausnahmewertgenerierung
|	**seq**(D)	Sequentielle Auswertung
|	**if**(a, b_1, b_2)	Bedingte Auswertung
|	**case**$(a,$ $(z_{11} \dots z_{1k_1}, y_1, b_1) \dots$ $(z_{n1} \dots z_{nk_n}, y_n, b_n), b)$	Fallunterscheidung $(0 \leq n, 1 \leq k_i)$
|	**case**$(a,$ $(z_{11} \dots z_{1k_1}, y_1, b_1) \dots$ $(z_{n1} \dots z_{nk_n}, y_n, b_n))$	Vollständige Fallunterscheidung $(1 \leq n, 1 \leq k_i)$
|	**typecase**$(X,$ $(B_1, b_1) \dots (B_n, b_n), b')$	Dynamischer Typtest $(0 \leq n)$
|	**loop**(a_1)	Schleife
|	**exit**	Schleifenterminierung
|	**while**(a, b)	Bedingte Schleife
|	**for**(x, a_1, a_2, a_3)	Ganzzahlige Iteration
|	**try**$(a,$ $(a_1, y_1, b_1) \dots (a_n, y_n, b_n), b)$	Ausnahmebehandlung $(0 \leq n)$
|	**raise**(a, D)	Ausnahmeerzeugung
|	**reraise**	Ausnamepropagierung
;		

Fig. 6.2. Die abstrakte TL Syntax für Werte

Produktionen in der Syntax repräsentiert. In der tatsächlich im Compiler eingesetzten abstrakten Syntax werden sie durch einen erweiterbaren, indizierten Literaltyp und einen generischen Literalwertkonstruktor dargestellt.

Wie in §4.5 erläutert, sind die Typen **Ok** und **Nok** nur die maximalen und minimalen Elemente der Hierarchie aller *geschlossenen* (d.h. unparametrisierten) Typen. Typoperatoren sind weder Subtypen von **Ok** noch Supertypen von **Nok**.

Tupeltypen besitzen in der abstrakten Typsyntax immer eine nicht-leere Variantenliste. Ein in der konkreten Syntax definierter Tupeltyp ohne Varianten wird durch einen Tupeltyp mit einer anonymen Variante mit leerer Signatur repräsentiert, um die in § 4.5.1 beschriebenen Subtypregeln zwischen Tupeln mit und ohne Varianten einfach formalisieren zu können.

Beispiel 6.4.1: **Tuple** *x :Int* **end** $\Rightarrow$ $\mathbf{Tup}(\oslash, x : \mathbf{Int}; \mathbf{Case}(?, \oslash))$ □

Die vergleichsweise aufwendige Notation für rekursive Typen ist erforderlich, um wechselseitig rekursive Typbindungen direkt darstellen zu können.

Beispiel 6.4.2: Die rekursive Bindung

Let Rec *X*<:**Ok** = *F(Y)* **and** *Y*<:**Ok** = *G(X);*

ist in der abstrakten Syntax folgendermaßen als eine parallele Bindung von zwei Typvariablen (X und Y) an zwei *unabhängige* rekursive Typausdrücke dargestellt, die beide das gesamte rekursive Gleichungssystem beschreiben:

$$X = \mathbf{Rec}(X_1, X_1 <: \mathbf{Ok} = F(X_2), X_2 <: \mathbf{Ok} = G(X_1))$$

und

$$Y = \mathbf{Rec}(X_2, X_1 <: \mathbf{Ok} = F(X_2), X_2 <: \mathbf{Ok} = G(X_1))$$

□

Diese Repräsentation hat sich sowohl für die Definition der Sichtbarkeits- und Bindungsregeln als auch für die Implementierung der relevanten Typüberprüfungsalgorithmen als vorteilhaft erwiesen. Die Einführung einer expliziten Supertypspezifikation (<:**Ok** im obigen Beispiel) für rekursive Typbindungen wird bereits in §4.6.3.3 auf S. 79 motiviert.

Das **var** Attribut in Wertbindungen und Wertsignaturen der konkreten TL Syntax sowie das **Dyn** Attribut in Typbindungen und Typsignaturen werden beide durch explizite Typkonstruktoren in der abstrakten Syntax repräsentiert. Somit treten Typen der Form **Var**(**Var**(A)) nicht in TL Programmen auf.

Beispiel 6.4.3:

Tuple Dyn *T* <:**Ok** **var** *x :T* **end**
$\Rightarrow \mathbf{Tup}(\oslash, T <: \mathbf{Dyn}(\mathbf{Ok}), x : \mathbf{Var}(T); \mathbf{Case}(?, \oslash))$

□

Schließlich ist zu beachten, daß nicht nur (wie in allen explizit typisierten Sprachen) die Syntax für Werte die Syntax für Typen und Signaturen umfaßt, sondern daß Typausdrücke durch abstrakte Typbezeichner der Form $p.X$ auch syntaktische Objekte p der Wertsyntax benutzen können. Jedoch ist die Syntax für Signaturselektoren (Qualifikatoren für abstrakte Typvariablen) bewußt eingeschränkt und erlaubt nur einfache Pfadkonstruktionen, z.B. *bTree.direction.Type*. Durch diese Restriktion werden problematische Wertabhängigkeiten von Typausdrücken vermieden, wie sie z.B. zur Entscheidung der Subtypbeziehung *module(3).T <:module(4).T* erforderlich wären.

6.5 Überblick über die verwendeten Notationen

Neben den im vorigen Abschnitt eingeführten Bezeichnungen für syntaktische Objekte werden folgende formale Aussagen für die Definition der statischen TL Semantik benötigt. Die letzte Spalte der Tabelle verweist auf den Abschnitt, in dem die jeweilige Notation definiert wird.

$A \downarrow X$	Der Typ A ist kontraktiv in der Variablen X	§ 6.5.3
S *sig*	Die Signaturen S sind wohlgeformt	§ A.5.1
S *rcdsig*	Die Signaturen S sind wohlgeformte Recordsignaturen	§ A.5.1
A *type*	Der Typ A is wohlgeformt	§ A.5.2
$A \overset{Sig}{::} S$	Der Typ A hat Signaturen S	§ A.5.3
$p \overset{Sig}{::} S$	Der Pfad p identifiziert Signaturen S	§ A.5.3
$S <:: S'$	S sind Subsignaturen von S'	§ A.5.4
$S \overset{Tup}{<::} S'$	S sind Tupelsubsignaturen von S'	§ A.5.4
$S \overset{Rcd}{<::} S'$	S sind Recordsubsignaturen von S'	§ A.5.4
$A <: B$	A ist ein Subtyp von B	§ A.5.5
$D :: S$	Die Bindungen D haben Signaturen S	§ A.5.6
$a : A$	Der Wert a hat Typ A	§ A.5.7

Die Definition dieser formalen Aussagen ist wechselseitig rekursiv und folgt eng der Struktur der rekursiven Definition der zugrundeliegenden syntaktischen Objekte.

Es sei daran erinnert, daß S und D *Folgen* von Einzelsignaturen und Einzelbindungen bezeichnen, während a, A, x, X und p individuelle syntaktische Objekte bezeichnen.

Die Konkatenation von Signatur- und Bindungsfolgen wird folgendermaßen bezeichnet:

S, S'	Die Signaturen S gefolgt von den Signaturen S'
D, D'	Die Bindungen D gefolgt von den Bindungen D'

Obwohl Signaturen geordnete Folgen sind, behandelt sie die folgende Notation wie endliche Abbildungen von Wertbezeichnern auf ihre Typen und Typbezeichnern auf ihre Supertypen:

$x \in Dom(S)$	Die Wertvariable x ist in S definiert
$X \in Dom(S)$	Die Typvariable X ist in S definiert

Die statische Semantik von TL ist durch Typregeln, d.h. ein System von (benannten) Axiomen und Deduktionsreglen formalisiert. Die formalen Aussagen in den Prämissen und Konsequenzen der Typregeln haben die folgende Form, wobei J eine beliebige Aussage (*judgement*) aus der obigen Tabelle darstellt.

$S \vdash J$ In dem statischen Kontext S ist die Aussage J wahr

Die Signatur S vor dem Symbol $\vdash$ repräsentiert einen statischen Kontext (*static environment*) und formalisiert die durch die statischen Sichtbarkeitsregeln von TL induzierten Kontextabhängigkeiten von Typaussagen. Die Syntax für statische Kontexte ist identisch zur Syntax für Signaturen in TL, da beide eine geordnete Folge von Assoziationen zwischen Wertvariablen und ihren Typen sowie zwischen Typvariablen und ihren Supertypen darstellen.

Beispiel 6.5.1: Der Ausdruck *x+3* ist nur dann korrekt typisiert, falls *x* im Kontext des Ausdrucks eine Wertvariable des Typs **Int** bezeichnet. Es gilt also

$$\oslash, x : \mathbf{Int} \vdash +(\oslash, ? = x, ? = 3) : \mathbf{Int}$$

aber nicht

$$\oslash, x : \mathbf{Bool} \vdash +(\oslash, ? = x, ? = 3) : \mathbf{Int}$$

und nicht

$$\oslash, x <: \mathbf{Int} \vdash +(\oslash, ? = x, ? = 3) : \mathbf{Int}$$

□

Beispiel 6.5.2: Als ein einfaches, in sich geschlossenes Beispiel für die Verwendung des statischen Kontextes in einem Typsystem betrachte man das folgende System bestehend aus einem Axiom und drei Deduktionsreglen aus Anhang A.5.2, das den Test auf die Wohlgeformtheit von Typsignaturen und Typen gestattet. Oberhalb des "Bruchstrichs" befinden sich die Prämissen einer Schlußregel, während die Konklusion unterhalb des "Bruchstrichs" notiert wird. Axiome besitzen keine Prämissen.

[Sig empty] *[Sig Ide]*

$$\frac{}{\vdash \oslash \ sig} \qquad \frac{S \vdash A \ type}{\vdash S, X <: A \ sig}$$

[Type Ide]

$$\frac{\vdash S, X <: A, S' \ sig \qquad X \notin Dom(S')}{S, X <: A, S' \vdash X \ type}$$

[Type Builtin]

$$\frac{\vdash S \ sig \qquad A \in \{\mathbf{Ok}, \mathbf{Nok}, \mathbf{Bool}, \mathbf{Int}, \mathbf{String}\}}{S \vdash A \ type}$$

Das Typsystem formalisiert die folgenden statischen Semantikregeln:

- Die leere Signatur ist ein wohlgeformter statischer Kontext;
- Wenn in einem Kontext S der Typ A wohlgeformt ist, dann ist S gefolgt von einer Typvariablensignatur $X <: A$ ebenfalls eine zulässige Signaturfolge (*variable introduction*);
- Wenn ein wohlgeformter Kontext eine Typvariablensignatur $X <: A$, die in dem "rechten" Kontextanteil nicht erneut spezifiziert wird, so ist in diesem Kontext der Bezeichner X ein wohlgeformter Typausdruck (*variable elimination*);
- In jedem wohlgeformten Kontext sind die Basistypen $\mathbf{Ok}, \mathbf{Nok}, \ldots$ wohlgeformte Typen.

□

Beispiel 6.5.3: In dem Typsystem des vorangegangenen Beispiels gilt z.B. die Typaussage

$$\emptyset, Person <: \mathbf{Ok}, Student <: Person \vdash Student\ type$$

und die folgende Aussage über die Korrektheit einer Signatur

$$\vdash \emptyset, Person <: \mathbf{Ok}, Student <: Person\ sig$$

aber nicht

$$\emptyset, Student <: Person \vdash Student\ type$$

da im letzen Kontext zwar der Typ *Student* an den Supertyp *Person* gebunden ist, der jedoch seinerseits nicht im Kontext deklariert ist. Gemäß der durch [Type Ide] spezifizierten strikten links-nach-rechts Sichtbarkeitsregeln ist die folgende Aussage ebenfalls ungültig, da in der Signaturfolge *Person* als Supertyp für *Student* verwendet wird, bevor die Typvariable in *Person* als Subtyp von **Ok** eingeführt wird:

$$\vdash \emptyset, Student <: Person, Person <: \mathbf{Ok}\ sig$$

Der Beweis für die Korrektheit der Aussage, daß *Person* <:**Ok** *Student <: Person* eine korrekte TL Signatur ist, die sich nicht auf globale Typen bezieht, besitzt folgende Struktur, wobei die Beweise für die Prämissen jeder Regel bis zur Reduktion auf das Axiom [Sig empty] eingesetzt wurden:

$$\text{[Sig Ide]}\ \dfrac{\text{[Type Ide]}\ \dfrac{\text{[Sig Ide]}\ \dfrac{\text{[Type Builtin]}\ \dfrac{\text{[Sig empty]}\ \dfrac{}{\vdash \emptyset\ sig}}{\emptyset \vdash \mathbf{Ok}\ type}}{\vdash \emptyset, Person <: \mathbf{Ok}\ sig}}{\emptyset, Person <: \mathbf{Ok} \vdash Person\ type}}{\vdash \emptyset, Person <: \mathbf{Ok}, Student <: Person\ sig}$$

□

Der statische Kontext dient also zur Propagierung von (Typ-) Informationen von dem Deklarationspunkt einer Variablen (hier *Person* <:**Ok**) zu den Verwendungspunkten der Variablen (hier ... <:*Person*). Dieses Beispiel deutet außerdem bereits an, wie ausgehend von einer geeigneten Semantikdefinition eine effektive Entscheidungsprozedur zur Typüberprüfung konstruiert werden kann (s. § 6.8).

6.5.1 Substitutionen

Die Typregeln für die Instanziierung polymorpher Funktionen [Value apply] in § A.5.7 und die Typoperatorapplikation [Type apply] in § A.5.2 benutzen die folgende Notation zur Beschreibung der Substitution freier Typvariablen in einem Typausdruck durch einen Aktualtypparameter:[1]

$A\{X \leftarrow B\}$ A wobei jedes freie Auftreten von X in A durch B substituiert ist

Eine Folge von Bindungen D, die als Aktualparameter an eine polymorphe Funktion oder einen Typoperator übergeben wird, definiert eine *iterierte Substitution* der in D definierten Variablen x, X durch die ihnen zugeordneten Typausdrücke:

$A\{\Leftarrow D\}$ A wobei alle $X \in Dom(D)$ folgendermaßen substituiert sind

[Subst empty]

$$\frac{}{S \vdash A\{\Leftarrow \oslash\} = A}$$

[Subst ide]

$$\frac{S \vdash D :: S' \quad S, S' \vdash D' :: \oslash, x : B}{S \vdash A\{\Leftarrow D, D'\} = A\{\Leftarrow D\}}$$

[Subst Ide]

$$\frac{S \vdash D :: S' \quad S, S' \vdash D' :: \oslash, X <: B}{S \vdash A\{\Leftarrow D, D'\} = A\{\Leftarrow D\}\{X \leftarrow B\}}$$

[Subst Let]

$$\frac{S \vdash D :: S' \quad S, S' \vdash D' :: \oslash, X = B}{S \vdash A\{\Leftarrow D, D'\} = A\{\Leftarrow D\}\{X \leftarrow B\}}$$

Diese induktive Definition orientiert sich also nicht direkt an der rekursiven Definition von Bindungen D, sondern vielmehr an der rekursiven Definition der ihnen zugeordneten Signaturen $D :: S$ (s. § A.5.6).

Beispiel 6.5.4: Die Typoperatorapplikation

Let *Pair(X,Y* <:**Ok***)* = **Tuple** *fst :X snd :Y* **end**
Let *P2* = *Pair(***Let** *X* = *Int* **Let** *Y* = *Bool)*

[1] In der Literatur findet man ebenfalls die Notation $[B/x]A$.

erfordert die folgende Substitutionsoperation

$$\mathbf{Tup}(\emptyset, fst : X, snd : Y; \mathbf{Case}(?, \emptyset))\{\Leftarrow \emptyset, X = \mathbf{Int}, Y = \mathbf{Bool}\}$$

□

Die Substitutionsoperation wird in §6.7 in explizite de Bruijn Indexmanipulationsschritte aufgelöst, um die nicht-triviale Definition freier und gebundener Variablen zu präzisieren und die Einführung "frischer" Variablen in TL Typterme zu vermeiden.

6.5.2 Qualifizierte Typvariablen

Beim "Extrahieren" von Typinformationen aus aggregierten Signaturen S, z.B. beim Feldzugriff auf individuelle Wert- oder Typkomponenten eines Tupels oder Records, [Subtype Dot], [Value tuple dot] oder [Value record dot], müssen alle lokal zu S definierten Typvariablen X durch einen Pfad p qualifiziert werden, der das umschließende Tupel oder den umschließenden Record eindeutig identifiziert. Somit werden Namenskonflikte mit global deklarierten Typvariablen vermieden und die von abstrakten Datentypen geforderte Namensäquivalenz erzwungen.

$\mathrm{qualify}(T; p; S)$	T, wobei jedes Auftreten eines $X \in \mathit{Dom}(S)$ durch $p.X$ substituiert ist

Dabei ist $T \in \mathit{Sig} \cup \mathit{Type}$ und es gilt:

$$\mathrm{qualify}(T; p; \emptyset) = T$$

$$\mathrm{qualify}(T; p; S, x : B) = \mathrm{qualify}(T\{x \leftarrow p.x\}; p; S)$$
$$\mathrm{qualify}(T; p; S, X <: B) = \mathrm{qualify}(T\{X \leftarrow p.X\}; p; S)$$
$$\mathrm{qualify}(T; p; S, X = B) = \mathrm{qualify}(T\{X \leftarrow p.X\}; p; S)$$

6.5.3 Kontraktive Typen

Eine weitere Hilfsnotation wird in der Regel [Type Rec] in § A.5.2 benötigt, um die Struktur rekursiver Typen auf *kontraktive* Typausdrücke zu beschränken. Eine informelle Erläuterung der Bedeutung der Kontraktivität von rekursiven Typbindungen findet sich in § 4.6.3.

$S \vdash A \downarrow X$	In dem Kontext S ist der Typ A kontraktiv in Variable X

Die folgenden Kontraktivitätsaussagen gelten in jedem wohlgeformten Kontext S:

$$Y \downarrow X \Leftrightarrow Y \neq X$$

$$\mathbf{Ok} \downarrow X \quad \mathbf{Nok} \downarrow X \quad \mathbf{Bool} \downarrow X \quad \mathbf{Int} \downarrow X \quad \mathbf{String} \downarrow X \quad x.Y \downarrow X$$

$$\mathbf{Fun}(S') : B \downarrow X \quad \mathbf{Tup}(S'; C) \downarrow X \quad \mathbf{Rcd}(S') \downarrow X \quad \mathbf{Exc}(S') \downarrow X \quad \mathbf{Arr}(A) \downarrow X$$
$$\mathbf{Var}(A) \downarrow X \Leftrightarrow A \downarrow X \quad \mathbf{Dyn}(A) \downarrow X \Leftrightarrow A \downarrow X$$

Die restlichen drei Kontraktivitätsaussagen beziehen sich auf ihren statischen Kontext S:

[Contractive Oper]

$$\frac{S, S' \vdash B \downarrow X}{S \vdash \mathbf{Oper}(S')B \downarrow X}$$

[Contractive Rec]

$$\frac{S \vdash \mathbf{Rec}(X_i, X_1 <: A_1 = B_1 \ldots X_n <: A_n = B_n) \ type}{S \vdash \mathbf{Rec}(X_i, X_1 <: A_1 = B_1 \ldots X_n <: A_n = B_n) \downarrow Y}$$

[Contractive Apply]

$$\frac{S \vdash A <: \mathbf{Oper}(S')B \quad S \vdash D :: S' \quad S \vdash B\{\Leftarrow D\} \downarrow X}{S \vdash A(D) \downarrow X}$$

Diese Definition ist wohlfundiert, obwohl sich die Prämisse der Regel [Contractive Rec] selbst wieder auf die Definition kontraktiver Typen bezieht. Da nämlich die TL Syntax keine statisch geschachtelten rekursiven Typdeklarationen zuläßt, führt die obige Definition nach endlich vielen Schritten zu einem nicht-rekursiven Typ.

6.6 Ausgewählte Beispiele und Diskussion der TL Typregeln

Alle Typregeln für TL sind in Anhang A.5.2 wiedergegeben und gemäß ihrer Konsequenzen, also der Aussage "unterhalb des Bruchstrichs", zu Unterkapiteln zusammengefaßt. Da die abstrakte TL Syntax trotz der in § 6.3 beschriebenen Normalisierung bereits ca. 70 Produktionsregeln enthält, die alle bei induktiven Semantikdefinitionen berücksichtigt werden müssen, deutet ein Typsystem mit "nur" ca. 120 Typregeln auf eine sehr orthogonale und reguläre Sprachsemantik hin (die Definition der Standard ML *core language* umfaßt 198 Typ- und Evaluationsregeln [Milner et al. 90], die VDM Semantik für Modula-2 besitzt weit über 500 Typ- und Evaluationsregeln [ModISO 91]).

An dieser Stelle kann keine erschöpfende Einführung in den verwendeten Formalismus der *natural semantics* gegeben werden, der interessierte Leser sei hierfür auf [Hennessy 90] oder [Plotkin 81] verwiesen. Für das grundlegende Verständnis erscheinen jedoch die folgenden Hinweise hilfreich:

- Die Definition der Semantik eines sprachlichen Konstruktes über formale Aussagen (wie z.B. A ist Subtyp von B im Kontext S) folgt exakt der induktiven Definition der zugrundeliegenden syntaktischen Kategorie (z.B. der Syntax für TL Typausdrücke). Der Übersichtlichkeit halber werden

Typregeln mit gleicher Konsequenz exakt in der Reihenfolge der ihnen zugrundeliegenden Produktionsregeln in Fig. 6.1 und 6.2 aufgeführt.

- Die bei der statischen Semantikdefinition von TL verwendeten *semantischen Objekte* (Kontexte, Typen, Signaturen, Bindungen, Werte) sind rein syntaktischer Natur. So wird z.B. an keiner Stelle der Semantikdefinition Bezug auf "prä-existierende" mathematische Strukturen wie natürliche Zahlen, partielle Abbildungen, kartesische Produkte, Relationen, Quantoren, aussagenlogische oder prädikatenlogische Formeln, etc. genommen. Auch die durch Literalproduktionen beschriebenen Mengen *int, char, bool, longreal, string* sind rein syntaktischer Natur und es werden keinerlei Eigenschaften (z.B. Gleichheits- oder Ordnungsrelationen) dieser Mengen benötigt. Diese Eigenschaft der statischen TL Semantik spiegelt den bewußten Verzicht auf vordefinierte Funktionalität und die "Datenmodellunabhängigkeit" des TL Typsystems wider.

  Die syntaktische Natur der verwendeten Deduktionsregeln und die "effektive" Form der Schlußregeln führt ebenfalls zu der bekannten engen Verknüpfung zwischen typisierten Lambda-kalkülen höherer Stufe und den sog. konstruktiven oder intuitionistischen Logiken [Mitchell 90; Constable 91; Gallier 91; Coquand, others 89].

- Eine interessante Eigenschaft von TL ist die Tatsache, daß im Unterschied zu implizit typisierten Sprachen (z.B. ML [Milner et al. 90]) die Menge der zur Definition der statischen Semantik verwendeten syntaktischen Objekte bereits vollständig in der dem TL Programmierer sichtbaren konkreten Syntax von TL enthalten ist. Diese Tatsache ist nicht nur von "pädagogischem" Vorteil, sondern ermöglicht auch die Generierung aussagekräftiger Fehlermeldungen im Falle von Typfehlern. Zum Vergleich besitzt etwa ML "verborgene" semantische Konzepten wie *equality types* und *type schemes*.

Da sich die formalen Aussagen in Anhang A.5.2 eng an den in Kapitel 4 und 5 zur umgangssprachlichen Beschreibung von TL verwendeten Begriffsapparat anlehnen, sollten die in den folgenden Unterabschnitten vorgestellten Beispiele als Einführung in den zur Definition der statischen TL Semantik verwendeten Formalismus genügen.

Typen von Werten (§ A.5.7)

Beispiel 6.6.1: Die triviale Regel

[Value ok]

$$\frac{\vdash S\ sig}{S \vdash \mathbf{ok} : \mathbf{Ok}}$$

definiert, daß der Wert **ok** in jedem wohlgeformten Kontext den Typ **Ok** besitzt. □

Beispiel 6.6.2: Die Regel

[Value if]

$$\frac{S \vdash a : \mathbf{Bool} \quad S \vdash b : B \quad S \vdash b' : B}{S \vdash \mathbf{if}(a, b, b') : B}$$

definiert, daß ein **if** Ausdruck typkorrekt ist und den Typ B besitzt, falls die Bedingung der **if** Klausel ein Wert a des Typs **Bool** ist, und falls sowohl der **then** Zweig b als auch der **else** Zweig b' Werte des gleichen Typs B sind. Darüber hinaus sind alle Bezeichner, die im Kontext S des **if** Ausdrucks sichtbar sind, ebenfalls in den Ausdrücken a, b und b' sichtbar, da diese drei Ausdrücke den statischen Kontext S "erben". Bezeichner, die innerhalb von a, b oder b' definert werden, sind nur lokal zu a, b und b' sichtbar. Analoge Regeln gelten für die übrigen zusammengesetzten TL Ausdrücke (**try**, **case**, ...). □

Beispiel 6.6.3: Die folgende Typregel für die Feldindizierung $a[b]$ definiert, daß als Feldindex nur ein Wert b des Typs **Int** zulässig ist, und daß der Wert a einen Feldtyp mit beliebigem Elementtyp A besitzen muß. Der zusammengesetzte Ausdruck $a[b]$ bezeichnet dann eine Bindung an einen Wert des Typs A.

[Value index]

$$\frac{S \vdash a : \mathbf{Arr}(A) \quad S \vdash b : \mathbf{Int}}{S \vdash a[b] : A}$$

Auch in diesem Beispiel ist der statische Kontext für die Subterme a und b identisch zum statischen Kontext des zusammengesetzten Terms. □

Beispiel 6.6.4: Ein Beispiel für die Erweiterung des statischen Kontextes stellt die Typregel für die Funktionsabstraktion dar:

[Value fun]

$$\frac{S, S' \vdash a : A}{S \vdash \mathbf{fun}(S')a : \mathbf{Fun}(S') : A}$$

Sie besagt, daß eine Funktionsabstraktion mit einer Signatur S' und einem Rumpf a des Typs A einen Funktionswert des Typs $\mathbf{Fun}(S') : A$ definiert. Der statische Kontext des Rumpfes a ist jedoch gegenüber dem globalen Kontext S der Funktionsabstraktion um alle in der Signatur S' definierten Typ- und Wertvariablen erweitert. Umgekehrt sind jedoch funktionslokale Deklarationen außerhalb der Funktionsabstraktion nicht sichtbar. □

Beispiel 6.6.5: Die Regel für die Funktionsapplikation

[Value apply]

$$\frac{S \vdash a : \mathbf{Fun}(S') : A \quad S \vdash D :: S'}{S \vdash a(D) : A\{\Leftarrow D\}}$$

definiert, daß die Applikation eines Funktionswertes a mit Signatur S' und Ergebnistyp A nur mit einer Aktualparameterliste von Bindungen D zulässig ist, die zu S' kompatible Signaturen besitzen. Im Falle monomorpher Funktionen a ist die Substitution $A\{\Leftarrow D\}$ identisch zu $A\{\Leftarrow \oslash\}$ (s. § 6.5.1), so daß gemäß der Typregel die Funktionsapplikation einen Wert des Typs A liefert. Für polymorphe Funktionen findet eine korrekte Instanziierung der implizit universell quantifizierten formalen Typvariablen in S' durch die Aktualparameterbindungen in D statt.

So ist z.B. das Ergebnis der folgenden Funktionsapplikation vom Typ *Int*,

let *identity(X <:***Ok** *x :X) :X = x   identity(:Int 3)*

wie man über [Value apply] mit folgenden Teiltermen leicht verifiziert:

$$\begin{aligned} S &\equiv \oslash, identity : \mathbf{Fun}(\oslash, X <: \mathbf{Ok}, x : X) : X \\ D &\equiv \oslash, ? = \mathbf{Int}, ? = 3 \\ S' &\equiv \oslash, X <: \mathbf{Ok}, x : X \\ X\{\Leftarrow D\} &\equiv \mathbf{Int} \end{aligned}$$

□

Wohlgeformte Typen (§ A.5.2) Die Mehrzahl der Regeln zur Definition wohlgeformter Typen formulieren die Aussage, daß ein zusammengesetzter Typ A in einem Kontext S wohlgeformt ist, falls alle seine Substrukturen A_i in einem evtl. gegenüber S erweiterten Kontext wohlgeformte Typen darstellen.

Beispiel 6.6.6: Ein Tupeltyp mit Varianten ist ein wohlgeformter Typ, falls er mindestens eine Variante besitzt, alle Varianten disjunkte Fallmarken besitzen, und sich die Signaturen jeder Variante nur auf den statischen Kontext S oder das gemeinsame Präfix S' beziehen:

[Type Tup]

$$\frac{1 \leq n \quad z_i \neq z_j \;\; i \neq j \quad \vdash S, S' \; sig \quad \vdash S, S', S_i \; sig \quad i = 1 \ldots n}{S \vdash \mathbf{Tup}(S'; \mathbf{Case}(z_1, S_1) \ldots \mathbf{Case}(z_n, S_n)) \; type} \quad \square$$

Wie bereits in Beispiel 6.5 illustriert, garantieren die Regeln [Type Ide] und [Type Ide Let], daß nur im Kontext S deklarierte Typvariablen als Typbezeichner in Typausdrücken verwendet werden dürfen. Ein wohlgeformter Typausdruck enthält daher keine ungebundenen Typvariablen.

Wohlgeformte Signaturen (§ A.5.1) Die Prämissen für die Regeln zur Definition wohlgeformter Tupel-, Record-, Ausnahme- und Funktions- und Operatortypen fordern in ihrem Kontext S wohlgeformte Signaturen S', indem sie verlangen, daß die Konkatenation von S und S' eine zulässige Signatur darstellt: $\vdash S, S' \; sig$.

Beispiel 6.6.7: Recordsignaturen S' unterliegen einer zusätzlichen Seitenbedingung, die verlangt, daß Variablennamen in S' eindeutig gewählt werden müssen.

[Rcdsig]

$$\frac{\vdash S, S'\ sig \qquad (S' = S_1, S_2 \wedge X \in Dom(S_1) \Rightarrow X \notin Dom(S_2))}{S \vdash S'\ rcdsig} \quad \square$$

Signaturen von Bindungen (§ A.5.6) Alle Eigenschaften einer Bindungsfolge D, die "außerhalb" von D für die statische TL Semantik relevant sind, werden durch eine Signatur S beschrieben ($D :: S$). Innerhalb einer Bindungsfolge sind darüber hinaus die Sichtbarkeitsregeln für sequentielle, parallele und rekursive Bindungen von Interesse. Diese beiden Aspekte werden durch die Regeln in § A.5.6 formalisiert.

Beispiel 6.6.8: Eine parallele Bindung in konrekter TL Syntax hat die Form

let $x_1 = a_1$ **and** $x_2 = a_2$ **and** ...
Let $X_1 = A_1$ **and** $X_2 = A_2$ **and** ...

Die zugehörige Typregel [Bind and] definiert, daß die Signaturfolge der gesamten Bindungsfolge durch die Konkatenation der Signaturen der Einzelbindungen S_i, d.h. ihrer Namen und (inferierten) Typen, gebildet wird. Jedoch ist in jeder Teilbinding E_i nur der globale Kontext S, S', nicht aber der durch vorangegangene Bindungen $E_j, j < i$ definierte Kontext S_j sichtbar:

[Bind and]

$$\frac{S \vdash D :: S' \qquad S, S' \vdash E_i :: S_i \quad i = 1 \ldots n \quad 1 \leq n}{S \vdash D, E_1 | \ldots | E_n :: S', S_1, \ldots, S_n} \quad \square$$

Signaturen von Werten und Typen (§ A.5.3) Die Regeln [Type Dot], [Bind open], [Bind open restrict] und [Subtype Dot] verwenden einen Pfad p, um aggregierte Signaturen S von Tupel- oder Recordwerten zu identifizieren ($p \overset{Sig}{::} S$). Analog benutzen die Regeln [Sig Repeat], [Subsig Repeat] und [Bind open restrict] eine Typausdruck A zur Identifikation von Tupel-, Record-, Ausnahme-, Funktions- und Operatorsignaturen ($A \overset{Sig}{::} S$). Da die Syntax für Typen die Syntax von Pfaden umfaßt, kann die Überladung der Notation $\overset{Sig}{::}$ nicht zu Zweideutigkeiten führen.

Subtyp- und Subsignaturbeziehungen (§ A.5.5, § A.5.4) Die Subtypbeziehung $A <: B$ tritt ausschließlich[2] über die *Subsumptionsregel* in der statischen Semantik für Werte und Typen auf:

[2] Eine Ausnahme bildet der **typcase** Ausdruck zur dynamischen Typinspektion.

Beispiel 6.6.9: Wie in § 4.5 erläutert, besagt die Subsumptionsregel, daß ein Wert a eines Typs A in jedem Kontext auch als ein Wert b eines in diesem Kontext ableitbaren Supertyps B von A betrachtet werden kann:

[Value subsumption]

$$\frac{S \vdash a : A \qquad S \vdash A <: B}{S \vdash a : B} \quad \square$$

Die formale Semantik der strukturellen Subtypbeziehung in TL ist in § A.5.5 induktiv über die Syntax von Typen A definiert. Die Relation $<:$ ist reflexiv [Subtype reflexive], transitiv [Subtype transitive] und ihre Restriktion auf nicht-parametrisierte Typen besitzt **Ok** und **Nok** als maximales und minimales Element [Subtype Ok ...], [Subtype Nok].

Die Regeln [Subtype Ide ...] erlauben die "Abschwächung" von Typaussagen durch den Zugriff auf im statischen Kontext spezifizierte Subtypbeziehungen.

Beispiel 6.6.10: Der Rumpf der folgenden Funktion kann nur unter der Prämisse $I <: Int$ typisiert werden:

fun(*I <:Int x :***Tuple** *fst, snd :I* **end**) *x.fst + x.snd*

Diese Typassage kann mit der Wahl $S \equiv \oslash, X \equiv I, A \equiv \mathbf{Int}$ und $S' \equiv x : \mathbf{Tup}(\oslash, fst : I, snd : I; \mathbf{Case}(?, \oslash))$ aus der folgenden Regel abgeleitet werden

[Subtype Ide]

$$\frac{\vdash S, X <: A, S' \ sig \qquad X \notin Dom(S')}{S, X <: A, S' \vdash X <: A} \quad \square$$

Die Subtypregeln für Tupeltypen (mit Varianten) [Subtype Tup], Recordtypen [Subtype Rcd] und Ausnahmetypen [Subtype Exc], sowie die Kontravarianzregeln für Funktionstypen [Subtype Fun] beziehen sich alle auf eine *Subsignaturbeziehung* $S <:: S'$ zwischen Signaturfolgen S und S' (s. § A.5.4), die durch die Subtypordnung auf individuellen Typkomponenten der Signaturen induziert wird.

Aufbauend auf der Subsignaturbeziehung $S <:: S'$ definiert [Subsig Tup] die in § 4.5.1 erläuterte Präfixordnung auf Tupelsignaturen (*single inheritance rule*) und [Subsig Rcd] definiert die in § 4.5.3 beschriebene Teilmengenordnung auf Recordsignaturen (*multiple inheritance rule*).

Beispiel 6.6.11: Da Signaturen in der abstrakten Syntax als geordnete Folgen repräsentiert sind, wird die Teilmengenordnung auf Recordsignaturen in der folgenden rekursiven Regel durch Permutationen auf die Präfixordnung $\overset{Tup}{<::}$ für Tupelsignaturen reduziert. Die Propagierung der statischen Kontexte in jedem Transformationsschritt (und die durch [Rcdsig] erzwungene Eindeutigkeit von

Variablen in Recordsignaturen) sichert die korrekte Bindung lokaler Deklarationen:

[Subsig Rcd]

$$\frac{S \vdash S_1, S_2, S_3\ rcdsig \quad S \vdash S_1, S_3 \overset{Rcd}{<::} S_1' \quad S, S_1' \vdash S_2 \overset{Tup}{<::} S_2'}{S \vdash S_1, S_2, S_3 \overset{Rcd}{<::} S_1', S_2'} \quad \Box$$

6.7 Sichtbarkeitsregeln in de Bruijn Notation

Die bisher vorgestellte Formalisierung der statischen Semantik von TL ist nicht präzise genug, um die Sichtbarkeitsregeln von TL im Falle von Namenskonflikten zu formalisieren. Der folgende "statische" Namenskonflikt zwischen $A = Int$ und $A = Bool$ könnte z.B. durch eine Regel, die Namensduplikate in TL Programmen verbietet, leicht vermieden werden.

Beispiel 6.7.1: **Let** *A* = *Int* **let** *a :A* = *3* **Let** *A* = *Bool* **let** *x :A* = *a (* ?? *)*
□

In der Programmierpraxis ist jedoch die Wahl systemweit eindeutiger Namen nicht realisierbar und wird daher in kaum einer Sprache gefordert. Durch die Möglichkeit zur Typparmetrisierung in polymorphen Programmiersprachen entstehen komplexere Namenskonfliktsituationen.

Beispiel 6.7.2: In dem TL Programmfragment

Let *A* = *Int*
let *f(X <:***Ok***) :***Fun***(x :X) :A* = ...
Let *A* = *Bool*
let *g :***Fun***(x :A) :A* = *f(:A) (* ?? *)*

entsteht ein "dynamischer" Namenskonflikt bei der Applikation der polymorphen Funktion *f*, da durch die in Regel [Value apply] geforderte Substitution

$$(\mathbf{Fun}(\oslash, X <: \mathbf{Ok}) : A)\{\Leftarrow \oslash, X = A\}$$

die Bindung der Typvariablen A im Funktionsergebnistyptyp von f an die globale Variable $A = Int$ verloren geht. □

Compiler identifizieren typischerweise Wert- und Typvariablen intern nicht über ihren Namen, sondern über eine Referenz auf einen anonymen Variablendeskriptor, der für jede Variablendeklaration angelegt wird. Die Behandlung der skizzierten Konfliktsituationen in Compilern unter Beibehaltung der "klassischen" Identifikation von Variablen über Referenzen auf Variablendeskriptoren kann entweder durch eine dynamische Bindungstabelle von formalen Typparametern an Aktualtypparameterausdrücke erreicht werden, oder es werden "frische" Formaltypparameterdeskriptoren bei jeder Instanziierung einer polymorphen Funktion oder eines Typoperators angelegt.

Wünschenswert ist also ein Formalismus, der einerseits eine präzise Definition der Behandlung von Namenskonflikten gestattet, andererseits aber auch zu effizienten und einfachen Implementierungen des Tycoon Typüberprüfungsalgorithmus' führt.

Wie in [de Bruijn 72] und [Abadi et al. 90] vorgeschlagen, werden Namensbindung über sogenannte *de Bruijn Indices* formalisiert, die auch im Typüberpüfungsalgorithmus des Tycoon Systems eingesetzt werden.

Die grundlegende Idee besteht darin, daß jedes angewandte Auftreten eines Namens $x \in ide$, $X \in Ide$ durch einen Index $n > 0$ ersetzt wird, der die *relative* Position des zugehörigen definierenden Auftretens der Variablen x, X im statischen Kontext S angibt. Definierende Auftreten von Variablen führen zu einer Erweiterung des statischen Kontextes.

Beispiel 6.7.3: Das Prinzip der Bindung über de Bruijn Indices sei anhand der vorangegangenen Beispiele verdeutlicht, wobei nachfolgend die Notation x@*n* einen Bezeichner x mit de Bruijn Index *n* bezeichnet. Es sei angenommen, daß der initiale Kontext die Deklaration des Typs *Int* an Position 70 und die Deklaration des Typs *Bool* an Position 50 enthalte:

Let *A* = *Int@70* **let** a :*A@1* = *3* **Let** *A* = *Bool@52* **let** x :*A@1* = a@2

Let *A* = *Int@74*
let *f(X* <:**Ok**) :**Fun**(x :*X@1*) :*A@3* = ...
Let *A* = *Bool@56*
let *g* :**Fun**(x :*A@1*) :*A@2* = *f*(:*A@1*)

Da jede der obigen Bindungen in einem um die Signaturen der vorangegangenen Bindungen erweiterten Kontext stattfindet, besitzt z.B. der Typ *Bool* im finalen Kontext den de Bruijn Index *58*. □

Durch die explizite Repräsentation von Bindungen durch Indices reduziert sich die *variable capture avoiding* Substitutionsoperation $A\{X \leftarrow B\}$ aus §6.5.1 auf eine schematische Indexmanipulation:

$A\{i \leftarrow B\}$	A wobei jedes Auftreten des de Bruijn Index i durch B substituiert ist

Bei der Substituionsoperation müssen folgende Fälle besonders behandelt werden:

- Beim Eliminieren eines Binders in A wie **fun**, **Fun**, **Oper** müssen alle geschachtelten Indices, die sich auf "globale" Namen beziehen, dekrementiert werden.

  Beispiel 6.7.4: Das Ergebnis von

  Let *Global* = *Int@70* { **fun**(*A* <:**Ok**) :*Global@2* = *3* } (:*Int@71*)

  hat den Typ *Global@1* □

- Beim Substituieren von B in den Sichtbarkeitsbereich eines Binders in A hinein müssen Indices in B inkrementiert werden.

Beispiel 6.7.5: Das Ergebnis von { **fun**(*A* <:**Ok**)**fun**(*x* :**Ok**) :*A@2* = ... } (*:Int@70*) hat den Typ **Fun**(*x* :**Ok**) :*Int@71* □

Zum Einsatz von de Bruijn Indices für die Definition der statischen Semantik von TL ist zunächst die abstrakte Syntax von TL Typen und Werten (Fig. 6.1 und 6.2) wie folgt zu modifizieren:

$$\begin{array}{rlll} A, B ::= & \ldots & \ldots & \\ | & n & \text{Typbezeichner (de Bruijn Index)} \\ | & \ldots & \ldots \\ ; & & \\ a, b ::= & \ldots & \ldots & \\ | & n & \text{Wertbezeichner (de Bruijn Index)} \\ | & \ldots & \ldots \\ ; & & \end{array}$$

In einer (nur konzeptionell) vor der Typüberprüfungsphase stattfinden Bindingsphase (*scoping phase*) werden Typ- und Wertbezeichner der konkreten Syntax durch ihre de Bruijn Indices in der abstrakten Syntax ersetzt.

Alle Regeln, die einen im statischen Kontext an Position i auftretende Typen A verwenden [Subtype Ide], [Subtype Ide Let], [Subtype Ide Let2], [Value ide], sind so zu modifizieren, daß sie die Indices für globale Bindungen in A um i inkrementieren, um sie an den neuen Kontext anzupassen, z.B.

[Subtype Ide (de Bruijn Version)]

$$\frac{\vdash S, X <: A, S' \ sig \qquad X \notin Dom(S')}{S, X <: A, S' \vdash X <: [A]^0_{|S'|+1}}$$

Dabei bezeichnet $|S'|$ die Länge der Signaturfolge S', (wobei $|\oslash| = 0$ ist) und $[A]^j_i$ eine Funktion, die alle Indices in A oberhalb eines Minimalindex j um i inkrementiert [Cardelli 92b]:

$$[A]^j_i = A \quad A \in \{\mathbf{Ok}, \mathbf{Nok}, \mathbf{Bool}, \mathbf{Int}, \mathbf{String}\}$$

$$[n]^j_i = n \quad (n \leq j) \qquad [n]^j_i = n + i \quad (n > j)$$

$$[p.X]^j_i = [p]^j_i.X \quad [\mathbf{Arr}(A)]^j_i = \mathbf{Arr}([A]^j_i) \quad [\mathbf{Fun}(S) : A]^j_i = \mathbf{Fun}([S]^j_i) : [A]^{j+|S|}_i$$

$$[\mathbf{Tup}(S; C)]^j_i = \mathbf{Tup}([S]^j_i; [C]^{j+|S|}_i) \quad [\mathbf{Rcd}(S)]^j_i = \mathbf{Rcd}([S]^j_i) \quad [\mathbf{Exc}(S)]^j_i = \mathbf{Exc}([S]^j_i)$$

$$[\mathbf{Rec}(X_i, X_1 <: A_1 = B_1 \ldots X_n <: A_n = B_n)]^j_i =$$

$$\mathbf{Rec}(X_i, X_1 <: [A_1]^j_i = [B_1]^{j+n}_i, \ldots, X_n <: [A_n]^j_i = [B_n]^{j+n}_i)$$

$$[\mathbf{Var}(A)]_i^j = \mathbf{Var}([A]_i^j) \quad [\mathbf{Dyn}(A)]_i^j = \mathbf{Dyn}([A]_i^j)$$

$$[\mathbf{Oper}(S)A]_i^j = \mathbf{Oper}([S]_i^j)[A]_i^{j+|S|} \quad [A(D)]_i^j = [A]_i^j([D]_i^j)$$

Indices innerhalb geschachtelter Signaturen, Bindungen und Selektoren müssen ebenfalls angepaßt werden, z.B.

$$[\oslash]_i^j = \oslash$$

$$[S, x : A]_i^j = [S]_i^j, x : [A]_i^{j+|S|}$$

$$[S, x <: A]_i^j = [S]_i^j, x <: [A]_i^{j+|S|}$$

$$[S, x = A]_i^j = [S]_i^j, x = [A]_i^{j+|S|}$$

$$[S, \mathbf{Repeat}(A)]_i^j = [S]_i^j, \mathbf{Repeat}([A]_i^{j+|S|})$$

Schließlich ist die Definition der in § 6.5.1 eingeführten Substitutionsoperation $A\{\Leftarrow D\}$ wie folgt zu ändern:

[Subst Ide (de Bruijn Version)]

$$\frac{S \vdash D :: S' \qquad S, S' \vdash D' :: \oslash, X <: B}{S \vdash A\{\Leftarrow D, D'\} = A\{\Leftarrow D\}\{1 \leftarrow B\}}$$

[Subst Let (de Bruijn Version)]

$$\frac{S \vdash D :: S' \qquad S, S' \vdash D' :: \oslash, X = B}{S \vdash A\{\Leftarrow D, D'\} = A\{\Leftarrow D\}\{1 \leftarrow B\}}$$

Dabei ersetzt $A\{1 \leftarrow B\}$ alle Typvariablen in A, die an die Variable mit Index 1 im Kontext von A gebunden sind, wie folgt durch den Typ B:

$$A\{i \leftarrow B\} = A \quad A \in \{\mathbf{Ok}, \mathbf{Nok}, \mathbf{Bool}, \mathbf{Int}, \mathbf{String}\}$$

$$n\{i \leftarrow B\} = n \quad (n < i) \qquad n\{n \leftarrow B\} = [B]_{n-1}^0 \qquad n\{i \leftarrow B\} = n - 1 \quad (n > i)$$

$$p.X\{i \leftarrow B\} = p\{i \leftarrow B\}.X \quad \mathbf{Arr}(A)\{i \leftarrow B\} = \mathbf{Arr}(A\{i \leftarrow B\})$$

$$(\mathbf{Fun}(S) : A)\{i \leftarrow B\} = \mathbf{Fun}(S\{i \leftarrow B\}) : A\{i + |S| \leftarrow B\}$$

$$\mathbf{Tup}(S; C)\{i \leftarrow B\} = \mathbf{Tup}(S\{i \leftarrow B\}; C\{i + |S| \leftarrow B\})$$

$$\mathbf{Rcd}(S)\{i \leftarrow B\} = \mathbf{Rcd}(S\{i \leftarrow B\})$$

$$\mathbf{Exc}(S)\{i \leftarrow B\} = \mathbf{Exc}(S\{i \leftarrow B\})$$

$$\mathbf{Rec}(X_i, X_1 <: A_1 = B_1 \ldots X_n <: A_n = B_n)\{i \leftarrow B\} =$$

$$\mathbf{Rec}(X_i, X_1 <: A_1\{i \leftarrow B\} = B_1\{i + n \leftarrow B\}, \ldots, X_n <: A_n\{i \leftarrow B\} = B_n\{i + n \leftarrow B\})$$

$$\mathbf{Var}(A)\{i \leftarrow B\} = \mathbf{Var}(A\{i \leftarrow B\}) \quad \mathbf{Dyn}(A)\{i \leftarrow B\} = \mathbf{Dyn}(A\{i \leftarrow B\})$$

$$(\mathbf{Oper}(S)A)\{i \leftarrow B\} = \mathbf{Oper}(S\{i \leftarrow B\})A\{i + |S| \leftarrow B\}$$

$$A(D)\{i \leftarrow B\} = A\{i \leftarrow B\}(D\{i \leftarrow B\})$$

Substitutionen sind auch innerhalb geschachtelter Signaturen, Bindungen und Pfade erforderlich, z.B.

$$\oslash\{i \leftarrow B\} = \oslash$$
$$S, x : A\{i \leftarrow B\} = S\{i \leftarrow B\}, x : A\{i + |S| \leftarrow B\}$$
$$S, x <: A\{i \leftarrow B\} = S\{i \leftarrow B\}, x <: A\{i + |S| \leftarrow B\}$$
$$S, x = A\{i \leftarrow B\} = S\{i \leftarrow B\}, x = A\{i + |S| \leftarrow B\}$$
$$S, \mathbf{Repeat}(A)\{i \leftarrow B\} = S\{i \leftarrow B\}, \mathbf{Repeat}(A\{i + |S| \leftarrow B\})$$

Beispiel 6.7.6: Der Namenskonflikt bei der polymorphen Funktionsapplikation *f(:A@1)* in Beispiel 6.7

$$(\mathbf{Fun}(\oslash, X <: \mathbf{Ok}) : A)\{\Leftarrow \oslash, X = A\}$$

mit den de Bruijn Indices von Beispiel 6.7

Let *A = Int@74*
let *f(X <:***Ok***) :***Fun***(x :X@1) :A@3 = ...*
Let *A = Bool@56*
let *g :***Fun***(x :A@1) :A@2 = f(:A@1)*

wird durch die expliziten Indexmanipulationen vermieden, weil im Kontext von *g* gilt

f(:A@1) : **Fun***(x :A@1) :A@4*

Da somit der de Bruijn Index (4) des Ergebnistyps von *f(:A@1)* nicht mit dem Index des für *g* spezifizierten Ergebnistyps (1) übereinstimmt, ist die obige **let** Bindung nicht typkorrekt. □

6.8 Ein Algorithmus zur Typüberprüfung

Ausgehend von der formalen Definition der Typregeln in Anhang § A.5.2 reduziert sich das Problem der Typüberprüfung eines Programms D (einer Folge von Wert- und Typbindungen) in einem initialen Kontext S auf den Beweis der Korrektheit der Aussage $S \vdash D :: S'$, d.h. den Test, ob die Bindungen wohlgeformte Signaturen S' besitzen.

Für einen solchen Beweis kann z.B. ein allgemeiner Theorembeweiser eingesetzt werden, der einen Ableitungsbaum für die behauptete Aussage unter ausschließlicher Verwendung der TL Deduktionsregeln und Axiome bestimmt. Für diese Aufgabe ist die exakte Formalisierung der Substitutionsoperation, wie im letzten Abschnitt beschrieben, von großer Wichtigkeit. Um die Terminierung der Beweissuche zu sichern, müssen Theorembeweiser im allgemeinen mit einer problemspezifischen *Beweisstrategie* ausgestattet werden, die definiert, in welcher Reihenfolge alternative Beweiswege zu verfolgen sind.

Für TL existiert eine vergleichsweise einfache Beweisstrategie:

1. Beginnend mit dem Beweisziel $S \vdash D :: S'$ sind Typregeln ausschließlich "rückwärts", d.h. von der Konklusion zu den Prämissen anzuwenden (*goal directed backward chaining*);

2. Für jede während des Beweisprozesses zu beweisende Aussage $S \vdash J$ existiert maximal eine Typregel, deren Konklusion syntaktisch mit der zu beweisenden Ausage übereinstimmt, und deren *Seitenbedingungen* (Prämissen, die nicht die Form $S' \vdash J'$ besitzen) wahr sind. Beispiele für Seitenbedingungen sind $A \neq \mathbf{Rec}(Y, D')$ in [Subtype Non-Rec Rec] oder $X \notin Dom(S')$ in [Type Ide Let].

3. Für jede TL Typregel läßt sich eine (kontextunabhängige) Reihenfolge festlegen, in der die Prämissen zu beweisen sind, ohne daß ein *backtracking* erforderlich ist.

4. Scheitert der Beweis einer Prämisse, so ist das gesamte Programm semantisch inkorrekt.

Die Laufzeit des TL Typüberprüfungsalgorithmus ist damit linear in der Größe des konstruierten Ableitungsbaums.

Die in (2) behauptete Eindeutigkeit der für ein Beweisziel passender Regeln wird jedoch durch die Subsumptionsregel [Value subsumption] verletzt, da ihre Konklusion beim Beweis beliebiger Typaussagen der Form $a : A$ "matched", so daß zu beliebigen Zeitpunkten während eines Beweises das Beweisziel $a : B$ durch eine Verschärfung $a : A$, für die $A <: B$ gilt, ersetzt werden kann.

Beispiel 6.8.1: Es sei

$$S = \oslash, Thing <: \mathbf{Ok}, Person <: Thing, Student <: Person, pers : Person$$

Für den Beweis von $S \vdash pers : \mathbf{Ok}$ existiert ein Beweisweg, der durch einmalige Anwendung der Subsumptionsregel mit $A = Person$ das unmittelbar zu beweisende Ziel $S \vdash pers : \mathbf{Ok}$ erzeugt. Auf einem anderen möglichen Beweisweg wird zunächst die Subsumptionsregel mit $A = Person$ angewendet und das Subziel $S \vdash pers : \mathbf{Ok}$ nach einer nochmaligen Anwendung der Subsumptionsregel bewiesen. In einem nicht erfolgreichen Beweisversuch wird zunächst die Subsumptionsregel mit $A = Student$ angewendet, was zu dem unbeweisbaren Ziel $S \vdash pers : Student$ führt. □

Eine intuitiv einleuchtende Beweisstrategie zur Auflösung dieser Wahlmöglichkeiten besteht darin, die Regel [Value subsumption] nur dann in einem Beweis einzusetzen, falls keine der anderen Regeln anwendbar ist, und als Supertyp A den durch das Beweisziel geforderten Typ zu wählen.

Wie in [Curien, Ghelli 91] für ein mit TL eng verwandtes Typsystem mit strukturellen Subtypregeln, $F_{\leq}$, bewiesen wird, ist die Typüberprüfung mit der Subsumptionsregel *kohärent*, d.h. alle Ableitungen einer Aussage $S \vdash a : A$ haben dieselbe Bedeutung unter gewissen Annahmen über die zugrundeliegende semantische Interpretationsfunktion. Insbesondere existiert für jeden typkorrekten Term ein Ableitungsbaum in Normalform, d.h. ein Ableitungsbaum, in dem für jeden Subterm die Subsumptionsregel genau einmal (nach der Anwendung aller übrigen Regeln auf diesen Term) angewendet wird.

Ein Korollar der Kohärenzaussage ist die *Vollständigkeit* und *Korrektheit* der oben skizzierten "intuitiven" Beweisstrategie [Ghelli 90]. Diese Beweisstrategie wird ebenfalls an der University of Pennsylvania und im Quest Typüberprüfungsalgorithmus [Cardelli 89] eingesetzt. In [Ghelli 90] wird ein Beweis für die *Terminierung* der Beweisstrategie für beliebige $F_{\leq}$ Typprobleme vorgeschlagen, der jedoch später unabhängig durch Curien und Reynolds als fehlerhaft nachgewiesen wird [Pierce 92]. Darauf aufbauend gelingt Ghelli die Konstruktion typinkorrekter Eingaben, für die der Typalgorithmus nicht terminiert, da er eine unendliche Folge von Subproblemen mit statischen Kontexten zunehmender Komplexität erzeugt. Ausgehend von diesem Gegenbeispiel wird in [Pierce 92] schließlich eine Kodierung von *two counter Turing machines* durch Subtypprobleme in $F_{\leq}$ vorgestellt, dergestalt, daß die Typkorrektheit des $F_{\leq}$ Programms äquivalent zum Halten der ursprünglichen Turingmaschine ist. Somit ist die Unentscheidbarkeit des Typüberprüfungsproblems in $F_{\leq}$ und in verwandten Sprachen wie Quest, Abel und auch TL bewiesen.

Der Schlüssel zum Verständnis dieses überaschenden Ergebnisses ist die Subtypisierungsregel zwischen polymorphen Funktionstypen [Subtype Fun] aus § A.5.2, die in $F_{\leq}$ in einer vereinfachten Form auftritt:

[Subtype Polyfun]

$$\frac{S \vdash B_1 <: A_1 \qquad S, X <: B_1 \vdash A_2 <: B_2}{S \vdash \mathbf{Fun}(X <: A_1) : A_2 <: \mathbf{Fun}(X <: B_1) : B_2}$$

Bei dem oben beschriebenen *backward chaining* führt diese Regel auf den ersten Blick zu einer unproblematischen Reduktion eines "größeren" Problems, dem Subtyptest zwischen zwei zusammengesetzten Typen, auf zwei "kleinere" Probleme, dem Subtyptest zwischen ihren Komponenten. Jedoch findet in der zweiten Prämisse für alle in A_2 ursprünglich an $X <: A_1$ gebundenen Variablen eine Re-Bindung an die Variable $X <: B_1$ statt. Dies kann dazu führen, daß der Kontext für das Subproblem der Variablen X einen komplexeren Supertyp B_1 als im Originalproblem zuordnet. Durch eine ausgeklügelte Formulierung des Ursprungsproblems kann dies zu einer unendlichen Rekursion mit einem zunehmend komplexeren statischen Kontext führen.

Das "einfachste" bisher bekannte Subtypproblem, das zu einer Nichtterminierung des $F_{\leq}$ (und TL) Typalgorithmus führt, läßt sich in TL folgendermaßen durch den bei der Bindung **Let** *Loop* <: ... = *A0* erforderlichen Subtyptest konstruieren:

Let *Swap(X<:***Ok***)* = **Fun***(X <:X) X*
Let *A0* = **Fun***(X <:***Ok***) :Swap(***Fun***(X <:X) :Swap(X))*
Let *Loop <:***Fun***(X <:A0) :Swap(X)* = *A0*

Es existieren verschiedene bekannte entscheidbare Fragmente von $F_{\leq}$ [Pierce 92; Katiyar, Sankar 92], die jedoch alle zu einem Verlust an sprachlicher Mächtigkeit führen. Am attraktivsten für TL erscheint das Verbot der Anwendung der Regel [Subsig Ide] innerhalb des Subsignaturtests für Funktionen. Dies entspricht der folgenden revidierten Subtypregel für polymorphe Funktionen in $F_{\leq}$:

[Subtype Polyfun']

$$\frac{S \vdash B_1 <: A_1 \qquad S, X <: B_1 \vdash A_2 <: B_2}{S \vdash \mathbf{Fun}(X <: B_1) : A_2 <: \mathbf{Fun}(X <: B_1) : B_2}$$

Da die oben beschriebene Nichtterminierung nur für nicht typkorrekte Programme mit einer in der Praxis sehr unüblichen Typstruktur auftritt, wird in der gegenwärtigen Compilerimplementierung die Möglichkeit einer Nichtterminierung zugunsten einer größeren sprachlichen Mächtigkeit in Kauf genommen. Denkbar ist der Einsatz eines *compiler switches*, der dem Benutzer eine Wahlmöglichkeit für das einzusetzende Regelsystem gibt.

Im Tycoon System wird kein generisches Beweiswerkzeug sondern ein handkodierter Typüberprüfungsalgorithmus eingesetzt (vgl. [Cardelli 87; Cardelli 92b; Connor 90]). Er verwendet rekursiv definierte Datenstrukturen zur Repräsentation von Werten, Typen, Bindungen und Signaturen. Gegenüber Fig. 6.1 und 6.2 ist die abstrakte Syntax um einen ausgezeichneten Fehlerwert *wrong* und einen Fehlertyp *Wrong* erweitert, die zur Unterdrückung von Folgefehlermeldungen während der Typüberprüfungsphase eingesetzt werden. Der statische Kontext wird durch einen abstrakten Datentyp mit Operationen zur Kontexterweiterung, zur Ersetzung von Namen durch de Bruijn Indices und zum Kontextzugriff über de Bruijn Indices repräsentiert. Beim Kontextzugriff auf Typen A an Position i wird transparent die *lift* Operation $[A]_i^0$ durchgeführt. Kernpunkt des Algorithmus ist die rekursive Entscheidungsprozedur

isSubType(small, big :TLType env :TLEnv ...) :Bool,

die den Test $env \vdash small <: big$ durchführt. Zusätzliche Parameter der Prozedur werden zur Generierung aussagekräftiger kontextsensitiver Fehlermeldungen übergeben. Der Subtyptest stützt sich auf die Funktionen

areSubSignatures(small, big :TLSignatures env :TLEnv sigKind :SigKind ...) :Bool
areCompatibleBindings(bnd :TLTypeBindings sig :TLSignatures env :TLEnv) :Bool,

die den Test $env \vdash small <:: big$ bzw. $env \vdash bnd :: sig$ durchführen. Der Parameter *sigKind* bestimmt, ob die Typkompatibilitätsregeln [Subsig Tup] (nur in Tupel- oder Recordsignaturen), [Subsig Rcd] (nur in Recordsignaturen) bzw. [Subtype Var] (nicht in Funktionssignaturen) angewendet werden dürfen. Die Hilfsfunktion

exposed(typ :TLType env :TLEnv) :TLType

ersetzt wiederholt Typbezeichner *typ* durch ihre Definition bzw. ihren Supertyp im statischen Kontext *env* und führt Typoperatorapplikationen aus, bis die Struktur des Typs *typ* (Basistyp, abstrakter Datenyp, strukturierter Typ) offengelegt ist.

Der Kontraktivitätstest $env \vdash typ \downarrow X$ ist ebenfalls durch den Aufruf einer rekursiven Funktion *contractive(typ set.empty(:Int) 0 env)* implementiert:

contractive(typ :TLType parents :Set(Int) lift :Int env :TLEnv) :Bool

Der Subtyptest und der Subsignaturtest werden an zahlreichen Stellen in den folgenden wechselseitig rekursiven Funktionen verwendet, die TL Typen, Signaturen, Typbindungen, Werte und Wertbindungen auf Typkorrektheit in einem gegebenen statischen Kontext *env* überprüfen und eventuell einen um lokale Signaturen erweiterten Kontext *outEnv* als Ergebnis liefern:

checkType(typ :TLType env :TLEnv) :TLType
checkSignatures(sig :TLSignatures env :TLEnv **out** *outEnv :TLEnv) :TLSignatures*
checkValue(val :TLValue env :TLEnv) :TLType
checkTypeBindings(bnd :TLTypeBindings env :TLEnv **out** *outEnv :TLEnv) :TLTypeBindings*
checkValueBindings(bnd :TLValueBindings env :TLEnv **out** *outEnv :TLEnv) :TLValueBindings*

Der gesamte statische Typtest eines Programms wird durch den Aufruf **let** *bnd = checkValueBindings(prog initialEnv finalEnv)* angestoßen.

7. Eine portable untypisierte Zwischensprache

Fig. 3.2 auf Seite 21 verdeutlicht bereits die Rolle der Tycoon Maschinensprache TML als einer Abstraktion, die Tycoon Sprach- und Systemwerkzeuge von Hardware- und Softwareeigenschaften konkreter Maschinenarchitekturen isoliert. Weitere Anforderungen an die konkrete Ausgestaltung von TML lassen sich aus den Einsatzgebieten für TML ableiten:

- TML soll sich als Zielkode für allgemeine Sprachen höherer Ordnung eignen und daher weitgehend unabhängig von speziellen Typaspekten der Sprache TL sein.
- TML wird zur Definition der dynamischen Semantik von TL eingesetzt.
- TML wird als portable Programmrepräsentation zum Versenden von kompilierten und partiell gebundenen Programmen in heterogenen Netzwerken eingesetzt.
- TML muß bekannte statische Programmoptimierungstechniken wie die Elimination linearer Rekursionen, *inlining* Techniken, die Elimination gemeinsamer Teilausdrücke oder die *strength reduction* [Waite, Goos 85], sowie die Transformation von Funktionen höherer Ordnung gestatten, wie sie in der algebraischen Anfrageoptimierung für relationale und objektorientierte Datenmodelle auftreten [Beeri, Kornatzky 90].
- Der TML Kode jeder TL Funktion muß zur Programmlaufzeit für reflektive Programmanalysen und -transformationen, wie sie zur dynamischen Anfrageoptimierung und vorausschauenden Transaktionssynchronisation erforderlich sind, zur Verfügung stehen.
- TML Kode wird als Ausgangspunkt für die Maschinenkodegenerierung eingesetzt.
- Bei Bedarf ist eine direkte interpretative Ausführung von TML Kode zu unterstützen.

Schwach- oder untypisierte Lambda-Kalküle haben sich als ein für all diese Aufgaben geeigneter Formalismus erwiesen [Cardelli 83; Cardelli 86b; Peyton Jones 87; Brown et al. 88; Kelsey 89; Freytag, Goodman 89]. Sie werden insbesondere auch in kommerziellen Compilern [Muchnick 90; RSRE 91; Schmidt, Matthes 92] als quellsprachenunabhängige Zwischenrepräsentationen eingesetzt.

Die Sprache TML basiert daher auf einem untypisierten Lambda-kalkül mit strikter (*call by value*) Evaluationssemantik und Funktionsabschlüssen (*closures*) zur Unterstützung statischer Sichtbarkeitsregeln. TML bietet zusätzlich Primitive zur imperativen Programmierung (Zuweisung, Schleife, Ausnahmebehandlung).

Spezifische Eigenschaften von TML sind der Verzicht auf eine lineare Programmrepräsentation (TML Programme werden direkt als abstrakte Syntaxbäume im Objektspeicher abgelegt), die Beschränkung auf ein einzelnes, uniformes Datenformat, die strikte Trennung zwischen TML Instruktionen und vordefinierten (externen) Funktionen (z.B. Arithmetik) und die Trennung in lokalen Evaluationszustand und globalen (evtl. persistenten) Systemzustand.

7.1 Überblick über das TML Maschinenmodell

Die Evaluationssemantik für TML Programme wird durch Zustandsübergänge zwischen abstrakt beschriebenen *Konfigurationen* beschrieben. Eine Konfiguration besteht aus einem Parametervektor, einem Vektor lokaler Variablen, einem Funktionsabschluß, einer Referenz auf einen Literalvektor, einer aktuell auszuführenden TML Instruktion und einem globalen Objektspeicher (s. Fig. 7.1). Maschineninstruktionen erlauben den lesenden und schreibenden Zugriff auf die Vektorelemente und auf Komponenten von Objekten im Objektspeicher, Funktionsabstraktionen, Funktionsapplikationen, die bedingte oder wiederholte Ausführung von anderen Instruktionen, sowie das Auslösen und Abfangen von Ausnahmen.

Der Funktionsabschluß wird zusammen mit dem Literalvektor und dem TML Kode einer Funktion im Objektspeicher abgelegt. Funktionsaufrufe führen zum Anlegen neuer Parametervektoren und lokaler Variablen. Während der Evaluation einer Funktion sind der Parametervektoren und die lokalen Variablen anderer Funktionen nicht zugreifbar. Es existiert also eine strikte Trennung zwischen lokalem Evaluatorzustand und globalem Systemzustand.

Literalvektoren und TML Kode werden bereits durch den TML Kodegenerator im Objektspeicher angelegt und von allen Funktionsinstanziierungen (über Objektspeicherreferenzen) gemeinsam genutzt. Der Literalvektor referenziert unter anderem die Wurzel des abstrakten Syntaxbaums für den TML Kode einer Funktion. Funktionsabschlüsse werden bei Funktionsabstraktionen angelegt und zur Speicherungen von R-Wert und L-Wertbindungen im statischen Sichtbarkeitsbereich einer Funktionsabstraktion eingesetzt. Jeder Funktionsabschluß verweist auf seine Literale.

Fig. 7.2 zeigt schließlich die für die Datenbankprogrammierung wichtige Interaktion zwischen Programmevaluatoren über gemeinsam genutzte Objektstrukturen im Tycoon System. Die Tycoon Architektur erlaubt mehrere Aktivierungen von TML Evaluatoren (*threads*) innerhalb des gleichen Betriebssystemprozesses. Jeder Evaluator besitzt seine eigene Konfiguration (*machine state*), die auf ihren dynamischen Kontext (z.B. einen Stack von Prozeduraktivierungs-

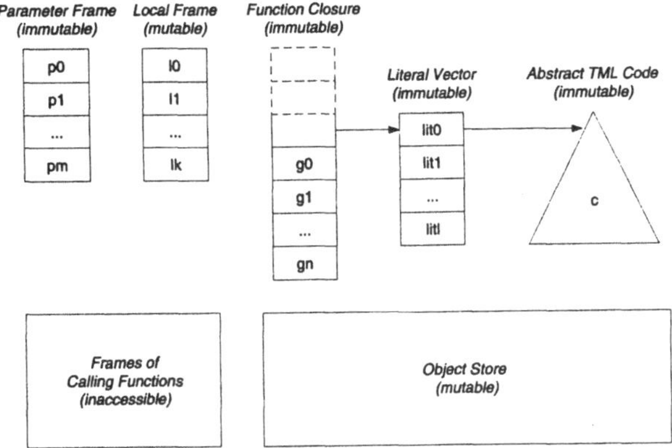

Fig. 7.1. Das TML Maschinenmodell

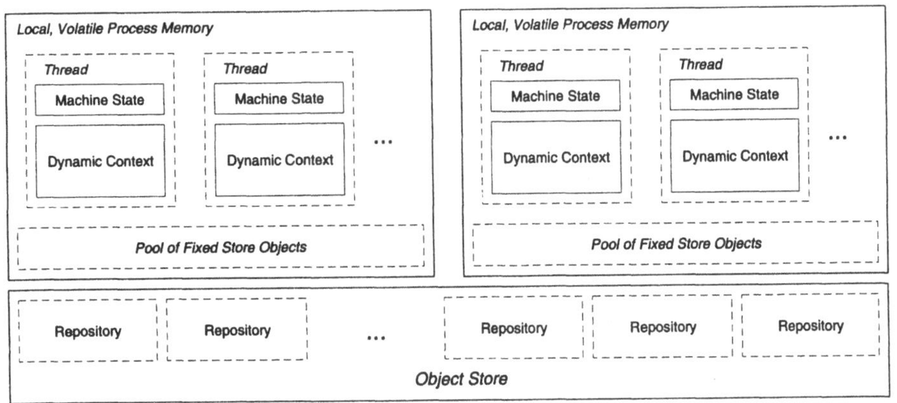

Fig. 7.2. Die Interaktion zwischen TML Evaluatoren

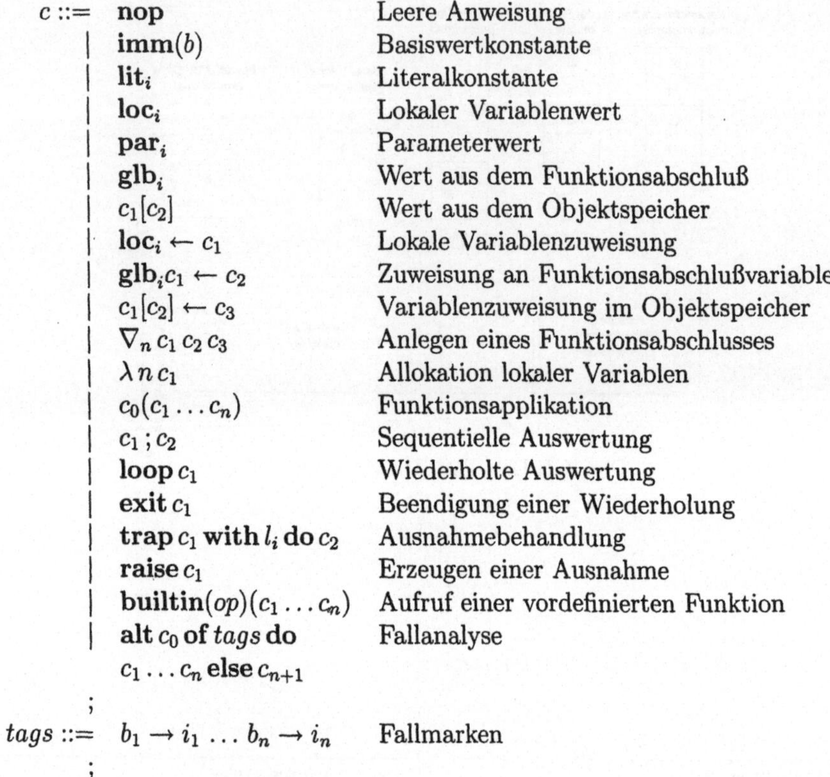

$c ::=$	**nop**	Leere Anweisung
|	**imm**(b)	Basiswertkonstante
|	**lit**$_i$	Literalkonstante
|	**loc**$_i$	Lokaler Variablenwert
|	**par**$_i$	Parameterwert
|	**glb**$_i$	Wert aus dem Funktionsabschluß
|	$c_1[c_2]$	Wert aus dem Objektspeicher
|	**loc**$_i \leftarrow c_1$	Lokale Variablenzuweisung
|	**glb**$_i c_1 \leftarrow c_2$	Zuweisung an Funktionsabschlußvariable
|	$c_1[c_2] \leftarrow c_3$	Variablenzuweisung im Objektspeicher
|	$\nabla_n\, c_1\, c_2\, c_3$	Anlegen eines Funktionsabschlusses
|	$\lambda\, n\, c_1$	Allokation lokaler Variablen
|	$c_0(c_1 \ldots c_n)$	Funktionsapplikation
|	$c_1\, ;\, c_2$	Sequentielle Auswertung
|	**loop** c_1	Wiederholte Auswertung
|	**exit** c_1	Beendigung einer Wiederholung
|	**trap** c_1 **with** l_i **do** c_2	Ausnahmebehandlung
|	**raise** c_1	Erzeugen einer Ausnahme
|	**builtin**$(op)(c_1 \ldots c_n)$	Aufruf einer vordefinierten Funktion
|	**alt** c_0 **of** *tags* **do** $c_1 \ldots c_n$ **else** c_{n+1}	Fallanalyse
;		
tags $::=$	$b_1 \rightarrow i_1 \ldots b_n \rightarrow i_n$	Fallmarken
;		

Fig. 7.3. Abstrakte Syntax für TML Instruktionen

rahmen) verweist. Evaluatoren greifen über eine abstrakt definierte Objektspeicherschnittstelle auf den Objektspeicher zu. Sie können ebenfalls explizit Objektspeicherobjekte im lokalen Prozeßspeicher fixieren, die explizit wieder freigegeben werden müssen. Der Objektspeicher ist für die globale Speicherverwaltung (Speicherfreigabe, Parallelitätskontrolle, Fehlererholung) und die Kohärenz zwischen fixierten Objekten verschiedener *threads* innerhalb eines oder mehrerer Prozesse verantwortlich. Der Objektspeicher kann logisch oder physisch in Partitionen (*repositories*) gegliedert sein. Der Evaluator kann die Lokalität eines Objektes bei der Objektgenerierung über einen (nicht näher spezifizierten) Lokalitätswert (*loc*) definieren.

7.2 Syntaktische Objekte in TML

Zur Definition der Abstrakten Syntax von TML (s. Fig. 7.3) werden syntaktische Objekte benötigt, die durch (evtl. indizierte) Variablen gemäß der folgenden Konventionen bezeichnet werden:

$c \in Code$	TML Instruktionen
$i, j, k, n, m \in \mathcal{Z}$	Ganze Zahlen
$b \in BVal = \mathcal{Z} \cup \{nil\}$	Basiswerte
$op \in BFun$	Vordefinierte Funktionen (*builtins*)

Die Menge *Code* der syntaktisch zulässigen TML Instruktionen ist induktiv durch die Regeln in Tabelle 7.3 ausgehend von der Menge der Basiswerte und Basisfunktionen definiert. Es wird angenommen, daß $\{nil\}$ und $\mathcal{Z}$ disjunkt sind. Zum Zwecke der Syntaxdefinition genügt die Annahme, daß die Menge der vordefinierten Funktionen *BFun* endlich ist, und daß die Signaturen der vordefinierten Funktionen statisch bekannt sind. Da TML untypisiert ist, läßt sich die Signatur einer Operation $op \in BFun$ vollständig durch ihre Arität (Argumentanzahl) $arity(op)$ beschreiben.

$$arity : BFun \xrightarrow{fin} \mathcal{Z}$$

Bevor auf die Semantik von Instruktionen $c \in Code$ eingegangen werden kann, muß hervorgehoben werden, daß diese abstrakte Syntax für *Code* keine adäquate konkrete Syntax für TML Instruktionen darstellt, da ihre lineare Repräsentation syntaktisch zweideutig ist. Zum Beispiel kann

$$c_1 \,;\, c_2 \,;\, c_3$$

entweder als

$$c_1 \,;\, c \qquad c = c_2 \,;\, c_3$$

oder als

$$c \,;\, c_3 \qquad c = c_1 \,;\, c_2$$

zerlegt ("geparsed') werden. Gegebenenfalls werden daher in nachfolgenden Beispielen solche Ambiguitäten durch Klammerung mit geschweiften Klammern beseitigt:

$$c_1 \,;\, \{c_2 \,;\, c_3\}$$

Wohlgeformte TML Instruktionen erfüllen die folgenden lokalen statischen Bedingungen:

- Alle Fallanalysen sind wohlgeformt, d.h. für

  $$\mathbf{alt}\, c_0\, \mathbf{of}\, b_1 \rightarrow i_1 \ldots b_m \rightarrow i_m\, \mathbf{do}\, c_1 \ldots c_n\, \mathbf{else}\, c_{n+1}$$

  gilt für alle $1 \leq j, k \leq m$

  $$b_j \neq b_k \quad (j \neq k)$$

  $$1 \leq i_j \leq n$$

- Alle Argumente für Anwendungen vordefinierter Funktionen sind wohlgeformt, d.h. für $\mathbf{builtin}(op)(c_1 \ldots c_n)$ gilt $n = arity(op)$.

- Jedes **exit** tritt statisch innerhalb einer **loop** c auf. Auf dem Weg zwischen c und **exit** befindet sich keine Funktionsabstraktion λ .

7.3 Semantische Objekte und Objektspeicherstrukturen

Da TML eine imperative Sprache ist, muß die Evaluationssemantik den Zustand des globalen (persistenten) Objektspeichers modellieren. Die Semantik des Objektspeichers wird durch eine endliche Abbildung von Objektspeicherreferenzen auf Wertvektoren beschrieben. Für endliche Abbildungen werden folgende Notationen verwendet:

$A \xrightarrow{fin} B$	Endliche Abbildungen von A nach B
$Dom(f)$	Definitionsbereich einer Abbildung $f \in A \xrightarrow{fin} B$
$Ran(f)$	Bildbereich einer Abbildung $f \in A \xrightarrow{fin} B$
$\{\}$	Leere Abbildung
$\{a \mapsto b\}$	Abbildungsdefinition
$\{a \mapsto b\}(a) = b$	Abbildungsapplikation
$f + g$	Abbildungsmodifikation

Die Modifikation endlicher Abbildungen ist dabei folgendermaßen definiert:

$$Dom(f+g) = Dom(f) \cup Dom(g)$$

$$Ran(f+g) = Ran(f) \cup Ran(g)$$

$$(f+g)(a) = \begin{cases} g(a) & \text{falls } a \in Dom(g) \\ f(a) & \text{sonst} \end{cases}$$

Die Definition des Zustandes des Objektspeichers sowie des Zustandes eines individuellen TML Evaluators benutzt semantische Objekte, die mit Variablen gemäß der folgenden Konventionen benannt werden:

$$\begin{array}{rll} r, lit \in Ref & & \text{Objektreferenzen } (\textit{references}) \\ sv, l, p, g \in SVal & = BVal \cup Ref & \text{Zustandswerte } (\textit{state values}) \\ S \in Store & = (Ref \times \mathcal{Z} \xrightarrow{fin} SVal) & \text{Objektspeicher} \\ & \times (Ref \xrightarrow{fin} Code) & \\ & \times (Ref \xrightarrow{fin} \mathcal{Z}) & \end{array}$$

Es wird angenommen, daß *Ref* eine unendliche, von *BVal* disjunkte Menge bezeichnet. Zustandswerte können im Objektspeicher, als Parameter und als lokale Variablenwerte auftreten. Ein Objektspeicher S ordnet einer gegebenen Objektspeicherreferenz ein Tripel bestehend aus einem Vektor von Zustandswerten, einer TML Instruktion und einer ganzen Zahl (der Größe des referenzierten Zustandsvektors) zu.

Objektspeicherzugriffe von TML Evaluatoren erfolgen ausschließlich über die folgenden Operationen, die durch seiteneffektfreie Funktionen spezifiziert werden. Die Operation

$$store.init = (\{\}, \{\}, \{\})$$

legt einen neuen, leeren Objektspeicher an. Die Operation

$$store.new((StV, StC, StS), loc, n) = (StV', StC, StS')$$

mit

$$\begin{array}{rcl} r & \notin & Dom(StV) \\ StV' & = & StV + \{(r,0) \mapsto nil\} + \{(r,1) \mapsto nil\} + \ldots + \{(r, n-1) \mapsto nil\} \\ StS' & = & StS + \{r \mapsto n\} \end{array}$$

legt einen neuen, mit *nil* initialisierten Zustandsvariablenvektor der Länge n im Objektspeicher an, der durch eine eindeutige Referenz r identifizierbar ist. Die Operation

$$store.get((StV, StC, StS), r, i) = StV((r, i))$$

liefert den Wert der i-ten Zustandsvariablen ($0 \leq i < StS(r)$) des Objektes r. Die Operation

$$store.set((StV, StC, StS), r, i, sv) = (StV + \{(r, i) \mapsto sv\}, StC, StS)$$

ersetzt den Wert der i-ten Zustandsvariablen ($0 \leq i < StS(r)$) des Objektes r durch sv. Schließlich legt die Operation

$$store.newclosure((StV, StC, StS), loc, nGlob, c, lit) = ((StV', StC', StS'), r)$$

einen neuen Funktionsabschluß mit $nGlob$ Einträgen, dem Kode c und der Literalreferenz lit im Objektspeicher an. Dabei ist

$$\begin{array}{rcl} r & \notin & Dom(StV) \\ StV' & = & StV + \{(r,1) \mapsto lit\} + \{(r,2) \mapsto nil\} + \ldots + \{(r, nGlob+1) \mapsto nil\} \\ StS' & = & StS + \{r \mapsto nGlob + 2\} \end{array}$$

Der Wert an der Position 0 des Objektspeicherobjektes ist nicht definiert und zur Aufnahme implementierungsabhängiger Informationen (Architekturkennung und Bindungen an externen Kode) vorgesehen. Die Semantik des Lokalitätsparameter $loc \in SVal$ bei den Funktionen *store.new* und *store.newclosure* ist ebenfalls nicht näher spezifiziert.

$$store.fixexecute((StV, StC, StS), r) =$$

$$(StC(r), StV((r,1)), StV((r,2)), StV((r,3)), \ldots, StV((r, StS(r)-1)))$$

extrahiert aus dem Objektspeicher die zu einer durch r identifizierten Funktion gehörenden Informationen (Funktionskode, Literalvektorreferenz und globale Bindungen).

Die konzeptionelle Trennung zwischen Objektspeichersemantik und Evaluatorsemantik schlägt auch eine Brücke zwischen den klassischen *read write* Modellen zur Transaktionssynchronisation in Datenbanksystemen [Bernstein et al. 87] und aussagekräftigeren aber komplexeren Exekutionsmodellen, die auf dem Lambda-Kalkül basieren [Tofte 88].

7.4 Strukturelle operationale Semantik von TML

Zusätzlich zu den bereits definierten Strukturen, die TML Werte, TML Instruktionen und den Objektspeicherzustand repräsentieren, werden weitere semantische Objekte zur Modellierung von (nicht-persistenten) Evaluatorzuständen benötigt:

$E = [lit\ g_0 \ldots g_n\ p_0 \ldots p_m] \in Env$	Dynamische Kontexte
$L = [l_0 \ldots l_k] \in Loc$	Lokale Variablenvektoren
$v \in Val = SVal \cup \{ok, exception(p), exit(p)\}$	Auswertungsergebnisse

E benennt den dynamischen Kontext, bestehend aus der Literalreferenz, dem Funktionsabschluß und dem Parametervektor der momentan ausgeführten Instruktion, auf die während der Exekution einer Funktion ausschließlich lesend zugegriffen wird. L benennt Zustandswerte, die durch TML Instruktionen verändert werden können, die aber weder für aufrufende noch für aufgerufene Funktionen sichtbar werden und auch nicht Bestandteil des globalen (persistenten) Systemzustandes sind.

Die Menge der möglichen Auswertungsergebnisse einer TML Instruktion enthält neben ganzen Zahlen, *nil* und Objektspeicherreferenzen noch drei weitere ausgezeichnete Werte: *ok* ist ein Wert, der das Ergebnis ausschließlich seiteneffekterzeugender Operationen (z.B. $\mathbf{loc}_i \leftarrow c$) beschreibt. Nur partiell definierte *builtin* Funktionen und die Anweisung **raise** p erzeugen *Ausnahmepakete* der Form $exception(p)$. Das Argument p eines Ausnahmepaketes ist ein beliebiger Wert der Menge $SVal$. Die Semantik der **exit** p Instruktion wird durch ein Exitpaket $exit(p)$ modelliert, das zur Terminierung der zugehörigen **loop** c Schleife führt. Im Unterschied zu TL kann eine TML Schleife zu einem Wert $p \neq ok$ evaluieren.

Die Details der Interaktion zwischen externer (oder vordefinierter) Funktionalität und TML Instruktionen werden durch die indizierte Funktion *apply* beschrieben:

$$apply_{op} : Store \times SVal^{arity(op)} \rightarrow Store \times Val$$

Sie definiert, wie eine gegebene *builtin* Operation *op* basierend auf ihren Argumenten einen Ergebniswert oder ein Ausnahmepaket berechnet. Dabei kann *op* lesend und schreibend auf den Objektspeicher zugreifen.

Nach diesen Vorbereitungen kann die dynamische Semantik der TML Instruktionen durch Axiome und Deduktionsregeln beschrieben werden. Die formalen Aussagen in den Prämissen und Konklusionen besitzen dabei die folgende Form:

$$E, S_1, L_1 \vdash c \Rightarrow \langle S_2, L_2, v \rangle$$

Sie besagen, daß die Ausführung der (zusammengesetzten) Instruktion c in dem dynamischen Kontext E, dem Objektspeicherzustand S_1 und mit den lokalen Variablenwerten L_1 zu einem Objektspeicherzustand S_2, lokalen Variablenwerten L_2 und einem Auswertungsergebnis v führt. Eine TML Instruktion kann daher ihren dynamischen Kontext E nicht modifizieren.

Da die Semantik einer zusammengesetzten Instruktion durch die Semantik ihrer Konstituenten definiert ist, wird diese Form der Semantikdefinition auch als *structural operational semantics* bezeichnet [Plotkin 81].

Die folgenden Instruktionen greifen nur lesend auf den lokalen Evaluationszustand zu:

[Eval nop]

$$\frac{}{E, S, L \vdash \mathbf{nop} \Rightarrow \langle S, L, ok \rangle}$$

[Eval immediate]

$$\frac{}{E, S, L \vdash \mathbf{imm}(b) \Rightarrow \langle S, L, b \rangle}$$

[Eval literal]

$$\frac{}{[lit\ \ g_0 \ldots g_n\ \ p_0 \ldots p_m], S, L \vdash \mathbf{lit}_i \Rightarrow \langle S, L, store.get(S, lit, i) \rangle}$$

[Eval get local]

$$\frac{}{E, S, [l_0 \ldots l_k] \vdash \mathbf{loc}_i \Rightarrow \langle S, l_0 \ldots l_k, l_i \rangle}$$

[Eval get param]

$$\frac{}{[lit\ \ g_0 \ldots g_n\ \ p_0 \ldots p_m], S, L \vdash \mathbf{par}_i \Rightarrow \langle S, L, p_i \rangle}$$

[Eval get global]

$$\frac{}{[lit\ \ g_0 \ldots g_n\ \ p_0 \ldots p_m], S, L \vdash \mathbf{glb}_i \Rightarrow \langle S, L, g_i \rangle}$$

Beim indizierten Zugriff auf die i-te Komponente eines durch eine Referenz r identifizierten Objektspeicherobjektes kann sowohl i als auch r durch einen beliebig komplexen TML Ausdruck spezifiziert werden:

[Eval get indexed]

$$\frac{\begin{array}{c} E, S_1, L_1 \vdash c_1 \Rightarrow \langle S_2, L_2, r \rangle \\ E, S_2, L_2 \vdash c_2 \Rightarrow \langle S_3, L_3, i \rangle \end{array}}{E, S_1, L_1 \vdash c_1[c_2] \Rightarrow \langle S_3, L_3, store.get(S_3, r, i) \rangle}$$

Diese Regel definiert (wie alle TML Evaluationsregeln) eine deterministische und sequentielle Evaluation: Der initiale Systemzustand S_2, L_2 für die Berechnung des Index i ist der finale Zustand der Berechnung der Referenz r, d.h. alle Seiteneffekte der Evaluation von r müssen bei der Evaluation von i sichtbar sein.

Die Semantik destruktiver Zuweisungen wird folgendermaßen spezifiziert:

[Eval set local]

$$\frac{E, S_1, [l_0 \dots l_k] \vdash c \Rightarrow \langle S_2, L_2, l\rangle}{E, S_1, [l_0 \dots l_k] \vdash \mathbf{loc}_i \leftarrow c \Rightarrow \langle S_2, [l_0 \dots l_{i-1}\, l\, l_{i+1} \dots l_k], ok\rangle}$$

[Eval set indexed]

$$\frac{\begin{array}{c} E, S_1, L_1 \vdash c_1 \Rightarrow \langle S_2, L_2, r\rangle \\ E, S_2, L_2 \vdash c_2 \Rightarrow \langle S_3, L_3, i\rangle \\ E, S_3, L_3 \vdash c_3 \Rightarrow \langle S_4, L_4, sv\rangle \end{array}}{E, S_1, L_1 \vdash c_1[c_2] \leftarrow c_3 \Rightarrow \langle store.set(S_4, r, i, sv), L_4, ok\rangle}$$

In einfachen blockstrukturierten Programmiersprachen (wie Pascal, C, C++, Eiffel, Modula-2) erfordert eine Funktionsabstraktion keine Operationen zur Programmlaufzeit. Hingegen erzeugen Compiler für Programmiersprachen mit Funktionen höherer Ordnung für geschachtelte Funktionsabstraktionen Instruktionssequenzen zum Erzeugen [Eval abstract] und Initialisieren [Eval set global] von Funktionsabschlüssen (*closures*). Die Operanden der Abstraktionsoperation in TML definieren die Größe der zu generierenden *closure* (n), ihre Lokalität innerhalb des Objektspeichers (sv), eine Referenz auf die Funktionsliterale (lit) und den zu abstrahierenden Funktionskode selbst (c_3).

[Eval abstract]

$$\frac{\begin{array}{c} E, S_1, L_1 \vdash c_1 \Rightarrow \langle S_2, L_2, sv\rangle \\ E, S_2, L_2 \vdash c_2 \Rightarrow \langle S_3, L_3, lit\rangle \\ store.newclosure(S_3, sv, n, c_3, lit) = (S_4, r) \end{array}}{E, S_1, L_1 \vdash \nabla_n\, c_1\, c_2\, c_3 \Rightarrow \langle S_4, L_3, r\rangle}$$

Wie die folgende Regel verdeutlicht, läßt sich die Semantik der Instruktion $\mathbf{glb}_i c_1 \leftarrow c_2$ vollständig auf die Semantik der Instruktion $c_1[\mathbf{imm}(i+2)] \leftarrow c_2$ zurückführen. Die Unterscheidung kann jedoch vorteilhaft für Synchronisations- und Fehlererholungsmaßnahmen ausgenutzt werden, da Funktionsabschlüsse (im Gegensatz zu anderen Objektspeicherobjekten) nach ihrer Initialisierung mit einer Sequenz von $\mathbf{glb}_i c \leftarrow c_i$ Instruktionen nicht mehr modifiziert werden.

[Eval set global]

$$\frac{E, S_1, L_1 \vdash c_1[\mathbf{imm}(i+2)] \leftarrow c_2 \Rightarrow \langle S_2, L_2, v\rangle}{E, S_1, L_1 \vdash \mathbf{glb}_i c_1 \leftarrow c_2 \Rightarrow \langle S_2, L_2, v\rangle}$$

Die Semantik von Funktionsapplikationen in TML ist folgendermaßen definiert: Zunächst wird eine Objektspeicherreferenz r berechnet, die einen Funktionsabschluß mit Kode c', Literalen lit und Variablenbindungen $g_0 \dots g_n$ identifiziert. Daran schließt sich die Evaluation der Aktualparameterliste $p_0 \dots p_m$ (strikt von links nach rechts) an. Der Kode c' wird in einem neu generierten dynamischen Kontext bestehend aus $lit, g_0 \ldots g_n$ und $p_0 \ldots p_m$ evaluiert. Nach der Evaluation von c' wird der dynamische Kontext der aufrufenden Funktion wiederhergestellt, so wie er von der Evaluation des letzten Parameters hinterlassen wurde:

[Eval apply]

$$\frac{\begin{array}{c} E, S_1, L_1 \vdash c \Rightarrow \langle S_2, L_2, r\rangle \\ store.fixexecute(S_2, r) = (c', lit, g_0, \ldots, g_n) \\ E, S_{i+2}, L_{i+2} \vdash c_i \Rightarrow \langle S_{i+3}, L_{i+3}, p_i\rangle \quad i = 0 \ldots m \\ [lit\ g_0 \ldots g_n\ p_0 \ldots p_m], S_{m+3}, L_{m+3} \vdash c' \Rightarrow \langle S, L_{m+2}, v\rangle \end{array}}{E, S_1, L_1 \vdash c(c_0 \ldots c_m) \Rightarrow \langle S, L_{m+2}, v\rangle}$$

Die aufgerufene Funktion kann mit der Instruktion $\lambda\, k\, c$ bei Bedarf k lokale Variablen allozieren, die für die Evaluation des Funktionsrumpfs c zur Verfügung stehen. Nach der Evaluation von c wird der ursprüngliche Variablenkontext L_1 wieder restauriert:

[Eval lambda]

$$\frac{E, S_1, [\overbrace{nil \ldots nil}^{k}] \vdash c \Rightarrow \langle S_2, L_2, v\rangle}{E, S_1, L_1 \vdash \lambda\, k\, c \Rightarrow \langle S_2, L_1, v\rangle}$$

Die Applikation extern definierter Funktionen entspricht bis auf den Kontextwechsel der Applikation einer TML Funktion. Wie zu Beginn dieses Abschnitts beschrieben wurde, können externe Funktionen ebenfalls Seiteneffekte erzeugen und Ausnahmen auslösen:

[Eval apply builtin]

$$\frac{\begin{array}{c} E, S_{i+1}, L_{i+1} \vdash c_i \Rightarrow \langle S_{i+2}, L_{i+2}, p_i\rangle \quad i = 0 \ldots m \\ apply_{op}(S_{m+2}, p_0, \ldots, p_m) = (S, v) \end{array}}{E, S_1, L_1 \vdash \mathbf{builtin}(op)(c_0 \ldots c_m) \Rightarrow \langle S, L_{m+2}, v\rangle}$$

Die Fallanalyse von TML unterstützt die effiziente Kodegenerierung für **if**, **case**, **try**, "!" und "?" Ausdrücke in TL. Die Evaluationssemantik dieser Instruktion ist durch zwei Deduktionsregeln mit komplementären Seitenbedingungen (erfolgreicher bzw. erfolgloser Fallmarkentest) formalisiert. Aufgrund der Disjunktheit von Fallmarken in wohlgeformten Fallanalysen kann die Reihenfolge der Fallmarkentests unspezifiziert bleiben:

[Eval alt]

$$\frac{\begin{array}{c} E, S_1, L_1 \vdash c \Rightarrow \langle S_2, L_2, b_j\rangle \\ E, S_2, L_2 \vdash c_{i_j} \Rightarrow \langle S_3, L_3, v\rangle \end{array}}{E, S_1, L_1 \vdash \mathbf{alt}\, c\, \mathbf{of}\, b_1 \rightarrow i_1 \ \ldots\ b_n \rightarrow i_n\, \mathbf{do}\, c_1 \ \ldots\ c_m\, \mathbf{else}\, c' \Rightarrow \langle S_3, L_3, v\rangle}$$

[Eval alt else]

$$\frac{\begin{array}{c}E, S_1, L_1 \vdash c \Rightarrow \langle S_2, L_2, v\rangle \\ \forall 1 \leq j \leq n : v \neq b_j \\ E, S_2, L_2 \vdash c' \Rightarrow \langle S_3, L_3, v'\rangle\end{array}}{E, S_1, L_1 \vdash \mathbf{alt}\, c\, \mathbf{of}\, b_1 \rightarrow i_1 \ldots b_n \rightarrow i_n\, \mathbf{do}\, c_1 \ldots c_m\, \mathbf{else}\, c' \Rightarrow \langle S_3, L_3, v'\rangle}$$

Das Evaluationsergebnis v der ersten Instruktion in einer Anweisungssequenz geht bei der sequentiellen Evaluation verloren (nur ihre Seiteneffekte sind signifikant). Ihr Evaluationsergebnis wird vollständig durch das Ergebnis der zweiten Instruktion determiniert:

[Eval seq]

$$\frac{\begin{array}{c}E, S_1, L_1 \vdash c_1 \Rightarrow \langle S_2, L_2, v\rangle \\ E, S_2, L_2 \vdash c_2 \Rightarrow \langle S_3, L_3, v'\rangle\end{array}}{E, S_1, L_1 \vdash c_1 \,;\, c_2 \Rightarrow \langle S_3, L_3, v'\rangle}$$

Eine **exit** c Instruktion generiert ein Exitpaket, dessen Parameter durch das Ergebnis der Evaluation von c bestimmt wird. Der Rumpf einer Schleife **loop** c wird rekursiv solange ausgeführt, bis er zu einem Ausnahme- oder Exitpaket evaluiert.

[Eval exit]

$$\frac{E, S_1, L_1 \vdash c \Rightarrow \langle S_2, L_2, p\rangle}{E, S_1, L_1 \vdash \mathbf{exit}\, c \Rightarrow \langle S_2, L_2, exit(p)\rangle}$$

[Eval loop]

$$\frac{\begin{array}{c}E, S_1, L_1 \vdash c \Rightarrow \langle S_2, L_2, v_1\rangle \\ v_1 \in SVal \cup \{ok\} \\ E, S_2, L_2 \vdash \mathbf{loop}\, c \Rightarrow \langle S_3, L_3, v_2\rangle\end{array}}{E, S_1, L_1 \vdash \mathbf{loop}\, c \Rightarrow \langle S_3, L_3, v_2\rangle}$$

[Eval loop exit]

$$\frac{E, S_1, L_1 \vdash c \Rightarrow \langle S_2, L_2, exit(p)\rangle}{E, S_1, L_1 \vdash \mathbf{loop}\, c \Rightarrow \langle S_2, L_2, p\rangle}$$

Ausnahmepakete werden mit der **raise** c Instruktion generiert. Die Regeln [Eval trap] und [Eval trap exception] gestatten die Unterscheidung zwischen "normalen" Evaluationsergebnissen und Ausnahmepaketen. Im Falle des Auftretens einer Ausnahme wird der Parameter p des Ausnahmepakets an eine lokale Variable l_i zugewiesen und steht somit dem Kode c_2 zur Ausnahmebehandlung zur Verfügung.

[Eval raise]

$$\frac{E, S_1, L_1 \vdash c \Rightarrow \langle S_2, L_2, p\rangle}{E, S_1, L_1 \vdash \mathbf{raise}\, c \Rightarrow \langle S_2, L_2, exception(p)\rangle}$$

[Eval trap]

$$\frac{E, S_1, L_1 \vdash c_1 \Rightarrow \langle S_2, L_2, v\rangle \quad v \neq \mathit{exception}(p)}{E, S_1, L_1 \vdash \mathbf{trap}\, c_1\, \mathbf{with}\, l_i\, \mathbf{do}\, c_2 \Rightarrow \langle S_2, L_2, v\rangle}$$

[Eval trap exception]

$$\frac{E, S_1, L_1 \vdash c_1 \Rightarrow \langle S_2, [l_0 \ldots l_k], \mathit{exception}(p)\rangle \quad E, S_2, [l_0 \ldots l_{i-1}\, p\, l_{i+1} \ldots l_k] \vdash c_2 \Rightarrow \langle S_3, L_3, v_2\rangle}{E, S_1, L_1 \vdash \mathbf{trap}\, c_1\, \mathbf{with}\, l_i\, \mathbf{do}\, c_2 \Rightarrow \langle S_3, L_3, v_2\rangle}$$

Um die Semantik der Propagierung von Ausnahme- und Exitpaketen in zusammengesetzten Instruktionen kompakt zu definieren, gilt folgende Ausnahmebehandlungskonvention (vgl. [Milner et al. 90]): Für jede Deduktionsregel mit n Prämissen (unter Nichtbeachtung von Seitenbedingungen)

$$\frac{E, S_1, L_1 \vdash c_1 \Rightarrow \langle S_1', L_1', v_1\rangle \quad \ldots \quad E, S_n, L_n \vdash c_n \Rightarrow \langle S_n', L_n', v_n\rangle}{E, S, L \vdash c \Rightarrow \langle S', L', v'\rangle}$$

und für jedes $k, 1 \leq k \leq n$, für das das Ergebnis v_k kein Exit- oder Ausnahmepaket ist, ist eine zusätzliche Regel der folgenden Form einzufügen:

$$\frac{E, S_1, L_1 \vdash c_1 \Rightarrow \langle S_1', L_1', v_1\rangle \quad \ldots \quad E, S_k, L_k \vdash c_k \Rightarrow \langle S_k', L_k', v_k\rangle \quad v_k = \mathit{exit}(p) \lor v_k = \mathit{exception}(p)}{E, S, L \vdash c \Rightarrow \langle S_k', L_k', v_k\rangle}$$

Somit wird die Evaluation von zusammengesetzten Instruktionen abgebrochen, sobald ein Ausnahme- oder Exitpaket v_k in einer ihrer Teilinstruktionen auftritt. In diesem Fall wird das Paket v_k propagiert. Die Propagierung endet bei den Prämissen der Regeln [Eval loop exit] und [Eval trap exception], da diese Ausnahme- und Exitpakete bereits explizit behandeln.

7.5 Transformation von TL Termen in TML Terme

Die Übersetzung von typkorrekten TL Termen in TML Terme läßt sich konzeptionell und systemtechnisch in eine Variablenallokationsphase und eine anschließende Transformationsphase aufteilen, die nachfolgend kurz skizziert werden.

7.5.1 Variablenallokation

Die Variablenallokation bestimmt die Speicherungsform jeder in einem TL Term eingeführten (deklarierten) Wertvariablen. Dabei werden dynamische Typvariablen wie unveränderliche Wertvariablen behandelt, da sie zur Programmlaufzeit ebenfalls durch Werte repräsentiert sind.

Bei der Allokation ist zu beachten, daß das TML Maschinenmodell keine direkten Zugriffe auf nicht-lokale Variablen unterstützt. Als Beispiel betrachte man den Zugriff auf *global* in der Funktion *f*:

> **let** *global* = *3*
> **let** *f* = **fun**() *global*
> *f()*

In "klassischen" blockstrukturierten Programmiersprachen wie Pascal, Modula-2, Modula-3 oder Ada, die statische Funktionsschachtelungen aber keine Funktionen höherer Ordnung unterstützen, wird der Zugriff auf nicht-lokale Variablen typischerweise über einen *static link* oder ein *display* durchgeführt, die beide dynamisch beim Aufruf geschachtelter Funktionen aufgebaut werden [Wirth 81; Waite, Goos 85; Aho et al. 87]. Der *static link* stellt einen Verweis auf die Variablen des unmittelbar die Prozedur umfassenden Sichtbarkeitsbereichs dar. Der Zugriff auf nicht-lokale Variablen erfolgt über indirekte Adressierung mit Offsetbildung unter Benutzung des *static link*. Ein *display* ist ein Vektor von Verweisen auf die Variablen *aller* die Prozedur umfassenden Sichtbarkeitsbereiche und beschleunigt gegenüber dem *static link* den Zugriff auf Variablen über mehrere Schachtelungsebenen hinweg.

Durch die Möglichkeit zur Definition von Funktionen höherer Ordnung kann der zum Abstraktionszeitpunkt einer Prozedur gültige Sichtbarkeitsbereich sich von dem zum Aufrufzeitpunkt der Prozedur gültigen Sichtbarkeitsbereich unterscheiden. In vielen funktionalen Programmiersprachen (s. z.B. [Cardelli 84a]) wird daher bereits zum Funktionsabstraktionszeitpunkt einer Funktion ein statischer Funktionsabschluß (*static closure*) angelegt, der analog zum *display* klassischer blockstrukturierter Sprachen einen Zugriff auf nicht-lokale Variablen durch indirekte Adressierung mit Offsetbildung gestattet. Im Gegensatz zum *display* kann die *static closure* im allgemeinen jedoch nicht auf dem Evaluationskeller angelegt werden, sondern muß auf der Halde gespeichert werden, da die Lebensdauer einer geschachtelt deklarierten Funktion die Lebensdauer ihres umfassenden Sichtbarkeitsbereichs übersteigen kann. Das Konzept statischer Funktionsabschlüsse hat sich bei der effizienten Implementierung der Sprache ML auf verschiedensten Hardwareplattformen bewährt [Appel 92] und wird ebenfalls im Tycoon System eingesetzt.

Zum Abstraktionszeitpunkt der Funktion **fun**() *global* wird ein Funktionsabschluß für *f* angelegt, der den R-Wert der Variablen *global* speichert ($\mathbf{glb}_1 f \leftarrow \mathbf{loc}_i$). Während der Ausführung der Funktion *f* ist dieser Wert durch die Instruktion $\mathbf{glb}_1$ zugänglich. Statisch geschachtelte Funktionsabstraktionen und auch Funktionen höherer Ordnung werden durch das Propagieren von R-Wertbindungen von "außen" nach "innen" behandelt:

> **let** *global* = *3*
> **let** *f* = **fun**(*x :Int*)
> **begin**
>   **let** *g* = **fun**(*y :Int*) *x+y+global*
> **end**

In diesem Beispiel enthält der Funktionsabschluß von *f* eine R-Wertbindung für *global* und der Funktionsabschluß von *g* je eine R-Wertbindung für *global* und x[1]. Bei der Funktionsabstraktion für *g* innerhalb von *f* wird die R-Wertbindung für *global* mit der TML Instruktion $\mathbf{glb}_1\mathbf{loc}_1 \leftarrow \mathbf{glb}_1$ im Funktionsabschluß von *g* eingetragen.

Etwas komplexer ist die Behandlung veränderlicher Bindungen:

let *f* = **fun**() *global*
let var *global* = *3*
global:= 4
f()

Der Funktionsabschluß von *f* muß in diesem Fall eine L-Wertbindung an *global* besitzen, damit destruktive Zuweisungen an *global* in *f* sichtbar werden.

Während R-Wertbindungen uniform durch einen einzelnen 32-bit Wert des Typs *data_Value* dargestellt werden können, bestehen L-Wertbindungen aus einem Paar *(ref, index)*. Dabei ist *ref* eine abstrakte Objektspeicherreferenz und *index* ein relatives Offset innerhalb des durch *ref* identifizierten Objektspeichervektors. Im Gegensatz zu einer Darstellungsform, in der L-Wertbindungen durch eine absolute Variablenadresse dargestellt werden (ein einzelner 32-bit Wert), führt die Objektadressierung zu stark vereinfachten Speicherverwaltungsalgorithmen, da alle Objektreferenzen nur auf den "Anfang" eines Speicherobjektes verweisen (s.a. die Diskussion in § 8.1).

Im obigen Beispiel belegt also der L-Wert von *global* zwei Einträge im Funktionsabschluß von *f* und der R-Wertzugriff auf *global* in *f* wird durch die Instruktion $\mathbf{glb}_1[\mathbf{glb}_2]$ implementiert.

Die Variablenübergabe in TL erfordert ebenfalls eine Bindung an den L-Wert des Aktualparameters:

let var *v = 3*
let *f* = **fun**(**var** *x :Int) x:= 0*
f(v)

Im generierten TML Kode besitzt die Funktion *f* daher zwei Parameter (*xRef, xIndex*) zur Beschreibung des L-Wertes von *x*. Somit lautet der Kode für den Rumpf von *f* $\mathbf{par}_1[\mathbf{par}_2] \leftarrow \mathbf{imm}(0)$.

Ein in vielen Implementierungen funktionaler Sprachen verfolgter Ansatz zur Variablenallokation besteht darin, Variablen, die veränderliche Bindungen beschreiben, grundsätzlich in separate Zellen (*cells*) im Objektspeicher auszulagern [Kranz et al. 86; Peyton Jones 87]. Damit erfordert jeder Zugriff auf den R-Wert einer Variablen eine zusätzliche Indirektionsebene (s. Fig. 7.4). Bei der Transformation von TL in TML kann diese laufzeit- und speicherineffiziente Zellkonvertierung (*cell conversion*) durch eine statische Kontextanalyse in praktisch allen Programmiersituationen vermieden werden. In TL wird eine Variable

[1]Da die Funktion "+" ebenfalls ein globaler Wert in Bezug auf *f* und *g* ist, tritt sie ebenfalls in beiden Funktionsabschlüssen auf.

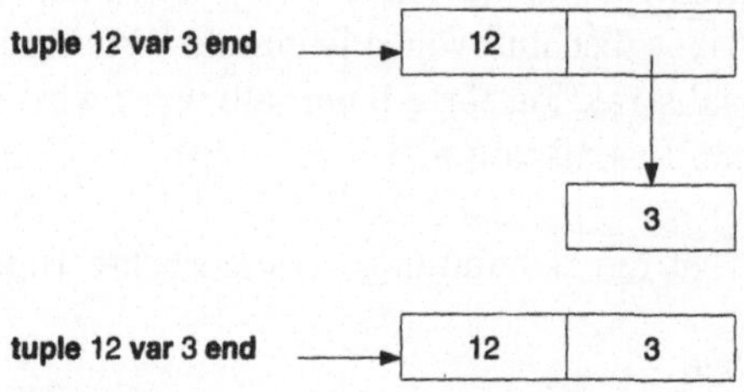

Fig. 7.4. Variablenallokation mit und ohne Zellkonvertierung (s. Text)

nur dann ausgelagert, wenn sie lokal deklariert wird und ihr L-Wert in statisch geschachtelten Funktionen benötigt wird.

Die Vermeidung von Zellkonvertierungen erfordert eine Trennung der Variablenallokations- von der eigentlichen Transformationsphase und damit einen zweifachen Durchlauf durch den abstrakten Syntaxbaum eines TL Terms. Als Ergebnis der Allokationsphase ist der abstrakte Syntaxbaum eines TL Terms folgendermaßen attributiert:

- Jedes deklarierende Auftreten einer Wertvariablen (Tupel-, Record-, Arrayelement, lokale Variable, Parameter, Variable in **case**, **for** und **try** Ausdrücken) besitzt einen Verweis auf einen Allokationsrecord mit folgenden booleschen Attributen, die Informationen über die Form der Benutzung der Variablen sammeln: *mutable, usedAsVarArgument, assignedAsGlobal, assignedAsLocal, usedAsGlobalValue.* Aus diesen Informationen wird das Attribut *indirect* abgeleitet, das bestimmt, ob die Variable in eine Zelle ausgelagert werden muß, falls sie nicht bereits eine Tupel-, Record- oder Arraykomponente ist.

- Jede Funktionsabstraktion *f* besitzt einen Verweis auf einen Allokationsrecord, der Verweise auf alle Allokationsrecords der innerhalb der Funktion verwendeten, nicht-lokalen Variablen sammelt. Aus dieser Information läßt sich die Größe und die Struktur des Funktionsabschlusses für *f* ableiten. Jeder Allokationsrecord für eine globale Variable *x* beschreibt sowohl die Bindungsform (L-Wert bzw. R-Wertbindung an *x*) als auch den Allokationsrecord der (lokalen oder wiederum globalen) Variablen, mit deren Hilfe der Funktionsabschluß zur Programmlaufzeit initialisiert wird.

- Jedes angewandte Auftreten einer Wertvariablen *x* in einer Funktion *f* verweist entweder direkt auf den zu *x* gehörenden Allokationsrecord (*x* ist eine lokale oder indizierte Variable in *f*) oder auf einen funktionslokalen Allokationsrecord, der die Position von *x* im Funktionsabschluß von *f* beschreibt.

Neben den im Programm deklarierten Wertvariablen werden in der Allokationsphase ebenfalls die Literale jeder Funktion (Zeichenkettenkonstanten, doppeltgenaue Fließkommaliterale, TML Kode, Verweise auf Literalvektoren statisch geschachtelter Funktionen) als Elemente eines Literalvektors alloziert.

7.5.2 Übersetzung von Ausdrücken

Die Übersetzung eines TL Terms in einen TML Term wird durch einen rekursiven Durchlauf durch den attributierten abstrakten TL Syntaxbaum geleistet. Für jede Kategorie von Knotentypen (Bindung, Wert, Bezeichner) existiert eine separate Übersetzungsfunktion, die für einen gegebenen Teilterm eine entsprechende TML Kodesequenz assembliert z.B.:

translateVariableValue(variable :TLVariable) :TML
translateVariableAddress(variable :TLVariable) :TMLAddress
translateBindings(state :State context :Context bindings :TLBindings) :TML
translateValue(state :State context :Context value :TLValue) :TML
translateSimpleValue(state :State value :TLValue) :TML

Der Typ *TLVariable* beschreibt dabei die im vorangegangenen Abschnitt eingeführten Allokationsrecords. Die Funktion *translateVariableAddress* bestimmt den L-Wert einer TL Variablen. Dieser wird entweder durch einen lokalen Variablenindex oder durch ein Paar, bestehend aus einem TML Kodefragment zur Berechnung einer Objektbasisadresse und einem TML Kodefragment zur Berechnung des Offsets der Variablen innerhalb des Objektes, beschrieben.

Die Paramter *state* und *context* der Übersetzungsfunktionen erfassen Kontextabhängigkeiten der Übersetzung von Teilausdrücken. So wird z.B. die Bindung **let** *a* = *3* in einem sogenannten "indizierten Kontext" (**tuple**, **array**, **exception**, **record**) völlig anders übersetzt als in einem "Wertkontext" (Argumentübergabe, sequentielle Evaluation).

Besonders ausgefeilte Übersetzungstechniken erfordert die Übersetzung *rekursiver* Bindungen, wie z.B.

tuple
  let rec *x1 :T1* = **tuple let** *a* = *x2* **let** *b* = **fun**() ... *x3* ... *x2* **end**
  and *x2 :T2* = **fun**(*x :Int*) *x1.a*
  and *x3 :T3* = **tuple** *x1 x2* **tuple** *x3* **end end**
end

Die Übersetzung einer solchen Bindung erfolgt durch zwei (simultan erzeugte) Instruktionssequenzen: Eine Initialisierungssequenz alloziert alle (geschachtelten) aggregierten Werte bzw. Funktionsabschlüsse. Dabei werden evtl. temporäre Variablen zur Identifikation von Teiltermen (z.B. *t* für **tuple** *x3* **end**) eingeführt. In einer zweiten Sequenz werden die eigentlichen Komponentenbindungen (wie z.B. **tuple** *x3* **end** und **array** *x1 x2 t* **end**) durchgeführt und die Funktionsabschlüsse mit L-Wert- und R-Wertbindungen an die in der Variablenallokationsphase bestimmten globalen Variablen initialisiert.

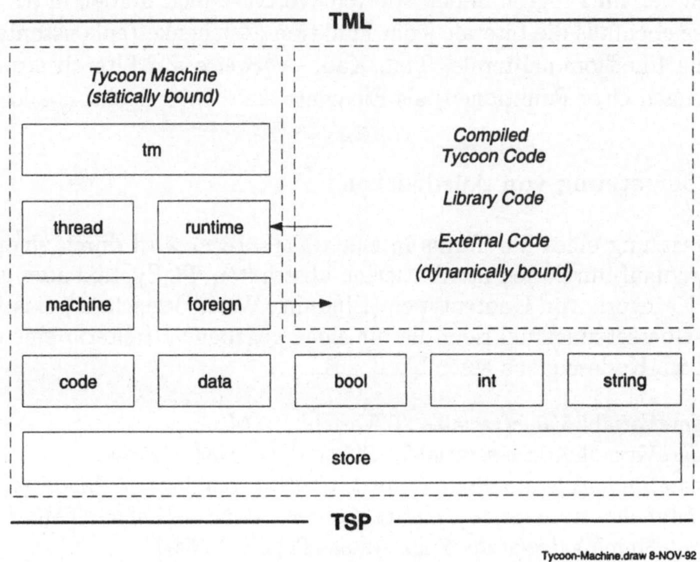

Fig. 7.5. Modulstruktur der Abstrakten Maschine für Tycoon

7.6 Eine portable Abstrakte Maschine für TML

Ein Modul des Tycoon Laufzeitsystems (*machine*) gestattet die unmittelbare interpretative Ausführung des durch den Compiler generierten TML Kodes unter Benutzung des TSP Protokolls zum Objektspeicherzugriff. Fig. 7.5 zeigt die Einbettung dieses Moduls in das in C implementierte Tycoon Laufzeitsystem (*Tycoon Machine*, s.a. § C).

Das Modul *store* stellt die Funktionalität des TSP bereit. Die Module *data* und *code* exportieren Typdeklarationen zur Repräsentation von markierten Daten (*tagged data*) bzw. TML Instruktionen. Sie sind beide in Anhang § C aufgeführt und werden sowohl vom Interpreter als auch (implizit) von kompiliertem TML Kode benutzt. Während diese Komponenten der Tycoon Maschine statisch gebunden sind, gestattet das Modul *foreign* den Zugriff auf dynamisch gebundenen (da eventuell interaktiv kompilierten) "externen" Maschinenkode. Das Modul *foreign* kapselt dabei die Maschinenabhängigkeiten der dynamischen Bindung und Parameterübergabe. Hervorzuheben ist die Tatsache, daß nicht nur der Aufruf externen Maschinenkodes aus TML heraus möglich ist, sondern daß auch umgekehrt der Tycoon Interpreter (rekursiv) als Unterprogramm (von C, Modula-2, Assembler) aufgerufen werden kann. Diese Tatsache ist für die Implementierung von sogenannten *callbacks* (s.a. § 2.2.1 und Fig. 2.2) oder Unterbrechungsbehandlungsroutinen in TL von Bedeutung. Das Modul *thread* verwaltet für jeden TML *thread* einen dynamischen Kontext von Unterbrechungsbehandlungsroutinen (*exception handlers*) und unterstützt dabei die korrekte Proparierung von Ausnahmen, die bei der Ausführung von Maschinenkode aufgetreten sind, und die durch TML Kode behandelt werden müssen (und umgekehrt).

Wie bereits in Fig. 7.2 angedeutet wird, können innerhalb eines Betriebssystemprozesses mehrere TL Programme quasi-simultan aktiv sein. Die Zustandsvariablen jedes TML *threads* (Interpreter oder Maschinenkode) sind als Objekte des Typs *thread_State* gekapselt. Durch Aufruf der Prozedur *thread_new* kann ein neuer Maschinenzustand generiert werden. Ausgehend von einem initialen Maschinenzustand kann mittels der Prozedur *thread_call* eine TML Funktion evaluiert werden, die durch ihren Funktionsabschluß (*closure*) im Objektspeicher beschrieben wird. Das Ergebnis der Evaluation einer Funktion wird durch die Funktion *thread_mode* (*suspended*, *completed*, *exception*) beschrieben. Im Falle einer erfolgreichen Evaluation kann das Funktionsergebnis (evtl. **ok**) über die Funktion *thread_value* zugegriffen werden. Nicht behandelte Ausnahmen werden durch das Modusattribut *exception* angezeigt. In diesem Fall ist der Ausnahmewert (für TL eine Referenz auf ein Tupel bestehend aus Ausnahmewert und Ausnahmeparametern) ebenfalls über die Funktion *thread_value* zugänglich.

Abstrakte Maschinenzustände können als Objektspeicherobjekte persistent gespeichert werden. Damit können suspendierte Evaluationen von TL Programmen zu beliebigen Zeitpunkten (evtl. auf einer verschiedenen Hardwarearchitektur) fortgesetzt werden. Da Bindungen an externen Kode im Modul *foreign* nicht nur durch eine Kodeadresse, sondern auch durch eine symbolische Identifikation (Bibliotheks- und Funktionsname) verwaltet werden, können diese Bindungen in einer weitgehend rechnerunabhängigen Form wiederhergestellt werden.

Aufgrund der geringen Komplexität von TML und der konsequenten Trennung zwischen TML Instruktionen und externen Funktionen (Arithmetik, Ein- und Ausgabeoperationen) läßt sich der TML Interpreter sehr kompakt durch eine "flache" C Prozedur (ca. 300 Zeilen) formulieren. Fig. 7.6 zeigt die Zustandsvariablen des Interpreters:

stack Die Basisadresse des Operandenkellers.

gbAdr Die Basisadresse des Funktionsabschlusses der augenblicklich evaluierten Funktion.

codeStack Die Basisadresse des Operatorenkellers.

ip Der Index des ersten Eingabeparameters der augenblicklich evaluierten Funktion im Operandenkeller; *stack[ip-1]* enthält die Objektspeicherreferenz *gb* des im Hauptspeicher fixierten Funktionsabschlusses *gbAdr*.

lc Der Index der ersten lokalen Variable der augenblicklich evaluierten Funktion im Operandenkeller; *stack[lc-1]* enthält den Wert *gbAdr*, *stack[lc-2]* den Wert *ip* und *stack[lc-3]* den Wert *lc* der aufrufenden Funktion.

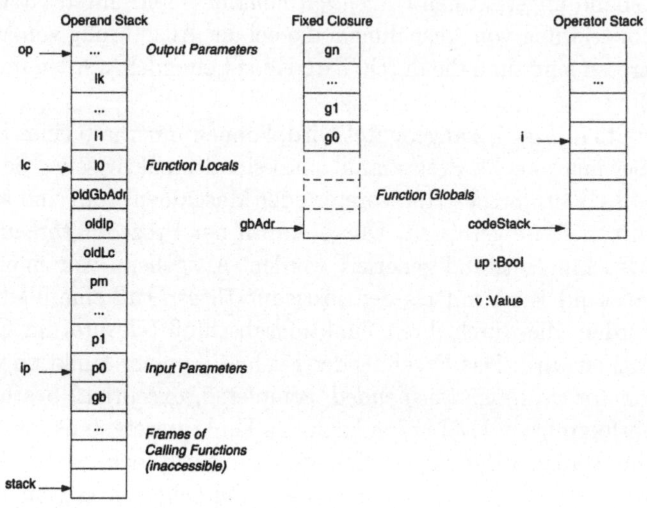

Fig. 7.6. Die Zustandsvariablen des TML Interpreters

op Der Index des ersten freien Eintrags im Operandenkeller. Dort werden Argumente geschachtelt aufgerufener Instruktionen oder Funktionen abgelegt.

i Der Index der auszuführenden Instruktion im Operatorenkeller.

up Eine boolesche Variable, die bestimmt, ob die augenblickliche Instruktion auf dem Operatorenkeller dekodiert oder ausgeführt werden muß.

v Das Evaluationsergebnis der zuletzt ausgeführten Instruktion (falls *up*).

Die Dekodierphase einer zusammengesetzten Instruktion (z.B. $c_1[c_2] \leftarrow c_3$) legt den Kode ihrer Teilausdrücke c_i auf dem Operatorenkeller ab. Nach der Evaluation der Teilausdrücke beginnt die Exekution der Operation, die ihr letztes Argument in der Variablen *v* und die übrigen Argumente an den Speicherstellen *stack[op], stack[op-1]* ... findet. Die Einführung der Variablen *v* führt zu einer Beschleunigung des Interpreters, da sie zahlreiche *push* und *pop* Instruktionen auf dem Operandenkeller vermeidet.

Der Kontextwechsel beim Aufruf einer Funktion *f* erfordert nur das Speichern der Variablen *gb, lc* und *ip* auf dem Operandenkeller, von wo sie beim Rücksprung aus der Funktion (oder beim Auftreten einer Ausnahme) restauriert werden. Die explizite Instruktion $\lambda c\, k$ führt zum Anlegen von *k* neuen lokalen Variablen durch Inkrementieren von *op*.

Durch eine einfache Linearisierung des TML Kodes (Einfügen von Sprunginstruktionen für Schleifen und bedingte Instruktionen) könnte eine wesentlich kompaktere Koderepräsentation erzielt werden und auf den Operatorenkeller verzichtet werden. Der Wunsch nach leichter Analysierbarkeit des TML Kodes zur Programmlaufzeit und die Verfügbarkeit eines Maschinenkodegenerators lassen diese Optimierung im Tycoon Szenario jedoch als nicht erforderlich erscheinen.

7.7 Übersetzung von TML Termen in Maschinenkode

Trotz der Existenz von Funktionen höherer Ordnung und von Ausnahmebehandlungsmechanismen läßt sich das in den vorangegangenen Abschnitten beschriebene TML Maschinenmodell verhältnismäßig geradlinig auf konventionellen kellerbasierten Architekturen implementieren. Um die Portabilität des Tycoon Systems und die Interoperabilität zwischen Tycoon-Programmen und externen Bibliotheken zu sichern, wird der vom TL Compiler generierte TML Kode zunächst in C-Kode[2] umgewandelt, der erst in einem zweiten Schritt (evtl. optimierend) in rechnerspezifischen Maschinenkode übersetzt wird.

An dieser Stelle werden nur allgemeine Hinweise auf die im *back end* eingesetzte Übersetzungsstrategie gegeben. Dabei wird mit $\ll c \gg$ das Ergebnis der Übersetzung der Instruktion c bezeichnet.

TL *top level* Bindungen und Modulimporte werden uniform als parameterlose TML Funktionen (*wrapper*) übersetzt. Der Funktionsabschluß dieser Funktionen enthält eine Objektspeicherreferenz, die einen Vektor von *top level* Bindungen identifiziert. Der Rumpf der Funktionen führt die eigentlichen Bindungen und Modulimporte durch, wobei evtl. durch Indizierung auf bereits exisitierende *top level* Werte zugegriffen werden kann. Durch diese Normalisierung ist eine C-Kodegenerierung nur für vollständige Funktionen erforderlich.

Aufgrund der im Modul *data* definierten uniformen (markierten) Datenrepräsentation sind alle generierten C Variablen und Parameter von identischem Typ (im Folgenden als *data_Value* bezeichnet). Auch bei der Übersetzung der Instruktion **imm**(b) wir b im generierten Kode bereits als markiertes Datum dargestellt.

Ausgangspunkt der Übersetzung ist eine noch nicht abstrahierte TML Funktion $f \equiv \lambda\, c\, k$, die durch ihren Literalvektor (s. Fig. 7.1 auf S. 149) repräsentiert wird. Dieser Literalvektor enthält neben lokal in f benutzten Zeichenketten- und doppeltgenauen Fließkommaliteralen auch den abstrakten TML Kode der Funktion f selbst und aller statisch in f geschachtelt deklarierten Funktionen. Die Kompilation erfolgt durch einen rekursiven Abstieg in c, wobei der Kode für zusammengesetzte Instruktionen ($\ll c \gg$) systematisch aus dem Kode $\ll c_i \gg$ ihrer Teilinstruktionen c_i zusammengesetzt wird. Dabei ist zu beachten, daß die für TML definierte Evaluationsreihenfolge in dem generierten C-Kode erzwungen wird. Da z.B. in C die Reihenfolge der Evaluation der Argumente einer Funktion nicht spezifiziert ist, muß der Kode einer geschachtelten Funktionsapplikation $\ll g0(g1(c_1)\, g2(c_2)) \gg$ aus einer Anweisungssequenz bestehen,

[2]Durch eine Compileroption kann zwischen traditionellem (K&R) C und standardisiertem ANSI-C gewählt werden. Die nachfolgenden Beispiele zeigen K&R C-Kode.

in der die Ergebnisse der Teilausdrücke in der korrekten Reihenfolge an lokale Variablen t_1 und t_2 zugewiesen werden:

$t_1 = \ll g1(c_1) \gg;$
$t_2 = \ll g2(c_2) \gg;$
$\ldots\ g0(\ldots, t_1, t_2)$

Enthalten c_1 und c_2 selbst komplexe Teilinstruktionen, so muß der für c_1 und c_2 erzeugte Kode ebenfalls korrekt linearisiert werden. Eine wichtige Aufgabe bei der Übersetzung von TML nach C besteht in der Vermeidung überfüssiger temporärer Variablen und der Zuordnung lokaler Variablen an möglichst kleine lokale Sichtbarkeitsbereiche, um dem C-Compiler einen möglichst großen Optimierungsspielraum zu geben.

Eine TML Anweisungssequenz $c_1 ; c_2$ wird als eine C-Anweisung ($\ll c_1 \gg$;) und ein C-Ausdruck ($\ll c_2 \gg$) übersetzt. Die Übersetzung einer Mehrwegverzweigung in TML **alt** c **of** $b_1 \rightarrow i_1 \ldots b_n \rightarrow i_n$ **do** $c_1 \ldots c_m$ **else** c' erfolgt durch eine **switch** Anweisung in C. Schleifen, die in TML mit **loop** c und **exit** c gebildet werden, können nicht auf **while** Schleifen mit **break** Anweisungen in C abgebildet werden, sondern müssen in **goto** Anweisungen mit Fallmarken in C übersetzt werden. Hintergrund dieser Tatsache ist die Überladung des **break** Schlüsselwortes in C, die eine korrekte Übersetzung der **exit** c Anweisungen durch eine **break** Anweisung in einer **switch** Anweisung unmöglich macht.

Das Auslösen einer Ausnahme **raise** c erfolgt durch den Aufruf der Funktion *thread_raise*, die zu einem Kontrolltransfer zu der zuletzt mit **trap** c_1 **with** l_i **do** c_2 installierten Ausnahmebehandlungsroutine durch einen nicht-lokalen Sprung *longjmp* führt. Wie im vorangegangenen Abschnitt beschrieben, benutzt auch der TML Interpreter das Modul *thread*, so daß eine korrekte Interaktion zwischen interpretiertem und kompiliertem Kode auch im Ausnahmefall gesichert ist. Die Übersetzung einer Ausnahmebehandlungsinstruktion **trap** c_1 **with** l_i **do** c_2 besitzt die folgende Struktur:

```
if setjmp(thread_pushHandler()) == 0 {
  t = ≪c1≫;
  thread_popHandler; }
else {
  li = thread_raisedValue(); /* if required */
  t = ≪c2≫
}
```

Ein Aufruf der Funktion *thread_popHandler* entfernt die zuletzt mit *setjmp* installierte Ausnahmebehandlungsroutine. Das Ausnahmepaket muß explizit über die Zuweisung *li = valueLastRaised()* bestimmt werden und kann nicht als Ergebnis der Funktion *setjmp* übergeben werden, da der Wert 0 einen legalen TML Ausnahmewert darstellt, der jedoch von der Funktion *setjmp* zur Kennzeichnung der Situation “keine Ausnahme aufgetreten” reserviert ist. Das Ergebnis der zusammengesetzten Instruktion steht in der temporären Variablen t zur Verfügung.

Eine in einer Funktion f statisch geschachtelte Funktionsabstraktion $\nabla_n\, c_1\, c_2\, \{\lambda\, c\, k\}$ wird zunächst durch eine separate C-Funktionsdeklaration mit einem automatisch generierten eindeutigen Namen *library_label$_x$*, $n+1$ Parametern, k mit *nil* initialiserten lokalen Variablen und dem für c generierten Kode übersetzt:

```
data_Value library_label_x(g, p1, ... pn)
    data_Value *g, p1, p2, ..., pn;
{   data_Value l1 = data_Nil;
    data_Value l2 = data_Nil;
    ...
    data_Value lk = data_Nil;
    return «c»;
}
```

An der Position der Instruktion $\nabla_n\, c_1\, c_2\, \{\lambda\, c\, k\}$ innerhalb von f wir folgender Kode zum dynamischen Anlegen eines Funktionsabschlusses generiert:

```
newClosure(
    «c1», /* = locality */
    «c2», /* = reference to literals */
    n,
    library_label_x)
```

Die Funktion *newClosure* liefert eine Objektspeicherreferenz auf einen neu angelegten Funktionsabschluß zurück, der mit einem Verweis auf die Funktionsliterale sowie einer symbolischen (Bibliotheksname, Funktionsname) und einer absoluten (Funktionsadresse) Bindung an den generierten C-Kode initialisiert ist. Durch nachfolgende TML Instruktionen ($\mathbf{glb}_i c \leftarrow c_i$) werden die n globalen Werte im Funktionsabschluß explizit initialisiert.

Die Übersetzung der übrigen TML Instruktionen ist schematisch in der folgenden Tabelle zusammengefaßt:

$\mathbf{lit}_i$	$\Rightarrow$	*store_get(g[3], i)*
$\mathbf{loc}_i$	$\Rightarrow$	*li*
$\mathbf{par}_i$	$\Rightarrow$	*pi*
$\mathbf{glb}_i$	$\Rightarrow$	*g[i]*
$c_1[c_2]$	$\Rightarrow$	*store_get(«c_1», «c_2»)*
$\mathbf{loc}_i \leftarrow c$	$\Rightarrow$	*li = «c»*
$c_1[c_2] \leftarrow c_3$	$\Rightarrow$	*store_set(«c_1», «c_2», «c_2»)*
$\mathbf{glb}_i c_1 \leftarrow c_2$	$\Rightarrow$	*store_set(tagged(i+3), «c_1», «c_2»)*

Der C-Kodegenerator kennt die Namen der *builtin* Funktionen, so daß er für ihre Applikation $\mathbf{builtin}(op)(c_0 \ldots c_m)$ Kode der folgenden Form generieren kann:

```
library_op_label_op(«c0», ..., «cm»)
```

Eine Funktionsapplikation $c(c_0 \ldots c_m)$ erfordert neben der Übergabe der in TML sichtbaren Parameter $\ll c_0 \gg$ bis $\ll c_m \gg$ auch die Übergabe eines Zeigers auf den Funktionsabschluß der Funktion $\ll c \gg$ selbst. Da der Funktionsabschluß jedoch im Objektspeicher gehalten wird, muß er vor dem Aufruf durch die Funktion *store_fixExecute* im Hauptspeicher *fixiert* werden:

t = *store_fixExecute*($\ll c \gg$);
(*(closure)t[0])(t, $\ll c_0 \gg, \ldots, \ll c_m \gg$)

Durch einen *type cast* wird die Funktionsadresse aus dem Funktionsabschluß t vor der Parameterliste als Wert eines Funktionstyps mit $m + 2$ Parametern des Typs *data_Value* definiert, so daß der C-Funktionsaufruf im generierten Kode korrekt typisiert ist.

8. Eine modellunabhängige Objektspeicherschnittstelle

Wie bereits in § 3.1 hervorgehoben wird, strebt die Tycoon Systemarchitektur eine konzeptionelle und systemtechnischen Trennung von Datenmodellierung (TL), Datenmanipulation (TML) und Datenspeicherung (TSP) an. Gegenstand dieses Kapitels ist das *Tycoon Store Protocol* (TSP), das eine minimale, weitgehend modellunabhängige Objektspeicherschnittstelle innerhalb der Tycoon Schichtenarchitktur definiert (s. Fig. 3.2 auf S. 21).

TL Programmierern und TML Evaluatoren bietet das TSP die in §7.3 formalisierte Abstraktion eines homogenen *Objektspeichers*, der das Anlegen, Lesen und Ändern von (polymorphen, inhomogenen) Zustandswertvektoren gestattet. In diesem Punkt der Entwurfsentscheidung anderer Objektspeicher folgend [Moss 89; Brown, Rosenberg 91; Cattell 91] wird die Größe eines Zustandswertvektors bei der Objektgenerierung fixiert, d.h. Objektspeicherobjekte können nicht dynamisch wachsen oder schrumpfen. Jedes im Objektspeicher angelegte Objekt ist eindeutig über eine abstrakte Objektspeicherreferenz identifizierbar.

Das Tycoon Prozeßmodell (s. Fig. 7.2 auf S. 149) verdeutlicht darüber hinaus, daß das TSP ebenfalls einen Mechanismus zur Kommunikation zwischen parallel exekutierenden TML Evaluatoren, eventuell innerhalb verschiedener Betriebssystemprozesse und auf verschiedenen Rechnerknoten über gemeinsam genutzte (Datenbank-) Variablen darstellt.

8.1 Portable Datenrepräsentation

In klassischen Betriebssystemen ist der einem Prozeß zugeordnete Speicher in Daten- und Programmsegmente partitioniert. Die einem Prozeß zur Verfügung gestellte Halde (*heap*) bildet einen linearen (byte- oder wortorientierten) Adreßraum, in dem beliebigstrukturierte Datenobjekte über Maschineninstruktionen gelesen und modifiziert werden können. Die Abstraktion des TSP Objektspeicherprotokolls weicht von diesen Speichermodell ab, um ihren Klienten eine weitergehende operationale Unterstützung bei der Speicherverwaltung zu bieten, wie sie in datenintensiven Anwendungen benötigt wird:

Automatische Freispeicherverwaltung Zur Sicherung der referentiellen Integrität des Objektspeichers dürfen Klienten des Objektspeichers den

Speicherplatz nicht mehr benötigter Speicherobjekte nicht explizit freigeben. Vielmehr ist der Objektspeicher selbst für das Löschen nicht mehr erreichbarer Objekte verantwortlich. Der durch das TSP definierte Lebensdauer- und Erreichbarkeitsbegriff wird im nächsten Abschnitt erläutert.

Persistenz Ein Objekt des Objektspeichers kann als *persistent* deklariert werden. Alle von diesem Objekt aus über Objektreferenzen transitiv erreichbaren Objekte werden dann ebenfalls langlebig gespeichert.

Atomarität, Fehlererholung Eine Operation des TSP gestattet die Definition von Sicherungspunkten. Die zwischen zwei Sicherungspunkten an persistenten Objekten durchgeführten Änderungen können durch eine explizite Rücksetzoperation rückgängig gemacht werden. Sicherungspunkte bilden die Grundlage für die Definition atomarer Zustandsübergänge.

Portabilität Das TSP gestattet den Austausch von Tycoon Daten und Programmen zwischen beliebigen Hardware- und Softwarearchitekturen. Der Objektspeicher ist für die dabei erforderliche Wertkonvertierung (z.B. Bit- und Byte-Ausrichtung in Worten) verantwortlich. Insbesondere sind Marshalling- und Unmarshalling-Algorithmen [Herlihy, Liskov 82] zu unterstützen, die auch graphstrukturierte Objekte mit gemeinsamen Substrukturen (*sharing*) und Zyklen korrekt behandeln [Birell et al. 88; Nelson 91].

Synchronisation Als Seiteneffekte von Lese- und Schreibzugriffen auf Speicherobjekte müssen Synchronisationsmechanismen (z.B. das Versenden von Sperranforderungen) angestoßen werden können, die eine problemadäquate Synchronisation (z.B. Serialisierbarkeit) paralleler Zugriffe durch verschiedene Instanziierungen von TML Evaluatoren sichern[1].

Zur Realisierung dieser zusätzlichen Dienste findet die Adressierung von Speicherobjekten im TSP nicht über Adreßberechnungen in einem linearen Adreßraum statt, sondern erfolgt ausschließlich über Paare bestehend aus (abstrakter) Objektspeicherreferenz und relativem Offset innerhalb des referenzierten Objektes. Auch der im Objektspeicher gehaltene TML Kode genügt diesen Adressierungskonventionen.

Um eine für Evaluatoren transparente Eingliederung von Fehlererholungs- und Synchronisationsmechanismen zu erlauben, ist das TSP durch eine *Softwareschnittstelle* realisiert. Somit können Zugriffe auf den gemeinsam genutzten Speicher auch im kompilierten TML Kode nicht durch Maschineninstruktionen implementiert werden.

Im Unterschied zu den Abstraktionen an der Satzschnittstelle klassischer Datenbanksysteme [Härder 87] existiert im TSP keine Beschränkung der maximalen Objektgröße.

---

[1]Die gegenwärtige Implementierung des Tycoon Objektspeichers unterstützt keinen Mehrbenutzerzugriff.

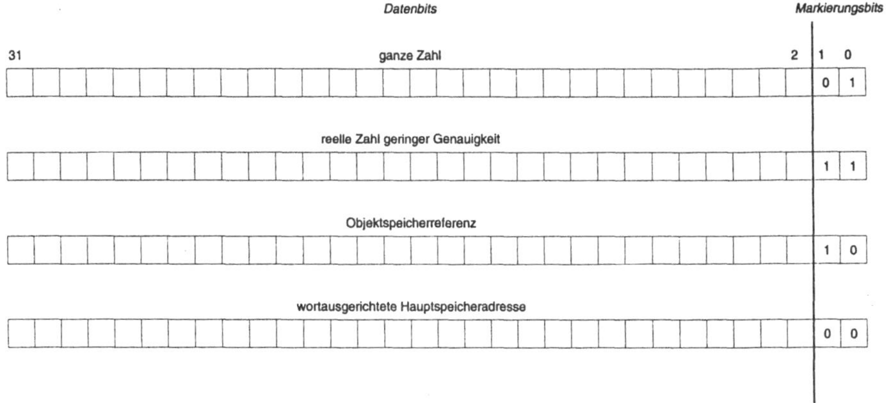

Fig. 8.1. Markierte Datenrepräsentation im Tycoon System

Für die Zwecke der automatischen Freispeicherverwaltung und des portablen Datenaustauschs muß die "Semantik" der Objektspeicherstrukturen bis zu einem gewissen Grad dem Objektverwaltungsystem bekannt sein. Objektspeicherobjekte sind daher (unabhängig von den in TL vorhandenen Typinformationen) *selbstbeschreibend*. Jedes Objektspeicherobjekt der Größe n ist mit einer Formatinformation ausgestattet, die bei der Objektgenerierung definiert wird (s.a. § C.3):

valueArrayFormat Ein Vektor bestehend aus n Worten des Typs *data_Value*;

immediateArrayFormat Ein Vektor bestehend aus n Worten des Typs *data_Immediate*. Solche Vektoren enthalten keine Objektspeicherreferenzen.

byteArrayFormat Ein Vektor bestehend aus $4n$ Bytes.

longRealArrayFormat Ein Vektor bestehend aus $n/2$ doppeltgenauen Fließkommazahlen gemäß IEEE Standard [IEEE 85].

closureFormat Dieses Format entspricht dem *valueArrayFormat*. Zusätzlich wird dem Objektspeicher bekanntgegeben, daß dieser Vektor Referenzen auf ausführbaren TML- oder Maschinenkode enthält.

Das Modul *data* in Anhang § C.1 (vgl. auch Fig. 8.1) zeigt schließlich die markierte Datenrepräsentation für Elemente der Objekte der Formate *valueArrayFormat* und *closureFormat*. Sie unterscheidet zwischen (flüchtigen) wortausgerichteten Hauptspeicheradressen (Bit 1 = 0, Bit 0 = 0), ganzzahligen Werten (Bit 1 = 0, Bit 0 = 1), reellen Zahlen geringer Genauigkeit (Bit 1 = 1, Bit 0 = 1) und Objektspeicherreferenzen (Bit 1 = 1, Bit 0 = 0).

Wie in [Steenkiste, Hennessy 87] beschrieben, erweist sich die Verwendung der *least significant bits* eines jeden Wortes zur Aufnahme der Markierungsbits für die Weiterverarbeitung der Daten auf einer konventionellen Hardwarearchitektur als besonders vorteilhaft, da unter Benutzung dieses Markierungsschemas die Arithmetik auf ganzen Zahlen effizient zu implementieren ist.

Wortausgerichtete Datenobjekte besitzen eine durch 4 teilbare Adresse, die somit mit dem Bitmuster "00" endet. Diese Tatsache wird im Tycoon System bei der Analyse von Register- und Kellerspeicherinhalten des aus TML über C generierten Maschinenkode ausgenutzt, um Objektspeicherreferenzen von flüchtingen Hauptspeicheradressen zu unterscheiden.

Die Beschränkung auf einen rein wortorientierten Objektspeicherzugriff (statt einer Kombination von Byte-, Halbwort-, Wort- und Doppelwortzugriff) und die Kennzeichnung von Datenobjekten führt zu stark vereinfachten Objektspeicherimplementierungen und wird bereits mit großem Erfolg in kommerziellen Rechnerarchitekturen vorgenommen [Hall, Barry 90].

8.2 Portable Programmrepräsentation

Terme der Sprache TML (s. Fig. 7.3 auf S. 150) sind im Objektspeicher direkt als abstrakte Syntaxbäume abgelegt. Jeder Baumknoten (jede TML Instruktion) entspricht einem Objektspeichervektor im *valueArrayFormat*, der sowohl (markierte) Knoteninformationen als auch (markierte) Referenzen auf seine Nachfolger besitzt.

Auch nach Übersetzung einer TL Funktion *f* in Maschinenkode ist zur Laufzeit jederzeit eine Referenz auf die Wurzel des zugehörigen TML Kode (über einen Eintrag im Literalvektor von *f*) verfügbar. Der TML Kode ermöglicht nicht nur eine dynamische Programmnalyse (z.B. zur Anfrage- und Transaktionsoptimierung), sondern auch die Interpretation von Datenstrukturen mit funktionalen Komponenten in heterogenen Netzwerken. Schließlich ist durch diese Repräsentationsform ebenfalls eine optimierende dynamische Rekompilation von TML Funktionen unter Kenntnis ihrer globalen Bindungen (und Parameter) implementierbar.

Die gewählte TML Repräsentation zeichnet sich durch ihre hohe Lokalität (der Speicherplatz für den TML Kode wird automatisch freigegeben, sobald die zugehörige Funktion unerreichbar geworden ist), ihre referentielle Transparenz (unabhängige Teilinstruktionen besitzen keine gemeinsamen Teilgraphen) und ihre leichte Analysierbarkeit durch TL Programme aus (das Kodeformat einer TML Instruktion ist identisch mit dem Datenformat eines Tupeltypen mit Varianten in TL).

8.3 Interaktion zwischen TML Evaluatoren und dem Objektspeicher

Grundsätzlich werden Zustandsänderungen eines Tycoon Objektspeichers durch TML Evaluatoren über explizite Aufrufe von Prozeduren des Moduls *store* ausgelöst (z.B. *new*, *set*, *get*, *stabilise*, s.a. § C.3). Der aufrufende Evaluator erhält im Regelfall nach dem Aufruf dieser Prozeduren unmittelbar die Programmkontrolle zurück. Fatale Speicherfehler werden durch TML Ausnahmen signalisiert und können von dem TL Programmierer durch Ausnahmebehandlungsroutinen abgefangen werden.

Um die Kosten der Objektverwaltung für zahlreiche aufeinanderfolgende Operationen auf demselben Speicherobjekt zu minimieren, bietet das TSP wie praktisch alle persistenten Objektspeichersysteme (vgl. [Brown, Rosenberg 91; Moss 89; Velez et al. 89]) Mechanismen zur *Fixierung* von Objekten im Hauptspeicher. Bereits beim Fixieren eines Objektes muß der intendierte Zugriffsmodus bekanntgegeben werden (*fixRead*, *fixReadWrite*). Die Werte fixierter Speicherobjekte können durch direkte Maschineninstruktionen gelesen und verändert werden. Fixierte Objekte müssen durch Evaluatoren explizit wieder freigegeben werden (*unfix*). Das Layout des durch das fixierte Objekt im Hauptspeicher belegten Speicherplatzes (Bit- und Byteausrichtung) richtet sich nach den Adressierungskonventionen der Rechnerarchitektur, auf der das TML Programm evaluiert wird.

Durch synchronisationsbedingte Wartebeziehungen zwischen (quasi-) parallelen TML *threads* kann ein in Ausführung befindlicher *thread* bei Lese- und Schreiboperationen suspendiert werden. Eine Suspendierung aktiver *threads* kann ebenfalls durch eine Speicherfreigabeoperation (*garbage collection*) erforderlich werden, die automatisch beim Scheitern einer *new* Operation aufgrund Platzmangels ausgelöst wird.

Aufgabe der *garbage collection* ist die Freigabe des durch nicht mehr erreichbare Objekte belegten Speichers. Dabei gilt:

1. Das mit *setRoot* definierte persistente Wurzelobjekt des Speichers ist erreichbar;

2. Jedes durch *fixRead* und *fixWrite* fixierte Objekt ist erreichbar;

3. Jedes Objekt, dessen Referenz in einer lokalen Zustandsvariablen eines TML Evaluators gehalten wird, ist erreichbar;

4. Ist ein Objekt *O* mit dem Format *valueArrayFormat* oder *closureFormat* erreichbar, so sind alle Objekte, die über (mit "10" markierte) Werte in *O* referenziert werden, ebenfalls erreichbar;

5. Keine anderen Objekte sind erreichbar.

Auf den ersten Blick scheint Regel (3) zu einer problematischen Abhängigkeit zwischen der Implementierung von TML Evaluatoren und Objektspeichern zu führen. Diese Abhängigkeit wird im TSP durch eine Enumerationsfunktion des Typs *Enumerator* vermieden, die dem Objekspeicher durch den Evaluator explizit bekanntgemacht wird (s. § C.3 und § C.4). Eine Enumerationsfunktion *enum* ist für jeden TML Evaluator zu implementieren und dem Objektspeicher durch einen Prozeduraufruf (*setReferenceEnumerator(enum)*) mitzuteilen.

Enum ist eine Funktion höherer Ordnung, die eine durch den Objektspeicher frei definierbare Funktion *f* sukzessive auf alle lokalen Zustandsvariablen v_i anwendet und das Funktionsergebnis $f(v_i)$ der Zustandsvariablen v_i wieder zuweist.

Die Enumerationsfunktion für den TML Interpreter wendet die Funktion *f* auf jedes Element des Operanden- und Operatorenkellers (*stack, codeStack*) sowie auf die Register *v* und *gb* an. Die Enumerationsfunktion für generierten Maschinenkode ist stark hardwareabhängig und erfordert das Traversieren der aktuell aktiven Prozedurrahmen und der beim Suspendieren gesicherten Maschinenregister.

Der Objektspeicher kann die Enumerationsfunktion zunächst zur Bestimmung der Menge der erreichbaren Wurzelobjekte verwenden (*f* ist die Identitätsfunktion). Wird z.B. durch eine kopierende *garbage collection* eine Referenzmodifikation notwendig, so kann die Enumerationsfunktion ebenfalls zum Umsetzen aller betroffenen Zustandsvariablen von suspendierten TML Evaluatoren eingesetzt werden.

9. Innovative Tycoon Bibliotheksabstraktionen

Die Qualität einer Programmiersprache für datenintensive Anwendungen läßt sich nur unzureichend an kleinen Beispielen überprüfen, wie sie in § 4 und § 5 vorgestellt wurden. Erst bei der Konstruktion komplexer Systeme, die von mehreren Programmierern entworfen, erstellt und auch wieder geändert werden, treten typischerweise Namens-, Bindungs- und Typisierungsprobleme auf, wie sie durch die Interaktion zwischen Spracheigenschaften entstehen, die auf den ersten Blick "harmlos" erscheinen. Typische Beispiele solcher Probleme in Modula-2 sind die undefinierte Modulinitialisierungsreihenfolge im Falle zyklischer Importe, die Überdeckung von Variablennamen in *WITH* Anweisungen oder das Auftreten von Namenskonflikten beim Import von Aufzählungstypen.

Konkrete Erfahrungen mit großen modularen Datenbanksystemen liegen für TL zur Zeit noch nicht vor. Jedoch wurde bereits parallel zum Entwurf der Sprache TL eine Sammlung von *Tycoon Bibliotheken* (ca. 130 Module) erstellt, die neben klassischer Bibliotheksfunktionalität (Standarddatentypen, Funktionen zur Dateneingabe und -ausgabe) auch innovative Abstraktionen zur Datenbankappliktions- und systemprogrammierung bieten.

Anhang § B zeigt die Quelltexte ausgewählter Schnittstellen der Tycoon Bibliotheken. Vorläufige Versionen dieser Bibliotheken wurden unter Verwendung eines Prototypen für eine eng mit TL verwandte persistente Sprache (P-Quest, s. § 9.6) parallel zu den TL Sprachprozessoren entwickelt.

Aufgrund der sprachlichen Mächtigkeit von TL (parametrischer Polymorphismus, Subtyppolymorphismus und partielle Typabstraktion) können in den Tycoon Bibliotheken innovative Abstraktionen zur Programmierung datenintensiver Anwendunge angeboten werden, die in den folgenden Abschnitten kurz vorgestellt werden.

9.1 Iterationsabstraktion über generalisierte Massendaten

Die Sprache TL bietet weder vordefinierte Typkonstruktoren für Massendaten (*bulk data types*) noch vordefinierte Sprachkonzepte zur Iterationsabstraktion (vgl. § 2.1). Wie in [Matthes, Schmidt 91a] beschrieben, verfolgt das Tycoon

System stattdessen einen *add-on* Ansatz zur Unterstützung hochsprachlicher Abstraktionen für die mengenorientierte Datenverarbeitung.

Kernpunkt dieser Abstraktionen ist der parametrisierte abstrakte Datentyp *Iterator* (*Iter.T(E P)*), der den lesenden Zugriff auf homogene Datensammlungen von *Elementen* (Werten eines Typs *E*) erlaubt. Gewisse Iteratoren unterstützen zusätzlich die Identifikation der Elemente *e :E* innerhalb der Datensammlung durch abstrakte *Positionen* (Werte des Typs *P*).

Das Konzept der Iteratoren in Tycoon kann als eine Verallgemeinerung bekannter Abstraktionen der System- und Datenbankprogrammierung verstanden werden, wie z.B. *streams* in Unix, *reader* in Oberon [Wirth, Gutknecht 90] und Modula-3 [Nelson 91], *abstract collections* in Smalltalk [Goldberg, Robson 83] und in den Eiffel Bibliotheken [Meyer 90], *iterators* in CLU [Liskov, others 77] und Trellis, *access expressions* in DBPL [Schmidt, Matthes 91b] und *comprehensions* in funktionalen Datenbanksprachen [Trinder 89; Atkinson et al. 91]. All diesen Abstraktionen ist gemein, daß sie eine Trennung der abstrakten Spezifikation eines mengenorientierten Datenzugriffs von seiner Implementierung durch Folgen elementarer Zugriffsprimitive ermöglichen.

In den Tycoon Bibliotheken dienen Iteratoren als kanonisches Protokoll zum effizienten mengenorientierten Informationsaustausch zwischen unabhängig entwickelten Bibliothekskomponenten. Jede Massendatenstruktur (z.B. die Datentypen *list.T*, *set.T*, *file.T* und *arrayOp.T* auf S. 208) bietet eine Funktion *elements*, die einen Iterator über die Elemente der Datenstruktur liefert. Umgekehrt kann durch die Funktion *create* eine beliebige Datenstruktur durch eine Enumeration ihrer Elemente generiert werden. Gewisse Datenstrukturen bieten verschiedene Iterationsmöglichkeiten über ihre Elemente (z.B. Bereichsanfragen in B^{link} Bäumen oder Tiefensuche und Breitensuche in gerichteten Graphen). Iteratoren können auch durch induktiv definierte, "virtuelle" (möglicherweise unendliche) Datenstrukturen, wie z.B. Intervalle ganzer Zahlen (*int.enum(1 100)*, s.S. 207) definiert werden. Dieses Beispiel verdeutlicht auch die Nähe zwischen Iteratoren in Tycoon und dem Konzept der *lazy lists* [Field, Harrison 88] in nicht strikt-evaluativen funktionalen Sprachen.

Die Schnittstelle *Iter* (s. S. 209) exportiert eine Anzahl generischer Operationen auf Iteratoren beliebiger Elementtypen und beliebiger Implementierung. Diese *Iterationsabstraktionen* bieten Operationen zur Inspektion, Selektion, Transformation, Reduktion, Iteration mit Seiteneffekten, Subiterationsdefinition und zur Elementselektion über Positionen. Diese Operationen subsumieren insbesondere die Funktionalität des relationalen Kalküls und der relationalen Algebra (Selektion, Projektion, Join). Die Mehrzahl der Iterationsabstraktionen ist durch Funktionen höherer Ordnung definiert. So besitzt z.B. die Funktion *iter.map* einen Funktionsparameter *f*, der auf jedes Element der Iteration angewendet wird:

print.iter(iter.map(int.enum(1 10) int.odd) fmt.bool)
⇒ [true, false, true, false, true, false, true, false, true, false]

In diesem Beispiel wird die Enumeration der Zahlen 1 bis 10 durch die Funktion *iter.map* mit dem Funktionsargument *int.odd* in eine Enumeration boolescher Werte umgewandelt, die schließlich mit der Funktion *print.iter* unter Zuhilfenahme der Formatierungsfunktion für boolesche Werte (*fmt.bool*) am Bildschirm dargestellt wird.

Beim Entwurf des Datentyps *Iter.T* wird bewußt auf eine direkte Möglichkeit zum destruktiven Ändern von Elementen der Iteration verzichtet. Iteratoren stellen somit eine reine mengenorientierte Anfragesprache dar. Andererseits werden Positionsangaben bei Selektions- und Projektionsoperationen unverändert propagiert. Im Anschluß an eine mengenorientierte Selektion kann somit eine Aktualisierung der zugrundeliegenden Datenstruktur unter Verwendung der abstrakten Positionsangaben durchgeführt werden. Positionen können daher als verallgemeinerte Lösung des bekannten *view update* Problems in relationalen Datenbanken verstanden werden [Cosmadakis, Papadimitriou 83; Böttcher 88].

```
let poorPersonsView = iter.select(arrayOp.elements(persArray)
        fun(p :Person) p.salary<1000)
iter.forEachWithPos(poorPersonsView
        fun(p :Person index :Int) persArray[index].bonus:= p.salary / 10)
```

Die Schnittstelle zwischen den Operationen des Moduls *iter* und konkreten Massendatenstrukturen wird durch "Objekte" des rekursiven Datentyps *IterRep.T* = *Iter.T* gebildet (s.S. 206 und S. 209). Aufgrund der Subtypregeln von TL sind Iteratoren kovariant in ihrem Elementtyp:

A <:B ⇒ Iter.T(A P) <:Iter.T(B P)

So kann z.B. eine Iteration über Elemente des Typs *Student* überall dort verwendet werden, wo eine Iteration über Elemente des Typs *Person* erwartet wird.

Iteratoren sind ebenfalls kovariant in ihrem Positionstyp:

A <:B ⇒ Iter.T(E A) <:Iter.T(E B)

Daher kann z.B. eine positionierbare Iteration überall dort verwendet werden, wo nur eine nicht-positionierbare Iteration *Iter.T(E* **Ok**) benötigt wird.

Eine Spezialisierung von Iteratoren auf Zeichenströme stellt der Datentyp *Read.T* dar, auf dem z.B. die Abstraktionen der Module *Read*, *Print* und *File* aufbauen:

```
Let T = Tuple
    Repeat IterRep.T(Char Int)
    readBlock(buffer :mutString.T  start, len :Int) :Int
    (* Read a block of characters into buffer. Return the actual
  number of characters successfully retrieved. *)
end
```

Aufgrund der Subtypisierungsregeln für rekursive Typen gilt:

Read.T <: IterRep.T(Char Int)

9.2 Transaktionale Datenbankprogrammierung

Ein zentrales Problem der Datenbankprogrammierung stellt die Wahrung applikationsspezifischer, typischerweise prädikativ formulierter Integritätsbedingungen dar (z.B. "Kein Angestellter darf mehr als sein Vorgesetzter verdienen", "Gehälter nehmen nie ab"). Unter Verwendung leistungsfähiger Typabstraktionen kann generische Bibliotheksunterstützung bei folgenden Teilaufgaben der transaktionalen Programmierung geboten werden:

Formulierung der Integritätstests Iteratoren gestatten die kompakte Formulierung quantifizierter boolescher Ausdrücke, wie sie in typischen Transaktionen auftreten:

```
let changeSalary(e :Employee newSalary :Int) :Ok =
    if iter.some(e.managers fun(mgr :Employee) mgr.salary<newSalary)
    orif iter.some(e.employees fun(emp :Employee) newSalary<emp.salary)
    then raise salaryException
    else e.salary:= newSalary
    end
```

Propagierung der Integritätstests Zahlreiche Integritätsbedingungen (wie z.B. referentielle Integrität, Inklusionsbeziehungen, Disjunktheit, Pfadabhängigkeiten) erfordern Integritätstests an mehreren Stellen innerhalb eines Programmes. Als Beispiel betrachte man die Erzwingung einer Inklusionsbeziehung zwischen einer Kollektion *c1* und einer Kollektion c2 identischen Elementtyps *E*:

```
iter.all(elements(c1) fun(x :E) iter.some(elements(c2) fun(y :E) x == y))
```

Diese Integritätsbedingung führt sowohl zu einer Vorbedingung für die Einfügeoperation in *c1* als auch zu einer Vorbedingung für die Löschoperation von *c2*. Durch den Einsatz von Funktionen höherer Ordnung und eine geeignete Typabstraktion ist es möglich, stereotype integritätserhaltende Einfüge-, Lösch- und Aktualisierungstransaktionen vollständig automatisch für eine eingeschränkte Klasse von Integritätsbedingungen zu generieren [Schewe et al. 92]. Die Inklusionsbeziehung zwischen *c1* und *c2* läßt sich z.B. folgendermaßen erzwingen:

```
let constraint1 = class.addInclusionConstraint(c1 c2)
```

An dieser Stelle kann nicht auf die Details der dem Beispiel zugrundeliegenden Klassenabstraktion eingegangen werden [Niederée 92]. Im wesentlichen aggregiert eine Klasse Einfüge-, Lösch- und Aktualisierungsfunktionen und einen Iterator über die aktuell existierenden Klasseninstanzen. Darüber hinaus verwaltet eine Klasse modifizierbare Mengen von Transaktionsprä- und Transaktionspostkonditionen (zustandsabhängige boolesche Funktionen), die durch Funktionen wie *class.addInclusionConstraint* erweitert werden.

Durch diese Form der Integritätsverwaltung kann man nicht nur Integritätsbedingungen mit den Definitionen der Kollektionstypen in einem *Datenbankschema* lokalisieren, sondern auch die Modifikation von Integritätsbedingungen

```
Let Operation = Fun() :Ok
let undoStack :stack.T(Operation) = stack.new(:Operation)
let tAbort() = while not(stack.empty(undoStack)) do
      let undoOperation = stack.pop(undoStack)
      undoOperation()
end
let tCommit() = stack.clear(undoStack)
let := (A <:Ok  var lValue :A  rValue :A) = begin
      let beforeImage = lValue
      let undoOperation = fun() lValue := beforeImage
      undoStack.push(undoOperation)
      lValue:= rValue
end
let abort = exception "Transaction Abort"
let transaction(A <:Ok  expression() :A) :A =
      try
    let result = expression()
    tCommit()
    result
      else
    tAbort()
    reraise
      end
```

Fig. 9.1. Rücksetzen von Transaktionen durch ein UNDO-Log (s. Text)

über die Lebensdauer der Datenbank hinweg stark vereinfachen. So kann z.B. die oben definierte Integritätsbedingung in einer späteren Systemversion folgendermaßen vollständig automatisch aus allen betroffenen Transaktionen entfernt werden:

class.removeConstraint(constraint1)

Rücksetzen integritätsverletzender Transaktionen Werden Integritätsverletzungen erst entdeckt, nachdem bereits Änderungsoperationen an der Datenbank vorgenommen wurden, ist ein Rücksetzen dieser Änderungsoperationen erforderlich. Das kurze Programmfragment in Fig. 9.1 zeigt beispielhaft, wie dieses Rücksetzen durch eine Redefinition des polymorphen Zuweisungsoperators ":=" in TL erreicht werden kann. Vor der eigentlichen Zuweisung *lValue:= rValue* wird zunächst der ursprüngliche Wert (*beforeImage*) der Variablen *lValue* bestimmt, und eine entsprechende kompensierende Operation als parameterlose Funktion (**fun**() *lValue:= beforeImage*) auf einem globalen Kellerspeicher abgelegt. Im Falle eines Transaktionsabbruchs (*tAbort*) werden die Effekte aller seit Transaktionsbeginn ausgeführten Zuweisungen durch Ausführung ihrer kompensierenden Operationen (in umgekehrter Reihenfolge) aus der Datenbank beseitigt.

Außerdem wird in Fig. 9.1 das stereotype Skelett einer Transaktion durch die Funktion *transaction* beschrieben: Tritt während der Ausführung des Transaktionsrumpfs *expression* eine Ausnahme auf, so wird vor dem Propagieren der Ausnahme zunächst das Rücksetzen der Transaktion ausgelöst. Somit reduziert sich z.B. die Implementierung einer fehlererholenden Buchungstransaktion auf das folgende TL Programmfragment:

```
let transfer(from, to :AccountIndex  amount :Real) =
     transaction(:Ok fun() begin
   account[to]:= account[to] + amount
   account[from]:= account[from] - amount
   if account[from]<0 then raise abort end
     end)
```

9.3 Direkte graphische Manipulation komplexer Objekte

Ein signifikanter Anteil des Programmieraufwands für datenintensive Anwendungen besteht im Erstellen von Funktionen zur formatierten Datenein- und Datenausgabe. Besonders anspruchsvoll ist die Programmierung von graphischen Benutzeroberflächen aufgrund des ihnen zugrundeliegenden nicht-sequentiellen Interaktionsmodells. Funktionen höherer Ordnung und parametrischer Polymorphismus ermöglichen eine substantielle Vereinfachung dieser repetitiven Programmieraufgaben.

Das Modul *Editor* auf S. 212 bietet Funktionen (*newInt, newString, newTuple, newVariant, newIter, ...*) zum Erzeugen von Bildschirmrepräsentationen für typisierte (rekursiv) geschachtelte TL Wertvariablen. Für Werte der Basistypen genügt die Angabe einer *get* und einer *set* Funktion zum Datenaustausch zwischen der Benutzerschnittstelle und den Programmobjekten (*controller* und *model*).

```
let var temperatur = 30
let tempEditor = editor.newInt("Temperatur"
      fun() temperatur
      fun(neu :Int)
    if neu<100 then temperatur:= neu
    else raise editor.illegal with "Zu heiß" end
    end )
```

Mit dem Aufruf *editor.display(tempEditor ...)* wird eine geeignete graphische Repräsentation des Wertes am Bildschirm angezeigt (s. Fig. 9.2). Editoren für

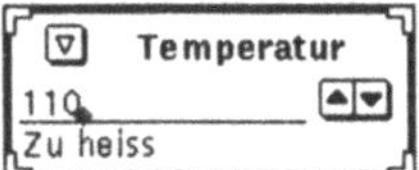

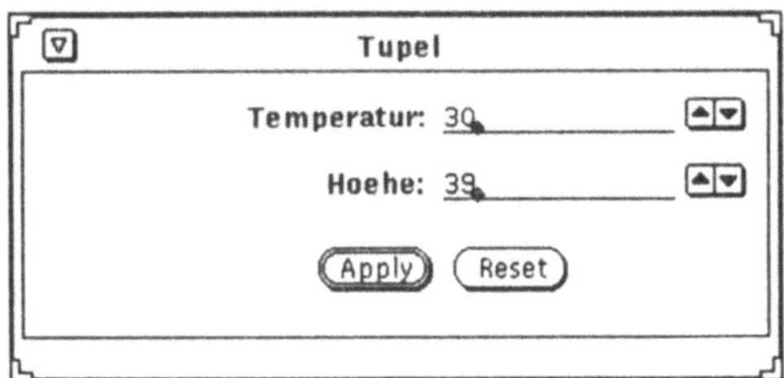

Fig. 9.2. Editoren für skalaren Komponenten

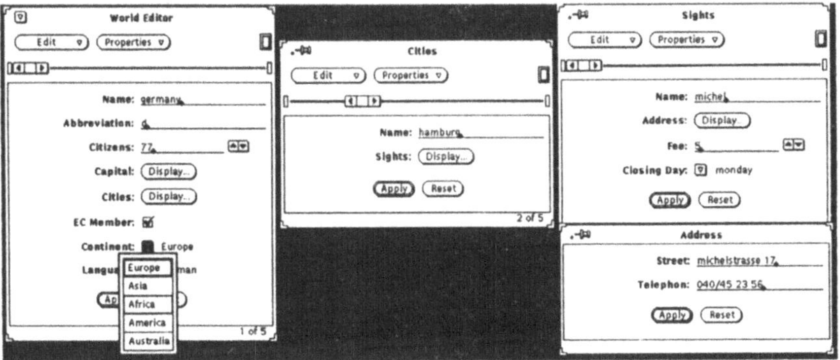

Fig. 9.3. Ein Editor für hierarchisch geschachtelte Mengen

strukturierte Werte werden systematisch durch Aggregation ihrer Komponenteneditoren erzeugt (s. Fig. 9.2)

let *tupelEditor = editor.newTuple("Tupel" iter.enum* **of** *tempEditor hoehenEditor* **end**)

Geschachtelte Tupel, Varianten und Iteratoren werden in separaten Fenstern angezeigt. Das Erzeugen von Editoren für "mengenwertige" Variablen (*editor.newIter*) erfordert neben den *get* und *set* Funktionen die Angabe zweier weiterer Funktionen zum Generieren neuer Elemente und zum dynamischen Erzeugen eines Elementeditors, der über eine L-Wertbindung an eine Cursorvariable gebunden wird. Fig. 9.3 zeigt schließlich ein komplexeres Beispiel, einen strikt hierarchischen Editor für Länder, Städte, Sehenswürdigkeiten und Adressen. Durch das Betätigen der *Display* Auswahlknöpfe werden selektiv die relevanten Substrukturen in separaten Fenstern angezeigt.

Besitzt eine Datenstruktur keinerlei Integritätsbedingungen auf ihren Attributen und entstammen alle Attribute einer bekannten Menge von Basistypen, so läßt sich die Generierung von Editoren durch eine dynamische Typanalyse innerhalb der Funktion *editor.newDyn* weiter automatisieren.

9.4 Eine strikt typisierte generische SQL Schnittstelle

Das Modul *SQL*, dessen Schnittstelle in Anhang § B auf S. 213 aufgeführt ist, zeigt exemplarisch, wie existierende generische Diensterbringer [SQL 87; Ingres Corporation 90a] typsicher in das Tycoon Programmierszenario integriert werden können.

Die Funktionalität eines SQL Servers (konkret Ingres Unix Release 6.3) wird durch drei abstrakte Typoperatoren und polymorphe Funktionen (teilweise höherer Ordnung) repräsentiert. Der Zugriff auf existierende (oder von Tycoon aus neu definierte) relationale Tabellen erfordert zunächst eine explizite Umsetzung der Tycoon Typinformationen in korrespondierende SQL Attributdefinitionen. Zum Beispiel können die Felder des Tycoon Typs

Let *Person =* **Tuple** *name :String salary :opt.T(Int)* **end**

wie folgt auf einen SQL "Tupeltyp" mit einem *varchar* Attribut der Maximallänge 20 ohne Nullwerte und einem *shortint* Attribut mit Nullwerten und dem Defaultwert 2000 abgebildet werden:

```
let persType = sql.newType(:Person array
    sql.newVarcharAttribute("name" false 20 opt.nil)
    sql.newInt2Attribute("salary" true opt.new(:Int 2000))
end)
```

Zur Programmlaufzeit wird eine dynamische Bindung zwischen Tycoon Programmvariablen und SQL Tabellen durchgeführt:

```
sql.connect("PersDB")
let persTable = sql.openTable(:Person "persons" persType)
```

Erst zu diesem Zeitpunkt kann überprüft werden, ob die Attributbeschreibungen *persType* mit dem aktuellen SQL Datenbankschema übereinstimmen. Innerhalb des Tycoon Programms werden jedoch alle Zuriffe auf die Variable *persTable* (des Tycoon Typs *sql.Table(Person)* vollständig statisch überprüft. Somit wird z.B. bereits zum Übersetzungszeitpunkt die Einfügeoperation

sql.insertTuple(:Person persTable **tuple** *"Peter" 2000* **end**)

als fehlerhaft zurückgewiesen, da das Attribut *salary* als optional (*nullable*) definiert wird. Die korrekte Einfügeoepration lautet:

sql.insertTuple(:Person persTable **tuple** *"Peter" opt.new(:Int 2000)* **end**)

Auch beim Zugriff auf SQL Datenbanken erweisen sich die Iterationsabstraktionen des Moduls *Iter* als hilfreich, da sie die direkte Weiterverarbeitung von Anfrageergebnissen, z.B. die Anzeige der Tupel mit Funktionen des Moduls *editor* erlauben:

let *rich = sql.newQuery("select * from persons where salary > 2000" persTable)*
editor.display(editor.newDyn(:IterRep.T(Person **Ok**) *rich) ...)*

9.5 Benutzerdefinierte Grammatiken

Zahlreiche der in § 5 beschriebenen systematischen Transformationsregeln von spezialisierten problemorientierten Sprachen in strikt typisierte TL Terme können bei Bedarf durch einfache *Syntaxerweiterungen* im Tycoon System unterstützt werden.

Neben der Flexibilität von TL wird eine syntaktische Erweiterbarkeit im Tycoon System durch die systemtechnische Trennung zwischen syntaktischer und semantischer Analyse sowie durch die Möglichkeit zur dynamischen Eingliederung *benutzerdefinierter* Grammatiken in das Tycoon System unterstützt. Spracherweiterungen können somit mit vergleichsweise geringem Aufwand durch die Manipulation abstrakter Syntaxbäume vollständig unabhängig von der Typüberprüfungsphase und der Transformation in TML Instruktionen implementiert werden.

Die syntaktische Analyse der Tycoon *top level* Kommandos und der Sprache TL wird durch automatisch generierte LL(1) Parser geleistet, die eine durch einen Scanner gelieferten Symbolfolge in einen abstrakten Syntaxbaum umwandeln. Das Modul *Parser* der Tycoon Bibliothek definiert einen parametrisierten Typ *Parser.T(I D)*:

Let *T(I, D <:***Ok**) = **Fun***(:ScannerState :I) :D*

Ein Parser wird also durch eine Funktion modelliert, die ausgehend von einem Scannerzustand und einem ererbten Attribut (*inherited attribute*) des Typs *I* ein abgeleitetes Attribut (*derived attribute*) des Typs *D* berechnet [Knuth 68; Reps, Teitelbaum 88]. So besitzt z.B. der Parser für TL Kompilationseinheiten den Typ *Parser.T(***OK** *TLUnit.T)*, da er beginnend mit einem trivialen ererbten

Attribut **ok** einen Syntaxbaum des Typs *TLUnit.T* als abgeleitetes Attribut generiert.

Das Modul *Grammar*, dessen Schnittstelle in Anhang § B auf S. 215 aufgeführt ist, erlaubt die automatische Generierung von beliebigen LL(1) Parsern des Typs *Parser.T(I D)* ausgehend von typisierten Grammatikdefinitionen. Als Beispiel betrachte man die folgende Grammatik:

Term ::= Factor { "+" Factor }.
Factor ::= ["–"] IntegerSymbol | CharSymbol | StringSymbol.

Sie wird in erster Näherung durch die folgenden Definitionen der Nicht-Terminale *factorG* und *termG* beschrieben:

```
let plusG = grammar.symbol(symbol.new("+"))
let minusG = grammar.symbol(symbol.new("–"))
let intG = grammar.symbol(IntegerSymbol)
let stringG = grammar.symbol(StringSymbol)
let charG = grammar.symbol(CharSymbol)
let factorG = grammar.alt of
    grammar.seq2(grammar.optional(minusG) intG)
    charG
    stringG
end
let termG = grammar.accumulate(factorG grammar.seq2(infixG factorG))
```

Diese Grammatikdefinitionen gestatten bereits die Generierung eines Parsers, der für beliebige Symbolfolgen entscheidet, ob diese der Grammatik *termG* genügen. In den obigen Grammatikdefinitionen fehlen jedoch noch *semantische Aktionen*, die beim Erkennen einer Phrase ein entsprechendes abgeleitetes Attribut (z.B. einen Knoten eines abstrakten Syntaxbaums) berechnen.

Die semantische Aktion einer Sequenz von n Teilgrammatiken wird z.B. durch eine typisierte Tycoon Funktion mit $n + 1$ Parametern beschrieben. Der erste Parameter besitzt dabei den Wert des ererbten Attributes des Typs *I*, während die folgenden n Parameter die Werte der abgeleiteten Attribute der n Teilbäume beschreiben. Das Ergebnis der Funktion definiert das abgeleitete Attribut der Sequenz.

Besitzt z.B. in der zweielementigen Sequenz *seqG ::= signG intG* das abgeleitete Attribut der Grammatik *signG::= ["–"]* den Wert +1 bzw. –1 und repräsentiert weiterhin das abgeleitete Attribut der Grammatik *intG* den Wert der durch *intG* beschriebenen ganzen Zahl, so kann die semantische Aktion der Sequenz, die Berechnung der vorbehafteten Zahl, durch die Multiplikation des Vorzeichens mit dem Wert des zweiten Terms ausgedrückt werden:

```
let seqGram = grammar.seq2(signG  intG
    fun(:Ok  sign :Int  value :Int):Int sign * value)
```

Vergleicht man diese Grammatikdefinition mit der Signatur der generischen Funktion *seq2* auf S. 215, so stellt man fest, daß die semantische Aktion *act* ihr erstes Argument, das ererbte Attribut des Typs *I*, ignoriert.

Die Argumente des zweistelligen abstrakte Typoperators *grammar.T(I D)* beschreiben den Typ des ererbten und des abgeleiteten Attributs einer Grammatikdefinition (z.B. *seqGram :grammar.T(***Ok** *Int))*. Daher kann der TL Compiler bereits beim Übersetzen einer Grammatikdefinition die Typkompatibilität *aller* semantischen Aktionen überprüfen[1].

Die Definition einer Alternative zwischen n Grammatiken (g_1 | g_2 | ...| g_n) ist nur möglich, wenn alle n Teilgrammatiken g_i kompatible abgeleitete und ererbte Attribute besitzen. Das abgeleitete (ererbte) Attribut der Alternative entspricht dem abgeleiteten (ererbten) Attribut der Teilgrammatiken. Diese Typeinschränkung wird korrekt durch die Signatur der Funktion *alt* auf S. 215 beschrieben:

*alt(I,D <:***Ok** *gram :arrayOp.V(T(I D))) :T(I D)*

Für eine Grammatik (einen Wert des Typs *grammar.T(I D)*) wird durch den Aufruf der Funktion *newParser* ein entsprechender Parser des Typs *Parser.T(I D)* generiert, der nach dem Prinzip des rekursiven Abstiegs arbeitet und eine robuste Fehlererholung über Folgesymbolmengen durchführt. Die Parsergenerierung macht intensiven Gebrauch von der Möglichkeit der Sprache TL polymorphe Funktionen als sprachliche Objekte "erster Klasse" in Datenstrukturen einzugliedern und im Sichtbarkeitsbereich anderer Funktionen (in diesem Fall der Parserfunktion) einzukapseln.

Verletzungen der LL(1) Eigenschaft (Zweideutigkeiten oder Linksrekursionen) werden bei der Parsergenerierung erkannt und über Ausnahmen signalisiert. Die Argumente der Ausnahme unterstützen eine Lokalisierung der fehlerhaften Teilgrammatiken (s.S. 216).

Zusammenfassend ist allen Beispielen der vorangegangenen Abschnitte gemein, daß sie hochgradig generische Dienste über schmale, abstrakt und polymorph typisierte Dienstschnittstellen anbieten. Dabei können die bei der Dienstbenutzung durch Klienten erforderlichen Benennungs-, Bindungs- und Typisierungsaufgaben trotz der Verschiedenartigkeit der Dienste adäquat durch die in TL vordefinierten Sprachmechanismen abgewickelt werden.

9.6 Implementierung der Tycoon Sprachprozessoren

In einem Pilotprojekt wurde zunächt die von Luca Cardelli am DEC SRC entwickelte polymorphe experimentelle Programmiersprache Quest [Cardelli 89] auf SPARC Hardwarearchitekturen portiert und eine persistente Variante der Sprache, *P-Quest* [Matthes et al. 92], unter Benutzung des Napier Objektspeichers [Brown et al. 91] der Universität von St. Andrews entwickelt. Damit stand ein adäquates Werkzeug zur Implementierung der in den Kapiteln 4 bis 8 beschriebenen TL Sprachprozessoren (Front-End, Back-End) zur Verfügung.

---

[1] Dies sollte im Kontrast zu dem völlig untypisierten Zugriff auf Attribute in "klassischen" Parsergeneratoren (wie YACC oder Bison) gesehen werden.

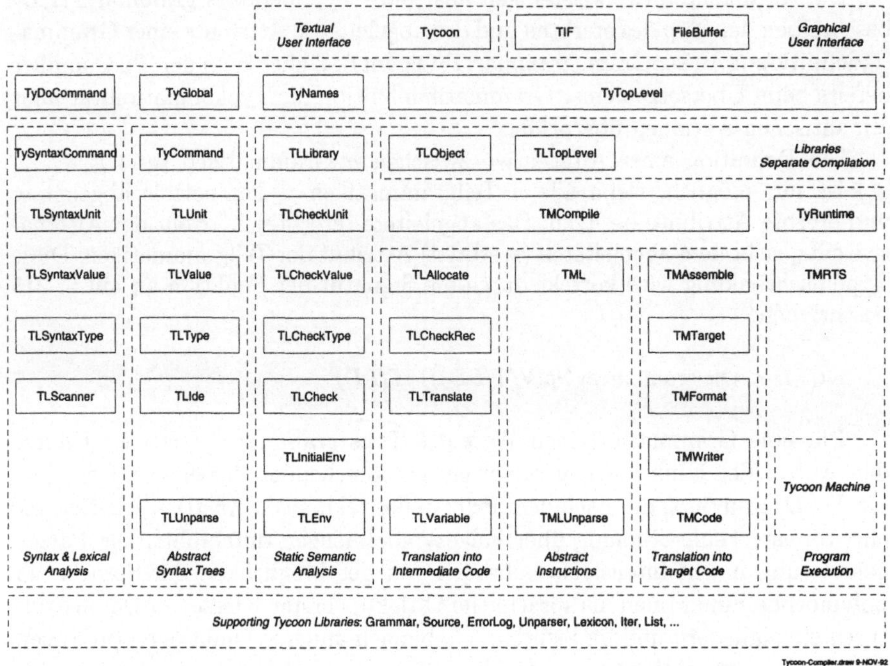

Fig. 9.4. Modulstruktur der Tycoon Sprachprozessoren

Die in Fig. 3.5 auf S. 28 gezeigte grafische Benutzeroberfläche ist zum Zeitpunkt der Manuskripterstellung nur auf Sun Arbeitsplatzrechnern einsetzbar, die das NeWS Fensterprotokoll [Sun Microsystems 92] unterstützen. Der in Fig. 7.5 auf S. 164 dargestellte Laufzeitkern ist in ANSI C implementiert. Gegenwärtig fehlen spezielle Mechanismen zum *Debugging* von TL Programmen (Einzelschrittmodus, Inspektion von lokalen Variablen). Durch die bereits vorhandene Möglichkeit zur interaktiven Ausführung von TL Funktionen und der Inspektion globaler Variablen fällt diese Einschränkung jedoch nicht allzu sehr ins Gewicht.

Fig. 9.4 zeigt schließlich die Modulstruktur des Tycoon Systems. Deutlich ist die Phasenstruktur der Übersetzung zu erkennen. Die einzelnen Phasen kommunizieren ausschließlich durch den Austausch abstrakter Syntaxbäume (rekursiv typisierter P-Quest Datenstrukturen). Das Modul *TMRTS* bildet die Schnittstelle zu dem Tycoon Laufzeitsystem und erlaubt das Laden von TML Kode in den Tycoon Objektspeicher, den Start von TML Evaluatoren und das Inspizieren von Zustandsvariablen im Tycoon Objektspeicher. Erst beim Start des Tycoon Systems wird der zu verwendende Parser für *top level* Kommandos (*TySyntaxCommand*) und für die konkrete TL Syntax (*TLSyntaxUnit*) dynamisch zu den übrigen Modulen des Systems gebunden. Hervorzuheben ist der hohe Anteil generischen Kodes (*Grammar*, *LL1Grammar*, *Lexicon*, *SymbolSet*, *Unparser*, *Assoc*, ...), der in hohem Maße wiederverwendbar durch Tycoon Bibliotheken realisiert ist.

Mit der Fertigstellung der TL Sprachprozessoren und des neu entwickelten Tycoon Objektspeichersystems können in der nächsten Projektphase aufgrund der weitgehenden "semantischen" Aufwärtskompatibilität zwischen P-Quest und TL der Compiler und die Tycoon Bibliotheken durch einen werkzeuggestützten *bootstrap* in TL übersetzt werden. Damit wird ein wichtiges architektonisches Ziel des Tycoon Projekts, die vollständige Repräsentation aller Tycoon Systemkomponenten in TL, erreicht.

A. Die Programmiersprache TL

A.1 Syntaktische Konventionen

Die folgende Notation wird zur Definition syntaktischer und lexikalischer Elemente verwendet, wobei *Id* ein nicht-terminales Symbol (eine Metavariable) und A und B syntaktische Ausdrücke repräsentieren.

$Id_1, \ldots, Id_n ::= A;$	die nicht-terminalen Symbole Id_i werden durch A definiert ($n \geq 1$)
Id	ein nicht-terminales Symbol
if	ein Terminalsymbol
"x"	das Zeichen x
""	ein Nullstring
"""	ein einzelnes Anführungszeichen
(A)	bedeutet A
A B	bedeutet A gefolgt von B (stärkste Bindung)
$A \mid B$	bedeutet A oder B
[A]	bedeutet ("" | A)
{ A }	bedeutet ("" | A { A })

A.2 Symbole

Der Quelltext eines TL-Programms besteht aus einer Folge von Zeichen, die wie nachfolgend beschrieben in eine Folge von Symbolen der Kategorien *int, real, longreal, char, string, identifier, infix, colonInfix* und *delimiter* umgewandelt wird.

Die Menge der Formatierungszeichen ist eine implementierungsabhängige Teilmenge der nicht-druckbaren Zeichen und umfaßt zumindest Leerzeichen, Tabulator, Wagenrücklauf, Zeilenvorschub und vertikalen Tabulator.

Kommentare sind Folgen beliebiger druckbarer Zeichen oder Formatierungszeichen, die durch *(* *)* geklammert sind. Kommentare können geschachtelt werden.

Zum Lesen eines Symbols werden zunächst alle Formatierungszeichen überlesen. Anschließend wird die längste Buchstabenfolge gelesen, die ein Symbol bildet. Somit ist nur zwischen zwei unmittelbar aufeinanderfolgenden Bezeichnern oder zwei unmittelbar aufeinanderfolgenden Infixsymbolen im Quelltext ein Zwischenraum erforderlich.

Fluchtsymbole in Zeichen und Zeichenketten werden wie in der folgenden Tabelle beschrieben interpretiert. Die letzte Regel gestattet insbesondere die Definitionen von Stringliteralen, die sich über mehr als eine Zeile im Quelltext erstrecken.

`\n`	Zeilenvorschub (*new line*)
`\t`	Tabulator (*tab*)
`\r`	Wagenrücklauf (*carriage return*)
`\f`	Seitenwechsel (*form feed*)
`\'`	'
`\"`	"
`\\`	\
`\nnn`	Ein einzelnes Zeichen mit dem Kode *nnn* (3 Dezimalziffern, die eine ganze Zahl im Intervall [0,255] bezeichnen)
\f...f\	Die Folge der Formatierungszeichen *f* wird ignoriert

```
int::=
    ["~"] digit { digit };
real::=
    int "." digit { digit } | int [ "." digit { digit } ] "E" int;
longreal::=
    int [ "." digit { digit } ] "D" int;
char::=
    "'" ( digit | alpha | special | escape | delimiter | reserved ) "'";
string::=
    """ { digit | alpha | special | escape | delimiter | reserved } """;
infix::=
    special { special };
colonInfix::=
    ":" { special };
identifier::=
    alpha { digit | alpha };
delimiter::=
    "(" | ")" | "{" | "}" | "[" | "]" | "." | "," | ";";
digit::=
    "0" | "1" | "2" | "3" | "4" | "5" | "6" | "7" | "8" | "9";
alpha::=
    "A" | "B" | ... | "Z" | "a" | "b" | ... | "z";
reserved::=
    "~" | " ";
special::=
    "@" | "#" | "$" | "%" | "&" | "*" | "_" | "+" | "=" | "-" |
    "|" | "\" | "`" | ":" | "<" | ">" | "/" | "^" | "?" | "!" ;
escape::=
    "\" ("n" | "t" | "r" | "f" | "\" | "'" | """ | digit digit digit);
```

A.3 Reservierte Schlüsselworte

Die folgenden Bezeichner und Infixsymbole sind reservierte Schlüsselworte und können nicht als benutzerdefinierte (Infix-) Bezeichner in TL Programmen verwendet werden.

> **and andif begin case do downto else elsif end exception exit**
> **export extend fun hide if import in interface let library loop**
> **module of ok open orif raise reraise rec then try tuple typecase**
> **upto var when while with**
> **Dyn Exception Fun Let Nok Ok Oper Rec Repeat Tuple** = <: : ? !

A.4 Produktionen

Unter Benutzung der in den vorangegangenen Abschnitten definierten Symbole und Schlüsselworte läßt sich die Grammatik von TL Programmen durch die folgenden Produktionen beschreiben (*Unit* ist die Wurzelproduktion).

A.4.1 Kompilationseinheiten

Unit::=
    (*Library* | *Interface* | *Module* | *Import* | *Bindings*) ";";
Library::=
    library *identifier Import* **with** { *ComponentSignatures* }
    [**hide** { *identifier* }] **end**;
ComponentSignatures::=
    library { *identifier* } |
    interface { *identifier* } |
    module { *identifier* ":" *identifier* };
Interface::=
    interface *identifier Import* **export** *Signatures* **end**;
Module::=
    module *identifier Import* **export** *Bindings* **end**;
Import::=
    [**import** { [":"] *identifier* }];

A.4.2 Bindungen

Bindings::=
    { *TypeBindings* | *ValueBindings* | **open** *ValueIde* [":" *Type*]
        ":" [**Dyn**] *Type* | [**var**] *Value* };
TypeBindings::=
    { **Let** [**Rec**] *TypeBinding* { **and** *TypeBinding* } };
TypeBinding::=
    [**Dyn**] *TypeIde Parameters* ["<:" *Type*] "=" *Type*;

```
ValueBindings::=
        { let [ rec ] ValueBinding { and ValueBinding } };
ValueBinding::=
        [ var ] ValueIde Parameters [ ":" Type ] "=" Value;
```

A.4.3 Werte

```
Value::=
        Value1 { ( orif | andif | colonInfix ) Value1 };
Value1::=
        Value2 { infix Value2 };
Value2::=
        Value3 { "(" Bindings ")" | "?" CaseIde | "!" CaseIde |
                 "." FieldIde | "[" Value "]" |
                 of Bindings Location end };
Value3::=
        "{" Value "}" |
        ValueIde |
        ok |
        int | char | string | real | longreal |
        fun "(" Signatures ")" [ ":" Type ] Location Value |
        tuple Location [ case CaseIde of Type [ with ] ] Bindings end |
        record Location Bindings end |
        extend Value with Bindings end |
        array Location Bindings end |
        exception Value [ with Signatures end ] |
        begin Location Bindings end |
        if Value then Bindings { elsif Value then Bindings }
              [ else Bindings ] end |
        case [ of ] Value { when CaseIdeList [ with ValueIde ] then Bindings }
              [ else Bindings ] end |
        typecase { ValueIde "." } TypeIde { when Type then Bindings }
              [ else Bindings ] end |
        loop Bindings end |
        exit |
        while Value do Bindings end |
        for ValueIde "=" Value ( upto | downto ) Value do Bindings end |
        try Bindings { when Value [ with ValueIde ] then Bindings }
              [ else Bindings ] end |
        raise Value [ with Bindings end ] |
        reraise |
        assert Value;
Location::=
        [ in Value ];
```

A.4.4 Signaturen

Signatures::=
{ *TypeSignatures* | *ValueSignatures* | *TypeBindings* | **Repeat** *Type* };
TypeSignatures::=
[**Dyn**] [*TypeIdeList Parameters*] "<:" *Type*;
ValueSignatures::=
[**var**] [*ValueIdeList Parameters*] ":" *Type*;
Parameters::=
{ "(" *Signatures* ")" };

A.4.5 Typen

Type::=
Type$_1$ { *colonInfix* *Type*$_1$ };
Type$_1$::=
Type$_2$ { *infix* *Type*$_2$ };
Type$_2$::=
Type$_3$ { "(" { *Type* } ")" };
Type$_3$::=
"{" *Type* "}" |
{ *ValueIde* "." } *TypeIde* |
Ok | **Nok** |
Fun "(" *Signatures* ")" ":" *Type* |
Tuple *Signatures* { **case** *CaseIdeList* [**with** *Signatures*] } **end** |
Record *Signatures* **end** |
Exception [**with** *Signatures* **end**] |
Oper "(" *Signatures* ")" *Type*;

A.4.6 Bezeichner

ValueIdeList, TypeIdeList, CaseIdeList::=
Ide { "," *Ide* };
Ide, ValueIde, TypeIde, FieldIde, CaseIde::=
identifier | *infix* | *colonInfix* | "{" *Ide* "}";

A.5 Die TL Typregeln

Die nachfolgenden Typregeln formalisieren die statische Semantik von TL. Ausgewählte Regeln werden in Kapitel 6 diskutiert. Dort finden sich neben der Beschreibung der zugrundeliegenden abstrakten TL Syntax (s. Tabelle 6.1 auf Seite 124 und Tabelle 6.2 auf Seite 125) auch Erläuterungen zu den folgenden Notationen:

S, S'	Die Signaturen S gefolgt von den Signaturen S'	§ 6.5
D, D'	Die Bindungen D gefolgt von den Bindungen D'	§ 6.5
$x \in Dom(S)$	Die Wertvariable x ist in S definiert	§ 6.5
$X \in Dom(S)$	Die Typvariable X ist in S definiert	§ 6.5
$S \vdash J$	In dem statischen Kontext S ist die Aussage J wahr	§ 6.5
$A\{X \leftarrow B\}$	Substitution freier Variablen X in A durch B	§ 6.5.1
$A\{\Leftarrow D\}$	Iterierte Substitution in A gemäß D	§ 6.5.1
$\text{qualify}(T; p; S)$	Substitution freier Variablen $X \in Dom(S)$ durch $p.X$	§ 6.5.1
$A \downarrow X$	Der Typ A ist kontraktiv in der Variablen X	§ 6.5.3
$S\ sig$	Die Signaturen S sind wohlgeformt	§ A.5.1
$S\ rcdsig$	Die Signaturen S sind wohlgeformte Recordsignaturen	§ A.5.1
$A\ type$	Der Typ A is wohlgeformt	§ A.5.2
$A \overset{Sig}{::} S$	Der Typ A hat Signaturen S	§ A.5.3
$p \overset{Sig}{::} S$	Der Pfad p identifiziert Signaturen S	§ A.5.3
$S <:: S'$	S sind Subsignaturen von S'	§ A.5.4
$S \overset{Tup}{<::} S'$	S sind Tupelsubsignaturen von S'	§ A.5.4
$S \overset{Rcd}{<::} S'$	S sind Recordsubsignaturen von S'	§ A.5.4
$A <: B$	A ist ein Subtyp von B	§ A.5.5
$D :: S$	Die Bindungen D haben Signaturen S	§ A.5.6
$a : A$	Der Wert a hat Typ A	§ A.5.7

A.5.1 Wohlgeformte Signaturen

[Sig empty]
$$\frac{}{\vdash \oslash\ sig}$$

[Sig ide]
$$\frac{S \vdash A\ type}{\vdash S, x : A\ sig}$$

[Sig Ide]
$$\frac{S \vdash A\ type}{\vdash S, X <: A\ sig}$$

[Sig Ide Let]
$$\frac{S \vdash A\ type}{\vdash S, X = A\ sig}$$

[Sig Repeat]
$$\frac{S \vdash A \overset{Sig}{::} S' \quad \vdash S'\ sig}{\vdash S, \mathbf{Repeat}(A)\ sig}$$

[Rcdsig]
$$\frac{\vdash S, S'\ sig \quad (S' = S_1, S_2 \land X \in Dom(S_1) \Rightarrow X \notin Dom(S_2))}{S \vdash S'\ rcdsig}$$

A.5.2 Wohlgeformte Typen

[Type Builtin]

$$\frac{\vdash S\ sig \quad A \in \{\mathbf{Ok}, \mathbf{Nok}, \mathbf{Bool}, \mathbf{Int}, \mathbf{String}\}}{S \vdash A\ type}$$

[Type Ide]

$$\frac{\vdash S, X <: A, S'\ sig \quad X \notin Dom(S')}{S, X <: A, S' \vdash X\ type}$$

[Type Ide Let]

$$\frac{\vdash S, X <: A, S'\ sig \quad X \notin Dom(S')}{S, X = A, S' \vdash X\ type}$$

[Type Dot]

$$\frac{S \vdash p \overset{Sig}{::} S' \quad S, S' \vdash X\ type \quad X \in Dom(S')}{S \vdash p.X\ type}$$

[Type Fun]

$$\frac{\vdash S, S'\ sig \quad S, S' \vdash B <: \mathbf{Ok}}{S \vdash \mathbf{Fun}(S') : B\ type}$$

[Type Tup]

$$\frac{1 \leq n \quad z_i \neq z_j\ i \neq j \quad \vdash S, S'\ sig \quad \vdash S, S', S_i\ sig \quad i = 1 \ldots n}{S \vdash \mathbf{Tup}(S'; \mathbf{Case}(z_1, S_1) \ldots \mathbf{Case}(z_n, S_n))\ type}$$

[Type Rcd]

$$\frac{S \vdash S'\ rcdsig}{S \vdash \mathbf{Rcd}(S')\ type}$$

[Type Exc]

$$\frac{\vdash S, S'\ sig}{S \vdash \mathbf{Exc}(S')\ type}$$

[Type Rec]

$$\frac{\begin{array}{c} S, X_1 <: A_1, \ldots, X_n <: A_n \vdash B_i <: A_i \quad i = 1 \ldots n \qquad 1 \leq j \leq n \\ S, X_1 = B_1, \ldots, X_n = B_n \vdash B_i \downarrow X_i \quad i = 1 \ldots n \end{array}}{S \vdash \mathbf{Rec}(X_j, X_1 <: A_1 = B_1 \ldots X_n <: A_n = B_n)\ type}$$

[Type Var]

$$\frac{S \vdash A <: \mathbf{Ok}}{S \vdash \mathbf{Var}(A)\ type}$$

[Type Dyn]

$$\frac{S \vdash A\ type}{S \vdash \mathbf{Dyn}(A)\ type}$$

[Type Arr]

$$\frac{S \vdash A <: \mathbf{Ok}}{S \vdash \mathbf{Arr}(A)\ type}$$

[Type Oper]

$$\frac{\vdash S, S'\ sig \quad S, S' \vdash B\ type}{S \vdash \mathbf{Oper}(S')B\ type}$$

[Type Apply]

$$\frac{S \vdash A <: \mathbf{Oper}(S')B \quad S \vdash D :: S'}{S \vdash A(D)\ type}$$

A.5.3 Wert- und Typsignaturen

[Select ide]

$$\frac{S \vdash x : A \quad S \vdash A \overset{Sig}{::} S'}{S \vdash x \overset{Sig}{::} S'}$$

[Select dot]

$$\frac{S \vdash p \overset{Sig}{::} S' \quad x \in Dom(S') \quad S, S' \vdash x \overset{Sig}{::} S''}{S \vdash p.x \overset{Sig}{::} S''}$$

[Select Tup]
$$\frac{S \vdash A : \mathbf{Tup}(S';C)}{S \vdash A \overset{Sig}{::} S'}$$

[Select Rcd]
$$\frac{S \vdash A : \mathbf{Rcd}(S')}{S \vdash A \overset{Sig}{::} S'}$$

[Select Exc]
$$\frac{S \vdash A : \mathbf{Exc}(S')}{S \vdash A \overset{Sig}{::} S'}$$

[Select Fun]
$$\frac{S \vdash A : \mathbf{Fun}(S') : B}{S \vdash A \overset{Sig}{::} S'}$$

[Select Oper]
$$\frac{S \vdash A : \mathbf{Oper}(S')B}{S \vdash A \overset{Sig}{::} S'}$$

A.5.4 Subsignaturen

[Subsig reflexive]
$$\frac{\vdash S, S' \ sig}{S \vdash S' <:: S'}$$

[Subsig ide]
$$\frac{S \vdash S' <:: S'' \quad S, S' \vdash A <: B}{S \vdash S', x : A <:: S'', x : B}$$

[Subsig Ide]
$$\frac{S \vdash S' <:: S'' \quad S, S' \vdash A <: B}{S \vdash S', X <: A <:: S'', X <: B}$$

[Subsig Ide Let]
$$\frac{S \vdash S' <:: S'' \quad S, S' \vdash A <: B}{S \vdash S', X = A <:: S'', X <: B}$$

[Subsig Repeat]
$$\frac{S \vdash S' <:: S'' \quad S, S' \vdash A \overset{Sig}{::} S'''}{S \vdash S', \mathbf{Repeat}(A) <:: S'', S'''}$$

[Subsig Tup]
$$\frac{\vdash S, S_1, S_2 \ sig \quad S \vdash S_1 <:: S_1'}{S \vdash S_1, S_2 \overset{Tup}{<::} S_1'}$$

[Subsig Rcd]
$$\frac{S \vdash S_1, S_2, S_3 \ rcdsig \quad S \vdash S_1, S_3 \overset{Rcd}{<::} S_1' \quad S, S_1' \vdash S_2 \overset{Tup}{<::} S_2'}{S \vdash S_1, S_2, S_3 \overset{Rcd}{<::} S_1', S_2'}$$

A.5.5 Subtypen

[Subtype reflexive]
$$\frac{S \vdash A \ type}{S \vdash A <: A}$$

[Subtype transitive]
$$\frac{S \vdash A <: A' \quad S \vdash A' <: A''}{S \vdash A <: A''}$$

[Subtype Nok]
$$\frac{S \vdash A <: \mathbf{Ok}}{S \vdash \mathbf{Nok} <: A}$$

[Subtype Ok Builtin]
$$\frac{\vdash S \ sig \quad A \in \{\mathbf{Bool}, \mathbf{Int}, \mathbf{String}\}}{S \vdash A <: \mathbf{Ok}}$$

[Subtype Ok Fun]
$$\frac{S \vdash \mathbf{Fun}(S') : B \ type}{S \vdash \mathbf{Fun}(S') : B <: \mathbf{Ok}}$$

[Subtype Ok Tup]
$$\frac{S \vdash \mathbf{Tup}(S';C) \ type}{S \vdash \mathbf{Tup}(S';C) <: \mathbf{Ok}}$$

[Subtype Ok Rcd]
$$\frac{S \vdash \mathbf{Rcd}(S') \ type}{S \vdash \mathbf{Rcd}(S') <: \mathbf{Ok}}$$

[Subtype Ok Exc]
$$\frac{S \vdash \mathbf{Exc}(S') \ type}{S \vdash \mathbf{Exc}(S') <: \mathbf{Ok}}$$

[Subtype Ok Arr]
$$\frac{S \vdash \mathbf{Arr}(A)\ \mathit{type}}{S \vdash \mathbf{Arr}(A) <: \mathbf{Ok}}$$

[Subtype Ok Var]
$$\frac{S \vdash \mathbf{Var}(A)\ \mathit{type}}{S \vdash \mathbf{Var}(A) <: \mathbf{Ok}}$$

[Subtype Ok Dyn]
$$\frac{S \vdash A <: \mathbf{Ok}}{S \vdash \mathbf{Dyn}(A) <: \mathbf{Ok}}$$

[Subtype Ide]
$$\frac{\vdash S, X <: A, S'\ \mathit{sig} \quad X \notin \mathit{Dom}(S')}{S, X <: A, S' \vdash X <: A}$$

[Subtype Ide Let]
$$\frac{\vdash S, X <: A, S'\ \mathit{sig} \quad X \notin \mathit{Dom}(S')}{S, X = A, S' \vdash X <: A}$$

[Subtype Ide Let2]
$$\frac{\vdash S, X <: A, S'\ \mathit{sig} \quad X \notin \mathit{Dom}(S')}{S, X = A, S' \vdash A : X}$$

[Subtype Dot]
$$\frac{S \vdash p \overset{Sig}{::} S', X <: A, S'' \quad X \notin \mathit{Dom}(S'')}{S \vdash p.X <: \mathrm{qualify}(A; p; S')}$$

[Subtype Fun]
$$\frac{S \vdash S'' <:: S' \quad S, S'' \vdash A <: B}{S \vdash \mathbf{Fun}(S') : A <: \mathbf{Fun}(S'') : B}$$

[Subtype Arr]
$$\frac{S \vdash A <: B}{S \vdash \mathbf{Arr}(A) <: \mathbf{Arr}(B)}$$

[Subtype Tup]
$$\frac{\begin{array}{c} S \vdash S_0, S_i \overset{Tup}{<::} S'_0, S'_i \quad i = 1 \ldots n \quad 1 \leq n \\ S \vdash S'_0, S''_j\ \mathit{sig} \quad j = 1 \ldots m \quad 1 \leq m \end{array}}{\begin{array}{ll} S \vdash & \mathbf{Tup}(S_0; \mathbf{Case}(z_1, S_1) \ldots \mathbf{Case}(z_n, S_n)) <: \\ & \mathbf{Tup}(S'_0; \mathbf{Case}(z_1, S'_1) \ldots \mathbf{Case}(z_n, S'_n)\, \mathbf{Case}(z'_1, S''_1) \ldots \mathbf{Case}(z'_m, S''_m)) \end{array}}$$

[Subtype Rcd]
$$\frac{S \vdash S' \overset{Rcd}{<::} S''}{S \vdash \mathbf{Rcd}(S') <: \mathbf{Rcd}(S'')}$$

[Subtype Exc]
$$\frac{S \vdash S' \overset{Tup}{<::} S''}{S \vdash \mathbf{Exc}(S') <: \mathbf{Exc}(S'')}$$

[Subtype Var]
$$\frac{S \vdash A\ \mathit{type}}{S \vdash \mathbf{Var}(A) <: A}$$

[Subtype Dyn Elim]
$$\frac{S \vdash A\ \mathit{type}}{S \vdash \mathbf{Dyn}(A) <: A}$$

[Subtype Dyn]
$$\frac{S \vdash A <: B}{S \vdash \mathbf{Dyn}(A) <: \mathbf{Dyn}(B)}$$

[Subtype Non-Rec Rec]
$$\frac{\begin{array}{c} A \neq \mathbf{Rec}(Y, D') \\ S \vdash A <: B_j\{\Leftarrow X_1 = \mathbf{Rec}(X_1, D), \ldots, X_n = \mathbf{Rec}(X_n, D)\} \end{array}}{S \vdash A <: \mathbf{Rec}(X_j, X_1 <: A_1 = B_1 \ldots X_n <: A_n = B_n)}$$

[Subtype Rec Non-Rec]

$$\frac{A \neq \mathbf{Rec}(Y, D') \quad S \vdash B_j\{\Leftarrow X_1 = \mathbf{Rec}(X_1, D), \ldots, X_n = \mathbf{Rec}(X_n, D)\} <: A}{S \vdash \mathbf{Rec}(X_j, X_1 <: A_1 = B_1 \ldots X_n <: A_n = B_n) <: A}$$

[Subtype Rec Rec]

$$\frac{S'' \vdash A_i <: A'_j \quad S'', S', S \vdash B_i <: B'_j}{S'' \vdash \begin{array}{l}\mathbf{Rec}(X_i, X_1 <: A_1 = B_1 \ldots X_n <: A_n = B_n) <: \\ \mathbf{Rec}(X'_j, X'_1 <: A'_1 = B'_1 \ldots X'_m <: A'_m = B'_m)\end{array}}$$

where

$$\begin{aligned}
S' &= X'_1 <: \mathbf{Rec}(X'_1, D'), \ldots X'_{j-1} <: \mathbf{Rec}(X'_{j-1}, D'), X'_j <: A'_j, \\
& X'_{j+1} <: \mathbf{Rec}(X'_{j+1}, D'), \ldots X'_m <: \mathbf{Rec}(X'_m, D') \\
S &= X_1 <: \mathbf{Rec}(X_1, D), \ldots X_{i-1} <: \mathbf{Rec}(X_{i-1}, D), X_i <: X'_j, \\
& X_{i+1} <: \mathbf{Rec}(X_{i+1}, D), \ldots X_n <: \mathbf{Rec}(X_n, D) \\
D' &= X'_1 <: A'_1 = B'_1, \ldots, X'_m <: A'_m = B'_m \\
D &= X_1 <: A_1 = B_1, \ldots, X_n <: A_n = B_n
\end{aligned}$$

[Subtype Oper]

$$\frac{S \vdash S'' <:: S' \quad S, S'' \vdash A <: B}{S \vdash \mathbf{Oper}(S')A <: \mathbf{Oper}(S'')B}$$

[Subtype Apply]

$$\frac{S \vdash A <: \mathbf{Oper}(S')B \quad S \vdash D :: S'}{S \vdash A(D) <: B\{\Leftarrow D\}}$$

A.5.6 Signaturen von Bindungen

[Bind empty]

$$\frac{\vdash S \; sig}{S \vdash \oslash :: \oslash}$$

[Bind ide]

$$\frac{S \vdash D :: S' \quad S, S' \vdash a : A}{S \vdash D, x = a :: S', x : A}$$

[Bind ide restrict]

$$\frac{S \vdash D :: S' \quad S, S' \vdash a : A}{S \vdash D, x : A = a :: S', x : A}$$

[Bind Ide]

$$\frac{S \vdash D :: S' \quad S, S' \vdash A \; type}{S \vdash D, X = A :: S', X = A}$$

[Bind Ide restrict]

$$\frac{S \vdash D :: S' \quad S, S' \vdash B <: A}{S \vdash D, X <: A = B :: S', X = B}$$

[Bind and]

$$\frac{S \vdash D :: S' \quad S, S' \vdash E_i :: S_i \quad i = 1 \ldots n \quad 1 \leq n}{S \vdash D, E_1 | \ldots | E_n :: S', S_1, \ldots, S_n}$$

[Bind rec]

$$\frac{S \vdash D :: S' \quad S, S', x_1 : A_1, \ldots, x_n : A_n \vdash a_i : A_i \quad i = 1 \ldots n \quad 1 \leq n}{S \vdash D, \mathbf{rec}(x_1 : A_1 = a_1 | \ldots | x_n : A_n = a_n) :: S', x_1 : A_1, \ldots, x_n : A_n}$$

[Bind open]

$$\frac{S \vdash D :: S' \quad S, S' \vdash p \overset{Sig}{::} S''}{S \vdash D, \mathbf{open}(p) :: S', \text{qualify}(S''; p; S'')}$$

[Bind open restrict]

$$\frac{S \vdash D :: S' \quad S, S' \vdash p \overset{Sig}{::} S'' \quad S \vdash A \overset{Sig}{::} S''' \quad S \vdash S'' <:: S'''}{S \vdash D, \mathbf{open}(p, A) :: S', \text{qualify}(S'''; p; S'')}$$

A.5.7 Typen von Werten

[Value subsumption]

$$\frac{S \vdash a : A \quad S \vdash A <: B}{S \vdash a : B}$$

[Value ok]

$$\frac{\vdash S\ sig}{S \vdash \mathbf{ok} : \mathbf{Ok}}$$

[Value ide]

$$\frac{\vdash S, x : A, S'\ sig \quad x \notin Dom(S')}{S, x : A, S' \vdash x : A}$$

[Value fun]

$$\frac{S, S' \vdash a : A}{S \vdash \mathbf{fun}(S')a : \mathbf{Fun}(S') : A}$$

[Value apply]

$$\frac{S \vdash a : \mathbf{Fun}(S') : A \quad S \vdash D :: S'}{S \vdash a(D) : A\{\Leftarrow D\}}$$

[Value array]

$$\frac{S \vdash D :: x_1 : A \ldots x_n : A \quad 1 \leq n}{S \vdash \mathbf{arr}(D) : \mathbf{Arr}(A)}$$

[Value array empty]

$$\frac{\vdash S\ sig}{S \vdash \mathbf{arr}() : \mathbf{Arr}(\mathbf{Nok})}$$

[Value index]

$$\frac{S \vdash a : \mathbf{Arr}(A) \quad S \vdash b : \mathbf{Int}}{S \vdash a[b] : A}$$

[Value tuple]

$$\frac{S \vdash D :: S'}{S \vdash \mathbf{tup}(D) : \mathbf{Tup}(S'; \mathbf{Case}(?, \oslash))}$$

[Value tuple variant]

$$\frac{S \vdash A : \mathbf{Tup}(S'; \mathbf{Case}(z_1, S_1) \ldots \mathbf{Case}(z_n, S_n)) \quad S \vdash D :: S', S_i \quad 1 \leq z_i \leq n}{S \vdash \mathbf{tup}(D; z_i; A)) : A}$$

[Value tuple dot]

$$\frac{S \vdash a : \mathbf{Tup}(S', x : A, S''; C) \quad x \notin Dom(S'')}{S \vdash a.x : \text{qualify}(A; a; S')}$$

[Value variant project]

$$\frac{S \vdash x : \mathbf{Tup}(S'; \mathbf{Case}(z_1, S_1) \ldots \mathbf{Case}(z_n, S_n))}{S \vdash x!z_i : \mathbf{Tup}(S', S_i; \mathbf{Case}(?, \oslash))}$$

[Value variant test]

$$\frac{S \vdash x : \mathbf{Tup}(S'; \mathbf{Case}(z_1, S_1) \ldots \mathbf{Case}(z_n, S_n))}{S \vdash x?z_i : \mathbf{Bool}}$$

[Value record]

$$\frac{S \vdash D :: S' \quad S \vdash S' \ rcdsig}{S \vdash \mathbf{rcd}(D) : \mathbf{Rcd}(S')}$$

[Value record dot]

$$\frac{S \vdash a : \mathbf{Rcd}(S', x : A, S'')}{S \vdash a.x : \mathrm{qualify}(A; a; S')}$$

[Value extend]

$$\frac{S \vdash a : \mathbf{Rcd}(S') \quad S, S' \vdash D :: S'' \quad S \vdash S', S'' \ rcdsig}{S \vdash \mathbf{extend}(a, D) : \mathbf{Rcd}(S', S'')}$$

[Value exception]

$$\frac{S \vdash a : \mathbf{String} \quad S \vdash D :: S'}{S \vdash \mathbf{exc}(a, D) : \mathbf{Exc}(S')}$$

[Value seq empty]

$$\frac{\vdash S \ sig}{S \vdash \mathbf{seq}(\oslash) : \mathbf{Ok}}$$

[Value seq ide]

$$\frac{S \vdash D :: S' \quad S, S' \vdash a : A}{S \vdash \mathbf{seq}(D, x = a) : A}$$

[Value seq ide restrict]

$$\frac{S \vdash D :: S' \quad S, S' \vdash a : A}{S \vdash \mathbf{seq}(D, x : A = a) : A}$$

[Value seq Ide]

$$\frac{S \vdash D :: S' \quad S, S' \vdash A \ type}{S \vdash \mathbf{seq}(D, X = A) : \mathbf{Ok}}$$

[Value seq Ide restrict]

$$\frac{S \vdash D :: S' \quad S, S' \vdash B <: A}{S \vdash \mathbf{seq}(D, X <: A = B) : \mathbf{Ok}}$$

[Value if]

$$\frac{S \vdash a : \mathbf{Bool} \quad S \vdash b : B \quad S \vdash b' : B}{S \vdash \mathbf{if}(a, b, b') : B}$$

[Value case]

$$\frac{\begin{array}{c} S \vdash a : \mathbf{Tup}(S'; \mathbf{Case}(z'_1, S_1) \ldots \mathbf{Case}(z'_m, S_m)) \\ S \vdash b : B \\ S, y_i : \mathbf{Tup}(S', S''; \mathbf{Case}(?, \oslash)) \vdash b_i : B \quad 0 \leq n \quad i = 1 \ldots n \\ S, S' \vdash S'' <:: S_{z_{ij}} \quad j = 1 \ldots k_i \\ \bigcup_{i=1}^{n} \bigcup_{j=1}^{k_i} z_{ij} \subseteq \bigcup_{l=1}^{m} z'_l \quad z_{ij} \neq z_{i'j'} \ i \neq i', j \neq j' \end{array}}{S \vdash \mathbf{case}(a, (z_{11} \ldots z_{1k_1}, y_1, b_1) \ldots (z_{n1} \ldots z_{nk_n}, y_n, b_n), b) : B}$$

[Value case exhaustive]

$$\frac{\begin{array}{c} S \vdash a : \mathbf{Tup}(S'; \mathbf{Case}(z'_1, S_1) \ldots \mathbf{Case}(z'_m, S_m)) \\ S, y_i : \mathbf{Tup}(S', S''; \mathbf{Case}(?, \oslash)) \vdash b_i : B \quad 1 \leq n \quad i = 1 \ldots n \\ S, S' \vdash S'' <:: S_{z_{ij}} \quad j = 1 \ldots k_i \\ \bigcup_{i=1}^{n} \bigcup_{j=1}^{k_i} z_{ij} = \bigcup_{l=1}^{m} z'_l \quad z_{ij} \neq z_{i'j'} \ i \neq i', j \neq j' \end{array}}{S \vdash \mathbf{case}(a, (z_{11} \ldots z_{1k_1}, y_1, b_1) \ldots (z_{n1} \ldots z_{nk_n}, y_n, b_n)) : B}$$

[Value typecase]

$$\frac{\begin{array}{c} S \vdash X <: \mathbf{Dyn}(\mathbf{Ok}) \\ S \vdash b : B \\ S \vdash B_i <: X \quad i = 1 \ldots n \quad 0 \leq n \\ S, X <: \mathbf{Dyn}(B_i) \vdash b_i : B \quad i = 1 \ldots n \end{array}}{S \vdash \mathbf{typecase}(X, (B_1, b_1) \ldots (B_n, b_n), b) : B}$$

[Value loop]

$$\frac{S \vdash a : \mathbf{Ok}}{S \vdash \mathbf{loop}(a) : \mathbf{Ok}}$$

[Value exit]

$$\frac{\vdash S\ sig}{S \vdash \mathbf{exit} : \mathbf{Nok}}$$

[Value while]

$$\frac{S \vdash a : \mathbf{Bool} \qquad S \vdash b : \mathbf{Ok}}{S \vdash \mathbf{while}(a, b) : \mathbf{Ok}}$$

[Value for]

$$\frac{S \vdash a : \mathbf{Int} \qquad S \vdash b : \mathbf{Int} \qquad S, x : \mathbf{Int} \vdash c : \mathbf{Ok}}{S \vdash \mathbf{for}(x, a, b, c) : \mathbf{Ok}}$$

[Value try]

$$\frac{\begin{array}{c} S \vdash a : B \\ S \vdash b : B \\ S \vdash a_i : \mathbf{Exc}(S_i) \quad i = 1 \ldots n \quad 0 \leq n \\ S, x_i : \mathbf{Tup}(S_i; \mathbf{Case}(?, \oslash)) \vdash b_i : B \quad i = 1 \ldots n \end{array}}{S \vdash \mathbf{try}(a, (a_1, x_1, b_1) \ldots (a_n, x_n, b_n), b) : B}$$

[Value raise]

$$\frac{S \vdash a : \mathbf{Exc}(S') \qquad S \vdash D :: S'}{S \vdash \mathbf{raise}(a, D) : \mathbf{Nok}}$$

[Value reraise]

$$\frac{\vdash S\ sig}{S \vdash \mathbf{reraise} : \mathbf{Nok}}$$

A.5.8 Restriktionen

Die Regel [Subtype Var] ist in Funktionssignaturen nicht anwendbar, da die Implementierung von Variablenparametern (Übergabe einer Objektreferenz und eines Offsets) inkompatibel mit der Implementierung von Wertparametern ist. Die Einhaltung dieser Restriktion wird statisch überprüft.

B. Ausgewählte Schnittstellen der Tycoon Standardbibliothek

Jede Implementierung des Tycoon Systems ist mit einer Sammlung von TL Bibliotheken ausgestattet, die zumindest die durch die Bibliothek *StdLib* definierte Standardumgebung umfaßt. Auszüge aus den Schnittstellen der Standardbibliothek, der Bibliothek für Massendaten und der Compilerbibliothek vermitteln zugleich einen Eindruck von der TL Programmierung im Großen (s. § 9). Ausgangspunkt für die Definition der Operationen auf den Basisdatentypen sind die abstrakten Typbezeichner (*Int*, *String*, ...) des initialen Kontexts (s. § 5.4.3).

```
library StdLib
with
    (* — Abstractions common to all base types: *)
    interface Opt IterRep Order POrder
    module opt :Opt order :Order pOrder :POrder
    (* — Base types: *)
    interface BoolOp IntOp Float RealOp LongrealOp CharOp StringOp
    interface MutString Time Date
    module bool :BoolOp int :IntOp real :RealOp longreal :LongrealOp
    module char :CharOp string :StringOp mutString :MutString
    module time :Time date :Date
    (* — Polymorphic type constructors: *)
    interface ArrayOp List Pair
    module arrayOp :ArrayOp list :List pair :Pair
    (* — Iteration abstractions: *)
    interface Iter Sink Read Write
    module iter :Iter sink :Sink read :Read write :Write
    (* — Further standard modules: *)
    interface Ascii Fmt Store Foreign
    module ascii :Asci fmt :Fmt store :Store foreign :Foreign
    (* — Syntactic shorthands: *)
    interface StdIde Print Main
    module stdIde :StdIde print :Print
end;
```

```
interface StdIde
import
    bool :BoolOp  char :CharOp  int :IntOp  real :RealOp  longreal :LongrealOp
    string :StringOp arrayOp :ArrayOp  opt :Opt  iter :Iter
export
    (* — Bindings to the most commonly used types: *)
    Let Opt = opt.T
    Let Iter = IterRep.T
    (* — Bindings to the most commonly used (module) values: *)
    bool :BoolOp  char :CharOp  int :IntOp  real :RealOp
    longreal :LongrealOp  string :StringOp  arrayOp :ArrayOp
    true, false :Bool
    not(x :Bool) :Bool
    {/\}, \/, <+>, =>(x,y :Bool) :Bool
    {<}, >, <=, >=(x,y :Int) :Bool
    {+}, -, *, /, %, ^(x,y :Int) :Int
    {<>} (x,y :String) :String
end;

interface IterRep
import  opt :Opt
export
  Let Rec T(E,P <:Ok) <:Ok = Tuple
  (* Iteration over elements of type E, possibly identified by positions of type P. *)
    empty() :Bool
   (* Return true, if the end of the iteration is reached. *)
    get() :E
   (* Return current element in iteration. Precondition: not(empty()). *)
    next() :Ok
   (* Step to next element in iteration. Precondition: not(empty()). *)
    copy() :T(E P)
   (* Return a fresh iterator over all elements in the underlying data structure. *)
    data :opt.T(Ok)
   (* Return identifier for the underlying data structure. All iterations
      over the same data structure should return the identical value *)
    size :opt.T(Fun() :Int)
   (* Return the number of elements in the underlying data structure. *)
    position :opt.T(Fun() :P)
   (* Return current position in the underlying data structure.
      If P <:Int, the first element has index 1. *)
  end
  finite, localizable(E,P <:Ok  iter :T(E P)) :Bool
(* An iteration is called
"finite"  iff size =/= opt.nil
"localizable"  iff position =/= opt.nil *)
  new(E,P <:Ok  empty() :Bool  get() :E next() :Ok copy() :T(E P)) :T(E P)
(* Create a non-finite, non-localizable iteration. *)
end;
```

```
interface Int
import
  :Order :IterRep
export
  Let T = Int
(* Define equivalence with the builtin integers known to the compiler. *)
  error :Exception
(* Raised on illegal function arguments. *)
  overflow: Exception
(* Raised on overflow. *)
  order :Order.T(T)
(* The usual order on signed integers. *)
  {==}, =/=, <, >, <=, >=(x, y :T) :Bool
(* Signed comparison operations on integers. *)
  minVal, maxVal :T
(* Return minimum and maximum representable integer value. *)
  negate, abs(x :T) :T
(* May raise overflow for minVal. *)
  sign(x :T) :T
(* Return ~1, 0, 1 depending on the sign of x. *)
  even, odd(x :T) :Bool
(* Return mod(x 2) == 0, mod(x 2) == 1. *)
  max, min(x, y :T) :T
(* Return the maximum resp. minimum of x and y. *)
  {+}, -, *, /, %,
  add, sub, mul, div, mod (x, y :T) :T
(* Raise overflow on overflow and error for division by zero.
   The value div(x y) is the floor of the quotient of x and y; that is
   the maximum integer not exceeding the real number z such that
   z * y = x. The value of mod(x y) is defined to be x-{y*div(x y)}. *)
  {^}, power(base, exp :T) :T
(* Return base^exp. Raise overflow on overflow and error if exp < 0. *)
  enum(from, to :T) :IterRep.T(T T)
(* Return a (possibly empty) iteration over the sequence:
   [from, from+1, from+2, ... to]. Position = returned value. *)
  enumDown(from, to :T) :IterRep.T(T T)
(* Return a (possibly empty) iteration over the sequence:
   [from, from-1, from-2, ... to]. Position = returned value. *)
  sumOf, prodOf(ints :IterRep.T(T Ok)) :T
(* Return the sum / product of the integers in ints. Raise overflow on overflow. *)
  minOf, maxOf(ints :IterRep.T(T Ok)) :T
(* Return the minimum / maximum element in ints. Raise error if ints is empty. *)
  inc, dec(var x :T) :Ok
(* Same as x:= x + 1 resp. x:= x - 1. *)
  =+, =-, incBy, decBy(var x :T  y :T) :Ok
(* Same as x:= x + y resp. x:= x - y. *)
end;
```

```
interface ArrayOp
import
 :IterRep
export
 Let V = Vector
(* Fixed-sized vectors with an immutable state (builtin type). *)
 Let T = Array
(* Fixed-sized arrays with a mutable state. T <:V (builtin type). *)
 error :Exception
(* Raised when any of the following operations cannot be carried out. *)
 new(E <:Ok  size :Int  init :E) :T(E)
(* Return a new array of given size, all elements are initialized to init. *)
 create(E <:Ok  from :IterRep.T(E Ok)) :T(E)
(* Create a new array from an enumeration of its elements. *)
 copy(E <:Ok  a :V(E)) :T(E)
(* Create a (shallow) copy of a: updates on a do not affect copy(a). *)
 nil :V(Nok)
(* The empty vector of any type. size(nil) == 0. *)
 empty(E <:Ok  a :V(E)) :Bool
(* Test whether size(a) == 0. *)
 size(E <:Ok  a :T(E)) :Int
(* Return the number of elements in a. *)
 get(E <:Ok  a :V(E)  index :Int) :E
(* Extract an array element. Raise error if index not in [1..size(a)]. *)
 set(E <:Ok  a :T(E)  index :Int  item :E) :Ok
(* Update an array element, same as a[index]:= item.
   Raise error if index not in [1..size(a)]. *)
 sub(E <:Ok  a :V(E)  start, len :Int) :T(E)
(* Create a new array with the elements of a having indices in
   the range max(1 start) to min(size(a) start+len–1). *)
 setSub(E <:Ok  a :T(E) start :Int  items :IterRep.T(E Ok)) :Ok
(* Update array elements by items. Raise error if start or start+size(items)–1
   are not in [1..size(a)]. In this case a remains unchanged. *)
 elements(E <:Ok  a :V(E)) :IterRep.T(E Int)
(* Return a finite, positionable iteration over the elements of a.
   Positions of the iteration are array indices. *)
 subElements(E <:Ok  a :V(E)  start, len :Int) :IterRep.T(E Int)
(* Same as elements(sub(a start len)). *)
 copySub(E <:Ok src: V(E)  dst :T(E)  srcStart, srcLen, dstStart :Int) :Ok
(* Copy elements from src[srcStart..srcStart+srcLen–1] to
   dst[dstStart..dstStart+srcLen–1]. Raise error if
 srcStart or srcStart+srcLen-1 are not in [1..size(src)] or
 srcLen<0 or
 dstStart or dstStart+dstLen-1 are not in [1..size(dst)].
   In this case dst remains unchanged. Src and dst ranges may overlap
   in the same array. Copying is then performed in the correct direction. *)
end;
```

```
interface Iter
import
  :Order :POrder :IterRep
export
  Let T = IterRep.T
  (* Note: Iterations have a mutable position that is affected by all operations
      of this interface (if not explicitly stated otherwise). Use the (cheap)
      copy operation to protect against side-effects, e.g.
if all(i ...) then count(i ...) end        (WRONG)
if all(copy(i) ...) then count(i ...) end    (CORRECT) *)
  error, nonLocalizable :Exception
(* Raised on illegal arguments. *)
  (* — Construction: *)
  nil :T(Nok Ok)
(* A finite, non-localizable iteration with zero
    elements of an arbitrary type and trivial positions. *)
  singleton(E <:Ok  e :E) :T(E Int)
(* Return a finite, localizable iteration over a single element. *)
  copy(E,P <:Ok  iter :T(E P)) :T(E P)
(* Return a copy of iter. Iterations over iter do not affect
    copy(iter). The interaction between iter and copy(iter)
    in case of side-effects on the underlying data structure
    is implementation-dependent. *)
  {::}, cons(E,P <:Ok  e :E  iter :T(E P)) :T(E Ok)
(* Return an iteration that starts with e followed by iter. *)
  (* — Inspection: *)
  size(E,P <:Ok  iter :T(E P)) :Int
(* Return the number of elements of the full iteration. If iter is
    not finite then count number of sucessful iterations through a
    copy of iter. Position in iter remains unchanged. *)
  empty(E,P <:Ok iter :T(E P)) :Bool
(* Test for end of iteration. This only implies size(iter) == 0,
    if iter is positioned on the first element of the iteration.
    Position in iter remains unchanged. *)
  member(E,P <:Ok e :E iter :T(E P)) :Bool
(* Test for membership (based on identity). *)
  some, all(E,P <:Ok  iter :T(E P)  p(:E):Bool) :Bool
(* Does p(e) hold for some element (resp. all elements) in iter? *)
  count(E,P <:Ok iter :T(E P)  p(:E):Bool) :Int
(* Return the number of elements that fulfill p(e). *)
  {==},{=/=}(E,P <:Ok  fst, snd :T(E P)  eq(:E :E):Bool) :Bool
(* Return false (true) if both sizes are known but disagree. Otherwise
    compare fst and snd element-wise for equality (inequality). *)
  order(E,P <:Ok elemOrder :Order.T(E)) :Order.T(E)
(* Lexicographic order on iterations of E based on the linear order elemOrder. *)
  ascending, descending(E,P <:Ok iter :T(E P)  elemOrder :POrder.T(E)) :Bool
(* Test whether iter yields elements in ascending (descending) order
    according to the partial order elemOrder. *)
```

```
 (* — Selection: *)
 select(E,P <:Ok  iter :T(E P)  p(:E):Bool) :T(E P)
(* Return an iteration over the elements in iter that fulfill
   predicate p. Original positions remain valid. *)
 reject(E,P <:Ok  iter :T(E P)  p(:E):Bool) :T(E P)
(* Return an iteration over the elements in iter that do not
   fulfill predicate p. Original positions remain valid. *)
 without(E,P <:Ok  iter :T(E P) e :E) :T(E P)
(* Same as reject(iter fun(x :E) x == e) *)
 (* — Transformation: *)
 {++}, append(E,P1,P2 <:Ok  fst :T(E P1) snd :T(E P2)) :T(E Ok)
(* Return an iteration over each e in fst and then each e in snd. *)
 {|}, map(E,P,F <:Ok  iter :T(E P)  f(:E):F) :T(F P)
(* Return an iteration over f(e) for each e in iter. Original
   positions remain valid. *)
 mapWithPos(E,P,F <:Ok  iter :T(E P)  f(:E :P):F) :T(F P)
(* Return an iteration over f(e p) for each e and its pos in iter.
   Raise error if not localizable. Original positions remain valid. *)
 query(E,P,F <:Ok  select(:E):F from :T(E P)  where(:E):Bool) :T(F P)
(* Abbreviation for map(select(from where) target) to achieve a
  SQL-like syntax. Original positions remain valid.
    iter.query(let select = ...
   let from = ...
   let where = ...)  *)
 query2(E1,E2,P1,P2,F <:Ok  select(:E1 :E2):F  from1 :T(E1 P1)  from2 :T(E2 P2)
where(:E1 :E2):Bool) :T(F Ok)
(* Return an iteration over select(e1 e2) for each e1 in from1 and
   each e2 in from2 that fulfill where(e1 e2). *)
 zip(E,P1,P2 <:Ok  fst :T(E P1) snd :T(E P2)) :T(E Ok)
(* Return an iteration that yields an alternating sequence of elements
   from fst and snd (starting with fst) until fst and snd are both exhausted. *)
 (* — Reduction: *)
 fold(E,P,F <:Ok  iter :T(E P)  f(:E):F g(:F :F):F) :F
(* Reduce f(e) for each e in iter by g. Raise error if iter is empty. *)
 fold0(E,P,F <:Ok  iter :T(E P) f(:E):F  g(:F :F):F  unit :F) :F
(* Reduce f(e) for each e in iter by g starting with unit. *)
 reduce(E,P <:Ok  iter :T(E P)  g(:E :E):E) :E
(* Reduce iter by g. Raise error if empty. *)
 reduce0(E,P <:Ok  iter :T(E P) g(:E :E):E  unit :E) :E
(* Same as reduce(cons(unit iter) g). *)
 flatten(E,P1,P2 <:Ok  iter :T(T(E P1) P2)) :T(E Ok)
(* Return an iteration over each e2 in each e1 in iter. *)
 unnest(E,P1,F,P2 <:Ok  iter :T(E P1)  f(:E):T(F P2)) :T(F Ok)
(* Same as flatten(map(iter f)). *)
 (* — Iteration with side effects on iteration elements: *)
 forEach(E,P <:Ok  iter :T(E P) statement(:E):Ok) :Ok
(* Perform statement for each e in iter. *)
```

```
  forEachWithPos(E,P <:Ok  iter :T(E P)  statement(:E :P):Ok) :Ok
(* Perform statement for each e and its pos p in iter. *)
  forDo, untilDo, whileDo
    (E,P <:Ok  iter :T(E P)  p(:E):Bool  statement(:E):Ok) :Ok
(* Selection, post-check and pre-check loop. Same as:
     forEach(select(iter p) statement)
     forEach(selectUpto(iter p) statement)
     forEach(selectBefore(iter fun(e:E) not(p(e))) statement) *)
  (* — Subiteration definition based on ordering: *)
  selectBefore, selectAfter, selectUpto, selectStartingWith
    (E,P <:Ok  iter :T(E P)  p(:E):Bool) :T(E P)
(* Let i be the index of the first element in iter that fulfills p.
    Return an iteration over all elements with an index j such that
    j<i, j>i, j<=i, j>=i. Original positions remain valid. *)
  (* — Element selection based on ordering: *)
  theFirst, theLast, any(E,P <:Ok  iter :T(E P)  p(:E):Bool) :E
(* Choose the first (resp. last, any) element in iter
    that fulfills p. Raise error if no such element exists.
    On successful return, iter is positioned on this element. *)
  nth(E,P <:Ok  iter :T(E P)  n :Int) :E
(* Return the n-th element of the iteration, starting from the
    current position. Raise error if n selects an element beyond
    the end of iter. On successful return, iter is positioned on this element. *)
  (* — Element selection based on (abstract) positions: *)
  get(E,P <:Ok  iter :T(E P)) :E
(* Return the current element in the iteration. Same as iter.get(). *)
  next(E,P <:Ok  iter :T(E P)) :Ok
(* Skip to next element in iter. Same as iter.next(). *)
  read(E,P <:Ok  iter :T(E P)) :E
(* Same as begin let e = iter.get() iter.next() e end
   Raise error if empty. *)
  position(E,P <:Ok  iter :T(E P)) :P
(* Return current position in iter. Raise nonLocalizable if iter
   is not localizable. *)
  getAt(E,P <:Ok iter :T(E P)  pos :P) :E
(* Return element at position P. Raise error if iter is not
    localizable. Iterate through a copy of iter until at pos. Raise error
    if pos not found. On successful return, iter is positioned on pos. *)
  skip(E,P <:Ok  iter :T(E P)  n :Int) :Ok
(* Skip the first n elements in iter. Raise error if iter contains
    less than n elements. On successful return, iter is positioned
    after the n-th element. *)
  skipTo(E,P <:Ok  e :E  iter :T(E P)) :Bool
(* Same as member(e iter). If member(e iter), iter is positioned
    on e. Otherwise empty(iter) == true. *)
end;
```

```
interface Editor import :IterRep
export
 Let Label = String
(* Labels are used as window headers or field labels. *)
 T <:Ok
(* An editor stores access functions to mutable variables and type-specific
   information for displaying them. *)
 illegal :Exception with message :String end
(* Exception raised by a set function if illegal updates are attempted.
   The message argument is used to display an error message to the user. *)
 newInt(l :Label  get() :Int  set(:Int) :Ok) :T
(* Create an editor for an integer number. *)
 newString(l :Label  get() :String  set(:String) :Ok) :T
(* Create an editor for a string value. *)
 newBool(l :Label  get() :Bool  set(:Bool) :Ok) :T
(* Create an editor for a truth value. *)
 newEnum(O <:Ok l :Label  get() :O  set(:O) :Ok
 ord(:O) :Int pairs() :IterRep.T(Tuple :O :String end Ok)) :T
(* Create an editor for an enumeration of values. The values of type O
   are ordered by the ord function. The function pairs defines a string
   representation for each value of type O. *)
 newFunction(l :Label name :Label  f() :Ok) :T
(* Create an editor with a button. If the button is pressed, f is called. *)
 newEmpty(l :Label) :T
(* Create an empty editor. *)
 newTuple(l :Label  fields :IterRep.T(T Ok)) :T
(* Create an editor for a tuple with these fields. Nested tuples,
   variants and iterations are displayed in separate windows. *)
 newVariant(O <:Ok  l :Label  get() :O  set(:O) :Ok
   ord(:O) :Int  variants :IterRep.T(Tuple :O :T end Ok)) :T
(* Create an editor for (tuple) variants. The variants define further
  editors that are visible if their variant is valid. Values of type
  O are ordered by the ord function. *)
 newIter(E <:Ok l :Label  get() :IterRep.T(E Int)  set(:IterRep.T(E Int)):Ok
 newElement() :E  newElementEditor(var e:E) :T) :T
(* Create an editor for a finite, localizable iteration over
   elements of type E with integer positions. newElement is called whenever
   a template for a new element is required. The argument to
   newElementEditor is a variable to allow navigation over the iteraton. *)
 newDyn(Dyn E <:Ok  l :Label var e :E) :T
(* Create an editor to display the variable e. Components of e that cannot
   be displayed with the above functions are ignored. *)
 display(editor :T  quit() :Ok) :Ok
(* Ensure that the editor is visible. Call quit() when the window is dismissed. *)
end;
```

```
interface SQL import :IterRep opt :Opt
export
  error :Exception with sqlError :String end
(* Raised if any of the following operations cannot be carried out.
   Argument is the error message string of the SQL server. *)
  noMatch :Exception
(* Raised if any of the table manipulation statements does not affect any table ele-
ment. *)
  Type(E <:Ok) <:Ok
(* A SQL tuple type description. *)
  Table(E <:Ok) <:Ok
(* A SQL table with elements of type E. *)
  Query(E <:Ok) <:Ok
(* A SQL query that returns elements of type E. *)
  (* — Type Descriptions: *)
  Attribute <:Ok
      (* A SQL attribute description: Column name, attribute type,
    attribute length, default value, with / without null. *)
  newInt1Attribute, newInt2Attribute, newInt4Attribute
     (name :String  nullable :Bool  default :opt.T(Int)) :Attribute
  newFloat4Attribute, newFloat8Attribute, newMoneyAttribute
     (name :String  nullable :Bool  default :opt.T(Real)) :Attribute
  newDateAttribute
     (name :String  nullable :Bool  default :opt.T(String)) :Attribute
  newCharAttribute, newVarcharAttribute
     (name :String  nullable :Bool  maxSize :Int
      default :opt.T(String)) :Attribute
(* Construct a new SQL attribute of the indicated SQL type. *)
  newType(Dyn E <:Tuple end  attributes :Vector(Attribute)) :Type(E)
(* Construct a new SQL type according to the given attributes. Raise error
   if the attributes do not conform to type E.
   If an attribute is nullable, the corresponding tuple attribute must
   be an opt.T of the appropriate type. *)
  (* — Database Operations: *)
  connect(database :String) :Ok
(* Start a session by connecting to the database. *)
  disconnect() :Ok
(* Terminate a session (no commit). *)
  commit, rollback() :Ok
(* Terminate a transaction. *)
  openTable(E <:Ok  name :String type :Type(E)) :Table(E)
(* Raise error if table not found or if its type does not match type. *)
  createTable(E <:Ok  name :String  type :Type(E)) :Table(E)
(* Raise error if table cannot be created (e.g. duplicate name). *)
  (* — Table Operations: *)
  deleteTuple(E <:Ok  table :Table(E)  tup :E) :Ok
(* Deletes tup from table. Raise noMatch if tup cannot be found *)
```

```
  deleteTuples(E <:Ok  table :Table(E)  tuples :IterRep.T(E Ok)) :Ok
(* Delete every tuple in iteration from table. Raise
   noMatch if any of the tuples cannot be found in table
   (after the iteration has been fully processed). *)
  deleteSelect(E <:Ok  table :Table(E)  query :Query(E)) :Ok
(* Delete all tuples from table that would be returned by query.
  As an example, delete(E tableX selectAll), where
  selectAll = newQuery(E "select * from tableX" <type>),
  would delete every tuple in the table. Raise noMatch if
  query does not select any tuple. *)
  insertTuple(E <:Ok  table :Table(E)  tup :E) :Ok
(* Insert tup into table. *)
  insertTuples(E <:Ok  table :Table(E)  tuples :IterRep.T(E Ok)) :Ok
(* Insert every tuple in iteration into table. *)
  insertSelect(E <:Ok  table :Table(E)  query :Query(E)) :Ok
      (* Insert tuple from the result table of query into table. *)
  updateTuple(E <:Ok  table :Table(E)  oldTuple, newTuple :E) :Ok
      (* Update oldTuple with values from newTuple. Raise noMatch if
  oldTuple cannot be found in table. *)
  updateTuples(E <:Ok  table :Table(E)
     oldTuples, newTuples :IterRep.T(E Ok)) :Ok
      (* Update tuples in oldTuples with values from the corresponding tuples
  in newTuples. Raise noMatch if any of the tuples in oldTuples
  cannot be found in table (after the full iteration has been processed). *)
  updateSelect(E <:Ok  table :Table(E)  query :Query(E)  newTuple :E) :Ok
(* Update all tuples that would be returned by query with values
   from newTuple. Raise noMatch if query does not return any tuples. *)
  (* — Queries: *)
  newQuery(E <:Ok  query :String type :Type(E)) :Query(E)
(* Construct a query that returns elements of this type. Raise error if
   the result type of query does not match type. *)
  (* — Cursor Operations: *)
  singletonSelect(E <:Ok query :Query(E)) :E
(* Return the result tuple of a single-element query. Raise error
   if the size of the query result is zero or greater than one. *)
  select(E <:Ok  query :Query(E)) :IterRep.T(E Ok)
(* Return a finite, non-localizable iteration over all tuples in the query result. *)
  exitLoop :Exception
(* May be raised in a loop statement to force the termination of an iteration. *)
  forEach(E <:Ok query :Query(E)  stmt(:E) :Ok) :Ok
(* Execute stmt for each tuple in the result. If stmt raises
   exitLoop, the loop is terminated prematurely. *)
  forEachVar(E <:Ok  table :Table(E)  query :Query(E)  stmt(var e :E) :Ok) :Ok
(* Execute stmt for each tuple in the result. If stmt raises exitLoop,
   the loop is terminated prematurely. *)
end;
```

```
interface Grammar
import
  :Symbol :Source :Parser :IterRep
export
  (* — Definition of Productions: *)
  T(I,D <:Ok) <:Ok
(* Attributed grammar with inherited attribute of type I and derived
   attribute of type D. *)
  terminal(I,D <:Ok sym :Symbol.T
     act(:I :Parser.ScannerState) :D
     errAct(:I :Parser.ScannerState) :D) :T(I D)
(* Accept sym. Return act applied to scanner state. If sym is not
   found, then return errAct applied to the scanner state. *)
  symbol(I <:Ok  sym :Symbol.T) :T(I Source.Position)
(* Accept sym. Return current source position even if sym is not found. *)
  transform(I,D,D1 <:Ok  gram :T(I D1)  act(:I :D1):D) :T(I D)
(* Accept gram and return transformed derived attribute. *)
  transformInherited(I,D,I1 <:Ok gram :T(I1 D)  act(:I):I1) :T(I D)
(* Accept gram with transformed inherited attribute. *)
  optional(I,D <:Ok  gram :T(I D)  nil(:I):D) :T(I D)
(* Accept empty input or gram. Return nil() resp. derived attribute of gram. *)
  seq2(I,D,D1,D2 <:Ok
  gram1 :T(I D1)  gram2 :T(I D2)
  act(:I :D1 :D2):D) :T(I D)
  seq3(I,D,D1,D2,D3 <:Ok
  gram1 :T(I D1)  gram2 :T(I D2)  gram3 :T(I D3)
  act(:I :D1 :D2 :D3):D) :T(I D)
  seq4(I,D,D1,D2,D3,D4 <:Ok
  gram1 :T(I D1)  gram2 :T(I D2)  gram3 :T(I D3)  gram4 :T(I D4)
  act(:I :D1 :D2 :D3 :D4):D) :T(I D)
  seq5(I,D,D1,D2,D3,D4,D5 <:Ok
  gram1 :T(I D1)  gram2 :T(I D2)  gram3 :T(I D3)  gram4 :T(I D4)
  gram5 :T(I D5)
  act(:I :D1 :D2 :D3 :D4 :D5):D) :T(I D)
  seq6(I,D,D1,D2,D3,D4,D5,D6 <:Ok
 gram1 :T(I D1)  gram2 :T(I D2)  gram3 :T(I D3)  gram4 :T(I D4)
 gram5 :T(I D5)  gram6 :T(I D6)
 act(:I :D1 :D2 :D3 :D4 :D5 :D6):D) :T(I D)
  seq7(I,D,D1,D2,D3,D4,D5,D6,D7 <:Ok
 gram1 :T(I D1)  gram2 :T(I D2)  gram3 :T(I D3)  gram4 :T(I D4)
 gram5 :T(I D5)  gram6 :T(I D6)  gram7 :T(I D7)
 act(:I :D1 :D2 :D3 :D4 :D5 :D6 :D7):D) :T(I D)
 (* Accept the sequence gram1 .. gramN. Return the result of the semantic
    action act applied to the derived attributes of the subtrees. *)
  alt(I,D <:Ok  gram :Vector(T(I D))) :T(I D)
 (* Accept gram1 | gram2 | ... | gramN and return the value of
    act() applied to the corresponding derived attribute. *)
```

```
  repeat(I,D,D1 <:Ok  gram :T(I D1)  nil(:I) :D  cons(:I :D1 :D):D) :T(I D)
(* Accept list::= [ gram list ]. Parsing yields right-associative
   parse trees, e.g. gram gram gram  => gram (gram gram) *)
  accumulate(I,D <:Ok  gram1 :T(I D)  gram2 :T(D D)) :T(I D)
(* Accept gram1 list  where  list::= gram2 [ list ]. Parsing may yield
   left-associative parse trees by passing the derived attribute of
   gram1 {gram2} as an inherited attribute to gram2. For example:
     accumulate(A  alt of
  seq2(symbol(".") B                fun(:AT :Pos :BT) ...)
  seq3(symbol("(") A symbol(")") fun(:AT :Pos :AT :Pos) ...)
    end) *)
  repeatLeft(I,D <:Ok  gram :T(I D)  nil(:I) :D  acc(:I :D):I) :T(I D)
(* Accept { gram }. Parsing yields left-associative parse trees,
   e.g. gram gram gram  => (gram gram) gram. Return nil(inh) if empty input,
   return derived attribute if singleton input, otherwise return derived
   attribute of last element. Element i+1 is parsed with derived
   attribute of element i-1 transformed by acc. *)
  (* — Non-Terminals: *)
  nonTerminal(I,D <:Ok) :T(I D)
(* Define a non-terminal that is initially bound to a grammar that
   just accepts symbol.wrong. This non-terminal may be redefined later. *)
  define(I,D <:Ok  old, new :T(I D)) :Ok
(* Bind an existing non-terminal (old) to a new grammar (new). This
   re-binding invalidates existing parsers that reference old.
   Therefore, newParser has to be called again for the root production. *)
  setName(I,D<:Ok  gram :T(I D)  name :String) :Ok
(* Assign a name to a non-terminal (used, e.g., for error reporting). *)
  getName(I,D<:Ok  gram :T(I D)) :String
(* Return the name of a non-terminal (initially set to ""). *)

  (* — Parser Generation: *)
  leftRecursion :Exception with cycle :IterRep.T(String Ok) end
(* Raised if grammar is left-recursive. Exception argument gives
   names of non-terminals involved in the cycle. Example:
A:= B  B:= A A      => Cycle involves [A B] *)
  ambiguity :Exception with name :String  symbols :IterRep.T(Symbol.T Ok) end
(* Raised if grammar is ambiguous. Exception argument gives the
   name of the non-terminal and the symbols for which more than one
   alternative applies. Example:
   A:= a B | a C        => name = A  symbols = {a} *)
  newParser(I,D <:Ok  root :T(I D)) :Parser.T(I D)
(* Create a new LL(1) parser for a root production. Test for
   left-recursion, ambiguities and violation of the
   LL(1) property. May raise leftRecursion or ambiguity. *)
end;
```

C. Die Tycoon Maschine

C.1 Datenrepräsentation (Modul "data")

```
typedef AbstractWord data_Value;
  /* The type of all runtime values. Bit indices are in the range 0..31.
     The two least significant bits [bit 0 & 1] are lost for tagging. */

/* -- Conversion tagged <-> untagged format (invisible in TML): */
#define Data_tagMask ((UnsignedInt) 3)    /* bits 0, 1 */
#define Data_immediateMask ((UnsignedInt) 1)    /* bit 0 */
#define Data_valueMask ((UnsignedInt) 0xfffffffc) /* bits 2..31 */
#define Data_intTagBits  ((UnsignedInt) 1)    /* bit 0 */
#define Data_realTagBits ((UnsignedInt) 3)    /* bits 0, 1 */
#define Data_referenceTagBits ((UnsignedInt) 2)    /* bit 1 */
#define Data_addressTagBits ((UnsignedInt) 0)    /* no bit */
#define Data_tagShift ((UnsignedInt) 2)    /* 2 bits */
#define Data_signBits ((UnsignedInt) 0xc0000000) /* bits 30,31 */

#define Data_nil ((data_Address) 0x00000000)
  /* A reserved memory address. bit 31 = 0, bit 30 = 0, ..., bit 0 = 0. */
#define Data_false ((data_Bool) 0x1)
  /* bit 31 = 0, bit 30 = 0, ..., bit 2 = 0, bit 1 = 0, bit 0 = 1. */
#define Data_true  ((data_Bool) 0xfffffffd)
  /* bit 31 = 1, bit 30 = 1, ..., bit 2 = 1, bit 1 = 0, bit 0 = 1. */
#define data_newBool(b) ((data_Bool) (b) ? Data_true : Data_false)
#define data_newInt(x) \
  ((data_Int) Logic_or(Shift_left(x, Data_tagShift), Data_intTagBits))
  /* bit result[i] = w[i-bitsPerTag] with intTagBits. */
#define Data_maxByte ((data_Byte) 0x000003fd)
  /* As a tagged integer value:
     bit 31 = 0, ... bit 10 = 0,
     bit  9 = 1, ... bit  2 = 1, bit  1 = 0, bit 0 = 1. */

/* -- Subtypes of type Value: */
typedef data_Value data_Immediate;
  /* Immediates are 32-bit values with bit 0 = 1. */
```

```
typedef data_Value data_Reference;
  /* Object store keys are 32-bit values with bit 1 = 1 and bit 0 = 0. */
     References are only interpretable w.r.t. a given store: They may change
     dynamically (preserving the object store topology) and therefore
     must not be kept in variables outside of a store or of an active
     evaluator. */
typedef data_Value data_Address;
  /* Addresses are 32-bit values with bit 0 = bit 1 = 0 (word-aligned). */
typedef data_Immediate data_Int;
  /* Integers are 32-bit values with bit 1 = 0 and bit 0 = 1. The remaining
     30 bits are to be interpreted as a signed integer according to the
     host data format (usually 2's complement) with the least
     significant bit at position 2. */
typedef data_Immediate data_Real;
  /* Low precision reals are 32-bit values with bit 1 = bit 0 = 1.
     A Real corresponds to a single precision ANSI/IEEE-754-1985
     floating point number with fraction bit 1 = 0 and fraction bit 0 = 0:
       bit 2 = least significant byte of fraction f
       bit 24 = most significant byte of fraction f
       bit 25 = least significant byte of exponent e
       bit 30 = most significant byte of exponent e
       bit 31 = sign s
     normalized number (0 < e < 255) => value is (-1)^s * 2^(e-127) * 1.f
     subnormal (e = 0, f # 0)        => value is (-1)^s * 2^(-126) * 0.f
     zero (e = 0, f # 0)        => value is (-1)^s * 0  */
typedef data_Int data_Bool;
  /* Booleans and bytes are both 32-bit integer values, i.e. bit 1 = 0 and
     bit 0 = 1. */
typedef data_Int data_Byte;
  /* Some store objects contain packed bytes. Outside the store, bytes
     are represented as full data_Values. */
typedef data_Reference data_String;
  /* Defined here to avoid cyclic imports.
     Implementation defined in string.h. */
typedef data_Reference data_Closure;
  /* Defined here to avoid cyclic imports.
     Implementation defined in code.h */
typedef data_String data_Exception;
  /* Exception values are strings. */
```

C.2 Programmrepräsentation (Modul "code")

```
typedef data_Int code_Architecture;
  /* Architecture tags used to distinguish between code generated for
     different TML evaluators:
       a MOD 256 = implementation level
       a DIV 256 = architecture code
     Evaluators of higher implementation levels are capable of
     evaluating code generated for lower implementation levels of the
     same architecture. */
#define Code_portableArchitecture ((code_Architecture) data_newInt(256))
  /* Architecture data_Value for abstract, portable TML code. */
```

```
#define Code_externalArchitecture ((code_Architecture) data_newInt(512))
  /* Architecture data_Value for target-specific machine code. */
typedef data_Reference code_Literals;
typedef data_Value *code_LiteralsAdr;
  /* Literals of a function:
  [0] code :T
  [1] architecture :code_Architecture
  [2] library :data_String
  [3] label :data_String
  [4] first literal */
#define Code_literalsCodeIndex        0
#define Code_literalsArchitectureIndex 1
#define Code_literalsLibraryIndex      2
#define Code_literalsLabelIndex        3
#define Code_literalsLiteralsOffset    4
typedef data_Value *code_ClosureAdr;
  /* Static function closures in the store:
       [0] lowLevel :data_Value
   nil or valid pointer to object code
       [1] literals :code_Literals
       [closureHeaderSize+x] global[x] :data_Value
   data_Values that make up the static environment. */
#define Code_closureLowLevelIndex      0
#define Code_closureLiteralsIndex      1
#define Code_closureGlobalsOffset      2
  /* Number of reserved data_Values preceding the globals in a closure. */

#define Code_closureHeaderSize \
  ((data_Int) data_newInt(Code_closureGlobalsOffset))

/* -- TML instructions (:data_Int data_Values, start with 1, add 4): */
#define Code_nop       1
#define Code_immediate      5
#define Code_literal      9
#define Code_getLocal      13
...
#define Code_trap      81
#define Code_raise      85
/* used internally by the interpreter: */
#define Code_return      89

typedef struct Code_Block {
  UnsignedInt instruction;
  union {
    struct {
      data_Value value;
    } Immediate;
    struct {
      data_Int index;      /* 0 <= index < size(literals) */
    } Literal;
    struct {
      data_Int index;      /* 1 <= index <= nLocals */
      data_Bool mutable;
    } GetLocal;
```

```
struct {
  data_Int index;       /* 1 <= index <= nParameters */
} GetParameter;
struct {
  data_Int index;       /* 1 <= index <= nGlobals */
} GetGlobal;
struct {
  struct Code_Block *object;
  struct Code_Block *index;       /* 0 <= index < size(object) */
  data_Bool mutable;
} GetIndexed;
struct {
  data_Int index;       /* 1 <= index <= nLocals */
  struct Code_Block *value;
} SetLocal;
struct {
  struct Code_Block *closure;
  data_Int index;       /* 1 <= index <= nGlobals */
  struct Code_Block *value;
} SetGlobal;
struct {
  struct Code_Block *object;
  struct Code_Block *index;       /* 0 <= index < size(object) */
  struct Code_Block *value;
} SetIndexed;
struct {
  struct Code_Block *locality;
  struct Code_Block *nGlobals;
  struct Code_Block *literals;
} Abstract;
struct {
  data_Int nParameters;
  data_String library;
  data_String label;
} LambdaExternal;
struct {
  data_Int nParameters;
  data_Int nLocals;
  struct Code_Block *code;
} Lambda;
struct {
  data_Int nArguments;
  struct Code_Block *arguments;    /* Nop or Argument */
  runtime_Code runtimeCode;
} ApplyRuntime;
struct {
  data_Int nArguments;
  struct Code_Block *arguments;    /* Nop or Argument */
  struct Code_Block *function;
} Apply;
struct {
  struct Code_Block *value;
  data_Value *tags;           /* Code_TagsAdr */
  struct Code_Block **branches;    /* BranchesAdr   */
```

```
      struct Code_Block *elseBranch;
      data_Bool exhaustive;
    } Alt;
    struct {
      struct Code_Block *first;
      struct Code_Block *rest;
    } Seq, Argument;
    struct {
      struct Code_Block *code;
    } Loop;
    struct {
      struct Code_Block *value;
    } Exit;
    struct {
      struct Code_Block *code;
      struct Code_Block *handler;
    } Trap;
    struct {
      struct Code_Block *value;
    } Raise;
  } code;
} code_Block, *code_Adr;

typedef data_Reference code_Code;
    /* A TML instruction in main memory. */

typedef data_Reference Code_Branches;
typedef code_Adr *BranchesAdr;
    /* A branch table for multi-way conditionals. */

typedef data_Reference Code_Tags;
typedef data_Value *Code_TagsAdr;
    /* A tag table for a multi-way conditional with N tags and M branches.
       for 0<=i<=N-1:
 [2*i]   = i-th tag data_Value
 [2*i+1] = index j of corresponding code in Branches (0<=j<M) */
```

C.3 Objektspeicherschnittstelle (Modul "store")

```
/* -- Data types: */
typedef data_Value store_Store;
  /* A (volatile) identification of an open store. */
typedef data_Int store_ValueSize;
  /* Object sizes are measured in multiples of Values. */
typedef data_Value store_Locality;
  /* Some object store implementations may support locality
     specifications to control data placement at object creation time. */
typedef data_Int store_Format;
  /* One of the following format codes: */
#define Store_closureFormat ((store_Format) 1)
  /* A value array containing a code reference */
#define Store_valueArrayFormat ((store_Format) 5)
  /* Array(data_Value) */
```

```
#define Store_immediateArrayFormat ((store_Format) 9)
  /* Array(data_Immediate) */
#define Store_byteArrayFormat ((store_Format) 13)
  /* A packed Array(data_Byte) */
#define Store_longRealArrayFormat ((store_Format) 17)
  /* An array of ANSI/IEEE 754-1985 double floating point numbers. */
#define Store_somewhere ((store_Locality) Data_nil)
  /* A "don't care" locality specification. */

/* -- Operations on entire stores: */
extern store_Store store_newStore(char *filename);
  /* Create a new, named, initially empty persistent store. */
extern store_Store store_openStore(char *filename);
  /* Open an existing named persistent store. */
extern void store_closeStore(store_Store store);
  /*  an open persistent store. Further access to store is not
     allowed. */
extern void store_setCurrentStore(store_Store store);
  /* Define context for subsequent calls to other operations of this
     interface. */
extern store_Store store_getCurrentStore(void);
  /* Get current store context (initially Data_nil). */
extern void store_garbageCollect(void);
  /* Trigger an unconditional garbage collection in the current store.
     - The root object is preserved
     - Each currently fixed object is preserved
     - Each object enumerated by the reference enumerator is preserved
     - If an object O with a closure format or value array format
       is preserved, all objects with references
  get(O, i)   O<= i < size(O)
       are also preserved. */
extern data_Bool store_checkpoint(void);
  /* Try to atomically preserve all changes performed
     (also through fixed objects) to the current store.
     If checkpointing succeeds then retain fixed objects and return
     true. Else execute restart() and return false. */
extern void store_restart(void);
  /* Unfix all objects. Undo all changes performed to the current store. */

/* -- Operations on store contents: */
extern data_Reference store_new(store_ValueSize size, data_Value init,
  store_Format format, store_Locality locality);
  /* Allocate a new store object.
     Post: format(new(s n f l)) = f
   size(new(s n f l)) = s
   get(new(s n f l) x) = n  for 0<=i<s
     If no space is left to allocate the object,
     eithter an automatic garbage collection is triggered
(referenceEnumerator <> Data_nil)
     or the exception "garbageCollectException" is raised
(referenceEnumerator = Data_nil).
     If after a garbage collection there is still no space to allocate
     the object, the exception "outOfMemoryException" is raised. */
```

```
extern data_Value store_get(data_Reference obj, data_Int i);
  /* Return the i-th value in obj.
     Pre: 0<=i<size(obj)
  format(obj) IN
    {closureFormat, valueArrayFormat, immediateArrayFormat} */
extern store_ValueSize store_size(data_Reference obj);
  /* Return the size of obj. */
extern store_Format store_format(data_Reference obj);
  /* Return the format attribute of obj. */
extern void store_set(data_Reference obj, data_Int i, data_Value val);
  /* Set the i-th value in obj to val.
     Pre: 0<=i<size(obj)
  format(obj) IN
    {closureFormat, valueArrayFormat, immediateArrayFormat}
     Post: get(obj i) = val */
extern void store_copy(data_Reference from, data_Reference to,
 data_Int fromStart, data_Int toStart, data_Int fromSize);
  /* Copy values from src to dst. Handle overlap correctly.
     Pre: (srcLen > 0) OR
  ((0<=srcStart,srcStart+srcLen-1<size(src)) AND
   (0<=dstStart,dstStart+srcLen-1<size(dst))) AND
  {format(src), format(dst)} subset of
    {closureFormat, valueArrayFormat, immediateArrayFormat}
     Post: get(dst dstStart+i) = get(old(src) srcStart+i) for 0<=i<srcLen. */
extern data_Address store_fixRead(data_Reference obj);
extern data_Address store_fixReadWrite(data_Reference obj);
extern data_Address store_fixExecute(data_Reference obj);
  /* Cache object in main memory according to the data representation
     of the current host architecture.
       fixRead:      main memory copy must not be updated
       fixReadWrite: main memory copy may be updated
       fixExecute:   Pre: format(obj) = closureFormat; Code will be
     accessed by a TMEvaluator.
     Post:
     case format(obj)
       when closureFormat, valueArrayFormat, immediateArrayFormat,
    longRealArrayFormat then
  memGet(fixXXX(obj) i val) equivalent to
     get(obj i) for 0<=i<size(obj)
       when byteArrayFormat then
  memGetByte(fixXXX(obj) i val) equivalent to
     getByte(obj i) for 0<=i<size(obj)*bytesPerValue
     end
     if fixReadWrite then case format(obj)
       when closureFormat, valueArrayFormat, immediateArrayFormat,
    longRealArrayFormat then
  memSet(fixXXX(obj) i val) equivalent to
     set(obj i val) for 0<=i<size(obj)
       when byteArrayFormat then
  memSetByte(fixXXX(obj) i val) equivalent to
     setByte(obj i val) for 0<=i<size(obj)*bytesPerValue
     end */
```

```
extern void store_unfix(data_Reference obj);
  /* For each fixXXX there has to be a corresponding unfix.
     Further access to the main memory copy is disallowed. */
extern data_Value store_unfixPassThru(data_Reference obj, data_Value val);
  /* BEGIN unfix(obj); RETURN val END
     This function is only used to simplify code generation. */

/* -- Other operations: */
extern data_Int store_getByte(data_Reference obj, data_Int i);
  /* Return byte at byte-offset in obj tagged as an integer.
     Pre: 0 <= i < bytesPerValue*size(obj)
   format(obj) = byteArrayFormat
     Post: legalByte(getByte(obj i)) */
extern void store_setByte(data_Reference obj, data_Int i, data_Int val);
  /* Update byte at byte-offset in obj with (val MOD 256):
     Pre: 0 <= i < bytesPerValue*size(obj)
   format(obj) = byteArrayFormat
     Post: getByte(obj i) = val */
extern void store_copyBytes(data_Reference from, data_Reference to,
     data_Int fromStart, data_Int toStart, data_Int fromSize);
  /* Copy bytes from src to dst. Handle overlap correctly.
     srcStart, dstStart, srcLen are measured in byte sizes.
     Pre: (srcLen = 0) OR
   ((0<=srcStart,srcStart+srcLen-1<size(src)*bytesPerValue) AND
    (0<=dstStart,dstStart+srcLen-1<size(dst)*bytesPerValue)) AND
    (format(src) = byteArrayFormat) AND
    (format(dst) = byteArrayFormat)
     Post: getByte(dst dstStart+i) = getByte(old(src) srcStart+i)
     for 0<=i<srcLen*bytesPerValue */
extern data_Value store_getRoot(void);
  /* Return the distinguished root value of the (current) store.
     (initialized to nil). */
extern void store_setRoot(data_Value val);
  /* Update the root value of the (current) store. */

/*-- Interface to cached values of evaluators: */
typedef data_Value (*store_VisitProcedure)(data_Value);
typedef void (*store_Enumerator)(store_VisitProcedure);
  /* A function that applies f to each variable that could contain
     an object reference to this store and that updates
     the state variable with the function result. */
extern void store_setReferenceEnumerator(store_Enumerator e);
  /* Define a function that visits all values that could be object
     references to this store held outside the store itself. */
extern store_Enumerator store_getReferenceEnumerator(void);
  /* Return current enumerator function (initialized to Data_nil each
     time the store is opened). */
extern data_Exception store_garbageCollectException(void);
  /* Return the exception value that may be raised by new operations. */
extern data_Exception store_outOfMemoryException(void);
  /* Return the exception value that may be raised by new operations. */
```

C.4 Evaluatoren und Evaluationszustände (Modul "thread")

```
typedef data_Int thread_Mode;
/* State of the evaluation, start with 1, add 4: */
#define Thread_suspended_Mode  ((thread_Mode) 1)
#define Thread_completed_Mode  ((thread_Mode) 5)
#define Thread_exception_Mode  ((thread_Mode) 9)

typedef data_Value machine_State;
  /* Opaque state of a TML interpreter. */
typedef data_Value thread_T;
  /* A thread consists of
     - a current store
     - a current mode (suspended, terminated, exception)
     - a current result / exception value
     - a C evaluation stack
     - a TML evaluation stack
     - a stack of installed exception handlers (TML / C)
     - a stack of 'fixed' closures  */

/* -- Operations on threads: */
extern thread_T thread_new(store_Store store,
   data_Int stackSize,
   data_Int codeStackSize,
   data_Int frameStackSize);
  /* Return a handle to a newly created thread.
     Mode:= suspended; Value undefined */
extern void thread_dispose(thread_T thread);
  /* Release the evaluation state occupied by this thread. */
extern data_Value thread_run(thread_T thread);
  /* Resume execution of a suspended thread. Return the result value,
     the exception value, or an undefined value if suspended. */
extern data_Value thread_call(thread_T thread,
      data_Closure closure,
      data_Int nParams,
      data_Reference p);
  /* Apply function in closure to arguments p[1], p[2], ... p[nParams].
     Return the result value, the exception value, or an undefined value
     if suspended. */

/* -- Access to the thread state: */
extern thread_Mode thread_mode(thread_T thread);
  /* Return the current mode of a thread. */
extern data_Value thread_value(thread_T thread);
  /* Return the result or exception value of a thread. */
extern store_Store thread_store(thread_T thread);
  /* Return the store used by a thread. */
extern machine_State thread_machineState(thread_T thread);
  /* Return the TML machine state used by a thread. */

/* -- Execution of the 'current' thread */
extern thread_T thread_self(void);
  /* Return the handle of the thread that executes this call. */
```

```
extern code_ClosureAdr thread_pushFrame(data_Closure closure);
  /* Return the address 'a' of the fixed closure. No C-code is loaded.
     Used during TML execution */
extern void thread_popFrame(void);
  /* Unfix the closure last fixed.
     Used during TML execution */
extern code_ClosureAdr thread_enterFrame(data_Closure closure);
  /* Prepare closure for execution, load function code on demand,
     return the address 'a' of the fixed closure,
     in order to prepare an indirect function call (*a[0]).
     Used during C execution. */
extern data_Value thread_leaveFrame(data_Value result);
  /* Unfix the closure last fixed. Return result unchanged.
     Used during C execution. */

/* -- Exception handling: */
extern data_Address thread_pushHandler(void);
  /* Install a new exception handler. Return the word-aligned address of
     a new volatile storage area to save the C-evaluation stack environment
     (with a setjmp instruction). Subsequent raise operations will then
     activate this exception handler. */
extern data_Value thread_popHandler(data_Value result);
  /* Deinstall the exception handler installed in the last markFrame
     operation. Return result unchanged. */
extern void thread_raise(data_Value v);
  /* Set thread.raisedValue:=v. Unfix all frames entered since the last
     pushHandler. Transfer control to the last handler installed
     (with a longjmp instruction that takes v as its argument).
     Deinstall the last handler. */
extern void thread_reraise(void);
  /* thread_raise(thread_raisedValue()) */
extern data_Value thread_raisedValue(void);
  /* Since it is impossible to return the value TMData.nil as the result
     of setjmp(), thread_raisedValue() gives access to the last value
     raised.  Typical use:
      l:= setjmp(thread_pushHandler())
      if (l = Data_nil) {
...
thread_popHandler(...)
      else
l:= thread_raisedValue();
... thread_raise(...)
... thread_reRaise()
      end */
extern void thread_setRaisedValue(data_Value v);
  /* Only to be used by the interpreter: Update the value raised by the
     last exception. */
extern data_Exception thread_exceptionValue(Txt txt);
  /* Return a persistent unique exception corresponding to this
     text literal. */
extern data_Value thread_halt(data_Value v);
  /* Enter the debugger with this value. */
```

Literaturverzeichnis

Abadi et al. 89: Abadi, M., Cardelli, L., Pierce, B. C., and Plotkin, G.D. „Dynamic Typing in a Statically Typed Language“. Digital Systems Research Center Reports 47, DEC SRC Palo Alto, Juni 1989.

Abadi et al. 90: Abadi, M., Cardelli, L., Curien, P.-L., and Lévy, J.-J. „Explicit Substitutions“. Digital Systems Research Center Reports 54, DEC SRC Palo Alto, Februar 1990.

Abadi et al. 92: Abadi, M., Cardelli, L., Pierce, B., and Rémy, D. „Dynamic Typing in Polymorphic Languages“. In: *Proceedings of the ACM SIGPLAN Workshop on ML and its Applications*, Juni 1992.

Abiteboul, Beeri 88: Abiteboul, S. and Beeri, C. „On the Power of Languages for the Manipulation of Complex Objects“. Rapports de Recherche 846, INRIA, Domaine de Voluceau Rocquencourt 78153 Le Chesnay Cedex - France, Mai 1988.

Abiteboul, Grumbach 91: Abiteboul, S. and Grumbach, S. „A Rule-Base Language With Functions and Sets“. *ACM Transactions on Database Systems*, 16(1), März 1991.

Abiteboul, Kanellakis 89: Abiteboul, S. and Kanellakis, P.C. „Object Identity as a Query Language Primitive“. In: *Proceedings of the ACM-SIGMOD International Conference on Management of Data, Portland, Oregon*, Seite 159–173, 1989.

Agrawal, Gehani 89: Agrawal, R. and Gehani, N.H. „Rationale for the Design of Persistence and Query Processing Facilities in the Database Programming Language O++“. In: *Proceedings of the Second International Workshop on Database Programming Languages, Salishan, Oregon*, Juni 1989.

Aho et al. 87: Aho, A.V., Sethi, R., and Ullmann, J.D. *Compilers: Principles, Techniques and Tools.* Addison-Wesley, 1987.

Aït-Kaci, Nasr 89: Aït-Kaci, H. and Nasr, R. „Integrating logic and functional programming“. *Lisp and Symbolic Computation*, 2:51–89, 1989.

Alagic 88: Alagic, S. „Object-Oriented Database Programming in a Relational Environment Extended with Modules“. Technical report, Dept. of Informatics, Faculty of Electrical Engineering, Univ. of Sarajevo, 71000 Sarajevo - Lukavica, Yugoslavia, Mai 1988.

Albano et al. 85: Albano, A., Cardelli, L., and R., Orsini. „Galileo: A Strongly-Typed, Interactive Conceptual Language“. *ACM Transactions on Database Systems*, 10(2):230–260, 1985.

Albano et al. 88: Albano, A., Ghelli, G., Occhiuto, M.E., and Orsini, R. „Galileo Reference Manual, Version 2.0“. Technical report, Dipartimento di Informatica, Università di Pisa, Februar 1988.

Albano et al. 89: Albano, A., Ghelli, G., and Orsini, R. „Types for Databases: The Galileo Experience". In: *Proc. of the 2nd Workshop on Database Programming Languages, Portland, Oregon*, Juni 1989.

Albano 83: Albano, A. „Type Hierarchies and Semantic Data Models". In: *ACM SIGPLAN '83: Symposium on Programming Langauge Issues in Software Systems*, Seite 178–186, San Francisco, 1983.

Amadio, Cardelli 90: Amadio, R.M. and Cardelli, L. „Subtyping Recursive Types". Digital Systems Research Center Reports 62, DEC SRC Palo Alto, August 1990.

Appel 92: Appel, A. *Compiling with Continuations.* Cambridge University Press, 1992.

Apt 90: Apt, K.R. „Logic Programming". In: van Leeuwen, J., Hrsg., *Handbook of Theoretical Computer Science*, Band B, Seite 493–574. Elsevier Science Publishers, 1990.

Atkinsion et al. 91: Atkinsion, M.P., Lécluse, C., Philbrow, P., and Richard, P. „Design Issues in a Map Language". In: *Proceedings of the Third International Workshop on Database Programming Languages, Nafplion, Greece.* Morgan Kaufmann Publishers, September 1991.

Atkinson et al. 81: Atkinson, M.P., Chisholm, K.J., and Cockshott, W.P. „PS-algol: An Algol with a Persistent Heap". *ACM SIGPLAN Notices*, 17(7), Juli 1981.

Atkinson et al. 90: Atkinson, M., Bançilhon, F., Witt, D. De, Dittrich, K., Maier, D., and Zdonik, S. „The Object-Oriented Database System Manifesto". In: *Deductive and Object-oriented Databases.* Elsevier Science Publishers, Amsterdam, Netherlands, 1990.

Atkinson et al. 91: Atkinson, M., Richard, P., and Trinder, P. „Bulk Types for Large Scale Programming". In: *Proceedings of the Kiev East/West Workshop on Next Generation Database Technology*, Band 504, *Lecture Notes in Computer Science*, April 1991.

Atkinson, Bunemann 87: Atkinson, M.P. and Bunemann, P. „Types and Persistence in Database Programming Languages". *ACM Computing Surveys*, 19(2), Juni 1987.

Atkinson, Morrison 85: Atkinson, M.P. and Morrison, R. „First class persistent procedures". *ACM Transactions on Programming Languages and Systems*, 7(4), Oktober 1985.

Atkinson, Morrison 88: Atkinson, M.P. and Morrison, R. „Types, Bindings and Parameters in a Persistent Environment". In: Atkinson, M.P., Buneman, P., and Morrison, R., Hrsg., *Data Types and Persistence*, Topics in Information Systems. Springer-Verlag, 1988.

Balzer, Mylopoulos 91: Balzer, R. and Mylopoulos, J. „International Workshop on the Develpment of Intelligent Information Systems". Technical report, University of Southern California and University of Toronto, April 1991.

Bancilhon, Buneman 87: Bancilhon, F. and Buneman, P., Hrsg. *Proceedings of the First Workshop on Database Programming Languages*, Roscoff, Finistere, France, 1987. Altaïr, BP 105, Rocquencourt, 78153 Le Chesnay Cedex, France.

Bancilhon, Maier 88: Bancilhon, F. and Maier, D. „Multilanguage Object-Oriented Systems: New Answers to Old Database Problems?". Rapport Technique 21-88, INRIA, Domaine de Voluceau Rocquencourt 78153 Le Chesnay Cedex - France, April 1988.

Bancilhon 91: Bancilhon, F. „A Classification of Object-Oriented Database Systems". In: *Database Programming Languages: Bulk Types and Persistent Data*, Seite 3–19, Nafplion, Greece, 1991. Morgan Kaufmann Publishers.

Barendregt 84: Barendregt, H.P. *The Lambda Calculus, Its Syntax and Semantics.* North-Holland, Amsterdam, 1984. revised edition.

Beeri, Kornatzky 90: Beeri, Catriel and Kornatzky, Yoram. „Algebraic Optimizations of Object-Oriented Query Languages". In: Abiteboul, S. and Kanellakis, P.C., Hrsg., *Third International Conference on Database Theory*, Band 470, *Lecture Notes in Computer Science*, Seite 72–88. Springer-Verlag, 1990.

Bernstein et al. 87: Bernstein, P.A., Hadzilacos, V., and Goodman, N. *Concurrency Control and Recovery in Database Systems.* Addison-Wesley, 1987.

Birell et al. 88: Birell, A.D., Jones, M.B., and Wobber, E.P. „A Simple and Efficient Implementation for Small Databases". Report 24, Digital System Research Center, Januar 1988.

Bishop 86: Bishop, J., Hrsg. *Data Abstraction in Programming Languages.* Addison-Wesley, 1986.

Blaser 90: Blaser, A., Hrsg. *Database Systems of the 90s*, Band 466, *Lecture Notes in Computer Science*, November 1990.

Bobrow et al. 88: Bobrow, D.G., De Michiel, L.G., Gabriel, R.P., Keene, S.E., Kiczales, G., and Moon, D.A. „Common Lisp Object System Specification". *ACM SIGPLAN Notices, Special Issue*, 23, September 1988.

Böhm, Berarducci 85: Böhm, C. and Berarducci, A. „Automatic synthesis of typed lambda-programs on term algebras". *Theoretical Computer Science*, 39:135–154, 1985.

Booch 86: Booch, G. „Object-Oriented Development". *IEEE Transactions on Software Engineering*, SE-12(2):211–221, Februar 1986.

Borgida et al. 84: Borgida, A., Mylopoulos, J., and Wong, H.K.T. „Generalization / Specialization as a Basis for Software Specification". In: Brodie, M.L., Mylopoulos, J., and Schmidt, J.W., Hrsg., *On Conceptual Modelling*, Topics in Information Systems, Seite 87–117. Springer-Verlag, 1984.

Borgida et al. 89a: Borgida, A., Brachman, R.J., McGuiness, D.L., and Resnick, L.A. „CLASSIC: A Structural Data Model for Objects". In: *Proceedings of the ACM-SIGMOD International Conference on Management of Data, Portland, Oregon*, Seite 59–67, Juni 1989.

Borgida et al. 89b: Borgida, A., Koubarakis, M., Mylopoulos, J., and Stanley, M. „Telos: A Knowledge Representation Language for Requirements Modeling". Technical Report KRR-TR-89-4, Dept. of Computer Science, University of Toronto, Februar 1989.

Borgida 88: Borgida, A. „Modeling class hierarchies with contradictions". In: *Proceedings of the ACM-SIGMOD International Conference on Management of Data, Chicago, Illinois*, 1988.

Böttcher 88: Böttcher, S. *Prädikative Selektion als Grundlage für Transaktionssynchronisation und Datenintegrität.* PhD thesis, Fachbereich Informatik, Johann Wolfgang Goethe-Universität, Frankfurt, Germany, 1988.

Brachmann, Schmolze 85: Brachmann, R.J. and Schmolze, J.G. „An Overview of the KL-ONE Knowledge Representation System". *Cognitive Sciences*, 9(2), 1985.

Breazu-Tannen et al. 91: Breazu-Tannen, V., Buneman, P., and Naqvi, S. „Structural Recursion as a Query Language". In: *Proceedings of the Third International*

Workshop on Database Programming Languages, Nafplion, Greece. Morgan Kaufmann Publishers, September 1991.

Brodie, Ridjanovic 84: Brodie, M.L. and Ridjanovic, D. „Functional Specification and Verification of Database Transactions". *Computer Corporation of America, Cambridge,* 26(4), Oktober 1984.

Brown et al. 88: Brown, A.L., Connor, R.C.H., Carrick, R., Dearle, A., and Morrison, R. „The Persistent Abstract Machine". PPRR 59-88, Universities of Glasgow and St Andrews, März 1988.

Brown et al. 91: Brown, A.L., Mainetto, G., Matthes, F., Müller, R., and McNally, D.J. „An Open System Architecture for a Persistent Object Store". Persistent Programming Research Report CS/91/9, Univ. of St. Andrews, Dept. of Comp. Science, September 1991.

Brown, Rosenberg 91: Brown, A.L. and Rosenberg, J. „Persistent Object Stores: An Implementation Technique". In: *Proceedings of the Fourth International Workshop on Persistent Object Systems, Martha's Vineyard, Massachusetts.* Morgan Kaufmann Publishers, Januar 1991.

Bunemann et al. 82: Bunemann, P., Hirschberg, J., and Root, D. „A Codasyl Interface to Pascal and Ada". In: *Proc. 2nd British National Conference on Databases (BNCOD 2).* Cambridge University Press, 1982.

Cardelli et al. 91: Cardelli, L., Martini, S., Mitchell, J.C., and Scedrov, A. „An Extension of System F with Subtyping". In: Ito, T. and Meyer, A.R., Hrsg., *Theoretical Aspects of Computer Software, TACS'91,* Lecture Notes in Computer Science, Seite 750–770. Springer-Verlag, 1991.

Cardelli, Longo 90: Cardelli, L. and Longo, G. „A semantic basis for Quest". Digital Systems Research Center Reports 55, DEC SRC Palo Alto, März 1990.

Cardelli, MacQueen 88: Cardelli, L. and MacQueen, D. „Persistence and Type Abstraction". In: *Data Types and Persistence,* Topics in Information Systems. Springer-Verlag, 1988.

Cardelli, Mitchell 89: Cardelli, L. and Mitchell, J.C. „Operations on Records". Digital Systems Research Center Reports 48, DEC SRC Palo Alto, August 1989.

Cardelli, Wegner 85: Cardelli, L. and Wegner, P. „On Understanding Types, Data Abstraction, and Polymorphism". *ACM Computing Surveys,* 17(4):471–522, Dezember 1985.

Cardelli 83: Cardelli, L. „The functional abstract machine". *Polymorphism,* 1(1), 1983.

Cardelli 84a: Cardelli, L. „Compiling a functional language". In: *Proceedings of the ACM Symposium on Lisp and Functional Programming,* Seite 208–217, Austin, August 1984.

Cardelli 84b: Cardelli, L. „A Semantics of Multiple Inheritance". In: Kahn, G., MacQueen, D.B., and Plotkin, G., Hrsg., *Semantics of Data Types,* Band 173, *Lecture Notes in Computer Science,* Seite 51–67. Springer-Verlag, 1984.

Cardelli 86a: Cardelli, L. „Amber". In: *Combinators and Functional Programming Languages,* Band 242, *Lecture Notes in Computer Science.* Springer-Verlag, 1986.

Cardelli 86b: Cardelli, L. „The Amber Machine". In: *Combinators and Functional Programming Languages,* Band 242, *Lecture Notes in Computer Science.* Springer-Verlag, 1986.

Cardelli 87: Cardelli, L. „Basic Polymorphic Typechecking". *Science of Computer Programming,* 8:147–172, 1987.

Cardelli 89: Cardelli, L. „Typeful Programming". Digital Systems Research Center Reports 45, DEC SRC Palo Alto, Mai 1989.

Cardelli 90: Cardelli, L. „The Quest Language and System (Tracking Draft)". Digital Systems Research Center, DEC SRC Palo Alto, 1990. (shipped as part of the Quest V.12 system distribution).

Cardelli 92a: Cardelli, L. „Extensible Records in a Pure Calculus of Subtyping". Digital Systems Research Center Reports 81, DEC SRC Palo Alto, Januar 1992.

Cardelli 92b: Cardelli, L. „F-sub, the System". Digital systems research center, DEC SRC Palo Alto, Februar 1992. (shipped as part of the Fsub 1.4 system distribution).

Cattell 91: Cattell, R.G.G. „Next-Generation Database Systems". *Communications of the ACM*, 34(10), Oktober 1991.

Ceri et al. 90: Ceri, S., Gottlob, G., and Tanca, L. *Logic Programming and Databases.* Springer-Verlag, 1990.

Chamberlin, others 81: Chamberlin, D.D et al. „Support for Repetitive Transactions and ad hoc Queries in System R". *ACM Transactions on Database Systems*, 6(1):70–94, 1981.

Connor et al. 90: Connor, R., Dearle, A., Morrison, R., and Brown, F. „Existentially Quantified Types as a Database Viewing Mechanism". In: *Advances in Database Technology, EDBT '90*, Band 416, *Lecture Notes in Computer Science*, Seite 301–315. Springer-Verlag, 1990.

Connor et al. 91: Connor, R., McNally, D., and Morrison, R. „Subtyping and Assignment in Database Programming Languages". In: *Database Programming Languages: Bulk Types and Persistent Data*, Seite 363–382, Nafplion, Greece, 1991. Morgan Kaufmann Publishers.

Connor, Morrison 92: Connor, R. and Morrison, R. „Subtyping Without Tears". FIDE Technical Report FIDE/92/34, FIDE Coordinator, Department of Computing Sciences, University of Glasgow, 1992.

Connor 90: Connor, R. „Types and Polymorphism in Persistent Programming Systems". Research Report CS/91/3, Department of Mathematical and Computational Sciences, University of St. Andrews, Juni 1990.

Constable 91: Constable, R.L. „Type Theory as a Foundation for Computer Science". In: Ito, T. and Meyer, A.R., Hrsg., *Theoretical Aspects of Computer Software, TACS'91*, Lecture Notes in Computer Science, Seite 226–243. Springer-Verlag, 1991.

Cook et al. 90: Cook, W.R., Hill, W.L., and Canning, P.S. „Inheritance Is Not Subtyping". In: *Proceedings of the Seventeenth ACM Symposium on Principles of Programming Languages*, Seite 125–135, 1990.

Cook 89: Cook, W. „A Proposal for Making Eiffel Type-Safe". In: *ECOOP 90 Proc. European Conference on Object Oriented Programming*, 1989.

Cooper, Qin 89: Cooper, R.L. and Qin, Z. „An implementation of the IFO data model in PS-algol". PPRR 89, Universities of Glasgow and St Andrews, 1989.

Copeland, Maier 84: Copeland, G. and Maier, D. „Making Smalltalk a database system". In: *Proceedings of the ACM-SIGMOD International Conference on Management of Data, Boston, Massachusetts*, Seite 316–325, Juni 1984.

Coquand, others 89: Coquand, T. et al. „The Calculus of Constructions, Documentation and User's Guide". Rapports Techniques 110, INRIA, Domaine de Voluceau Rocquencourt 78153 Le Chesnay Cedex - France, August 1989.

Corbin 91: Corbin, J.R. *The Art of Distributed Applications.* Sun Technical Reference Library. Springer-Verlag, 1991.

Cosmadakis, Papadimitriou 83: Cosmadakis, S. and Papadimitriou, C. H. „Updates of Relational Views“. In: *Proceedings of the Second ACM SIGACT-SIGMOD-SIGART Symposium on Principles of Database Systems*, März 1983.

Courcelle 83: Courcelle, B. „Fundamental properties of infinite trees“. *Theoretical Computer Science*, 25:95–169, 1983.

Cox 86: Cox, B.J. *Object-Oriented Programming, An Evolutionary Approach.* Addison-Wesley, Reading (Mass.), 1986.

Curien, Ghelli 91: Curien, P.-L. and Ghelli, G. „Subtyping + Extensionality: Confluence of $\beta\eta$top reduction in $F_{\leq}$“. In: Ito, T. and Meyer, A.R., Hrsg., *Theoretical Aspects of Computer Software, TACS'91*, Lecture Notes in Computer Science, Seite 731–749. Springer-Verlag, 1991.

Curtis 90: Curtis, P. „Constrained Quantification in Polymorphic Type Analysis“. Technical Report CSL-90-1, Xerox Palo Alto Research Center, Calif., 1990.

Dahl, Nygaard 66: Dahl, O. and Nygaard, K. „Simula, an Algol-based simulation language“. *Communications of the ACM*, 9(9):671–678, September 1966.

Damas, Milner 82: Damas, L. and Milner, R. „Principal type-schemes for functional programs“. In: *Proc. 9th ACM Symposium on Principles of Programming Languages*, Seite 207–212, 1982.

Danforth, Tomlinson 88: Danforth, S. and Tomlinson, C. „Type Theories and Object-Oriented Programming“. *ACM Computing Surveys*, 20(1), März 1988.

Date 89: Date, C.J. *A Guide to the SQL Standard.* Addison-Wesley, second edition, 1989.

de Bruijn 72: de Bruijn, N.G. „Lambda-calculus notation with nameless dummies: a tool for automatic formula manipulation with application to the Church-Rosser theorem“. *Indag. Math.*, 34(5):381–392, 1972.

Dearle et al. 89: Dearle, A., Connor, R., Brown, F., and Morrison, R. „Napier88 – A Database Programming Language?“. In: *Proceedings of the Second International Workshop on Database Programming Languages, Salishan, Oregon*, Juni 1989.

Dearle et al. 90: Dearle, A., Shaw, G., and Zdonik, S., Hrsg. *Implementing Persistent Object Bases: The Fourth International Workshop on Persistent Object Systems.* Morgan Kaufmann Publishers, 1990.

Dearle, Brown 87: Dearle, A. and Brown, A.L. „Safe Browsing in a Strongly Typed Persistent Environment“. PPRR 33-87, Universities of Glasgow and St Andrews, April 1987.

Dearle 89: Dearle, A. „Environments: a flexible binding mechanism to support system evolution“. In: *Proc. HICSS-22, Hawaii*, Band II, Seite 46–55, Januar 1989.

Deux, others 89: Deux, O. et al. „The Story of O_2“. Technical Report 37-89, GIP Altair, Domaine de Voluceau Rocquencourt 78153 Le Chesnay Cedex - France, Oktober 1989.

Ellis, Stroustrup 90: Ellis, M.A. and Stroustrup, B. *The Annotated C++ Reference Manual.* Addison-Wesley, 1990.

Fairbairn 88: Fairbairn, J. „A New Type-Checker for a Functional Language“. In: Atkinson, M.P., Buneman, P., and Morrison, R., Hrsg., *Data Types and Persistence*, Topics in Information Systems, Seite 69–87. Springer-Verlag, 1988.

Field, Harrison 88: Field, A.J. and Harrison, P.G. *Functional Programming.* Addison-Wesley, Workingham, England, 1988.

Freytag, Goodman 89: Freytag, J.C. and Goodman, N. „On the Translation of Relational Queries into Iterative Programs". *ACM Transactions on Database Systems*, 14(1), März 1989.

Fuh, Mishra 90: Fuh, Y.-C. and Mishra, P. „Type Inference with Subtypes". *Theoretical Computer Science*, 73:155–175, 1990.

Gallier 91: Gallier, J. „Constructive Logics. A Tutorial on Proof Systems and Typed Lambda-Calculi". Research Report 8, DEC Paris Research Laboratory, Mai 1991.

Ghelli 90: Ghelli, G. *Proof Theoretic Studies about a Minimal Type System Integrating Inclusion and Parametric Polymorphism.* PhD thesis, Università di Pisa, Dipartimento di Informatica, März 1990.

Ghelli 91: Ghelli, G. „A Static Type System for Message Passing". In: *Proceedings of the Object-Oriented Programming Systems, Languages and Applications Conference, Phoenix, Arizona*, Seite 129–145, 1991.

Goldberg, Robson 83: Goldberg, A. and Robson, D. *Smalltalk-80: The Language and its Implementation.* Addison Wesley, 1983.

Gorlen et al. 90: Gorlen, K.E., Orlow, S.A., and Plexico, P.S. *Data Abstraction and Object-Oriented Programming in C++.* John Wiley & Sons, 1990.

Graver, Johnson 90: Graver, J.O. and Johnson, R.E. „A Type System for Smalltalk". In: *Proceedings of the Seventeenth ACM Symposium on Principles of Programming Languages*, Seite 136–150, 1990.

Haas et al. 89: Haas, L.M., Freytag, J.C., Lohmann, G.M., and Pirahesh, H. „Extensible Query Processing in Starburst". In: *Proceedings of the ACM-SIGMOD International Conference on Management of Data, Portland, Oregon*, Seite 377–388, 1989.

Hall, Barry 90: Hall, M. and Barry, J., Hrsg. *The Sun Technology Papers.* Springer-Verlag, 1990.

Härder 87: Härder, T. „Realisierung von operationalen Schnittstellen". In: Lockemann, P.C. and Schmidt, J.W, Hrsg., *Datenbank-Handbuch*, Kapitel 3. Springer-Verlag, 1987.

Harland 84: Harland, D.M. *Polymorphic Programming Languages, Design and Implementation.* Ellis Horwood Limited, a division of John Wiley & Sons, 1984.

Hennessy 90: Hennessy, M. *The Semantics of Programming Languages.* John Wiley & Sons, 1990.

Herlihy, Liskov 82: Herlihy, M. and Liskov, B. „A value transmission method for abstract data types". *ACM Transactions on Programming Languages and Systems*, 4(4):527–551, Oktober 1982.

Hoare 68: Hoare, C.A.R. „Record Handling". In: Genuys, F., Hrsg., *Programming Languages*, Seite 291–347. Academic Press, London, 1968.

Hoare 69: Hoare, C.A.R. „An Axiomatic Basis for Computer Programming". *Communications of the ACM*, 12:576–581, 1969.

Hoare 75: Hoare, C.A.R. „Recursive Data Structures". *Int. Journal of Computer and Information Science*, 4(2):105–132, 1975.

Hopcroft, Ullmann 79: Hopcroft, J. E. and Ullmann, J.D. *Introduction to Automata Theory, Languages and Computation.* Addison-Wesley, 1979.

Hudak, Wadler 86: Hudak, P. and Wadler, P. „Report on the Programming Language Haskell Version 1.2". *SCM SIGPLAN Notices*, 21(7):219–233, jul 1986.

Hudak 89: Hudak, P. „Conception, Evolution, and Application of Functional Programming Languages". *ACM Computing Surveys*, 21(3):359–411, September 1989.

Hull et al. 89: Hull, R., Morrison, R., and Stemple, D., Hrsg. *Proceedings of the Second Workshop on Database Programming Languages*, Salishan, Oregon, 1989. Morgan Kaufmann Publishers.

Hull, Su 89: Hull, R. and Su, J. „On Bulk Data Type Constructors and Manipulation Primitives: A Framework for Analyzing Expressive Power and Complexity". In: *Proceedings of the Second International Workshop on Database Programming Languages, Salishan, Oregon*, Seite 396–410, Juni 1989.

Ichbiah, others 83: Ichbiah et al. „The Programming Language Ada: Reference Manual". Technical Report MIL-STD-1815A-1983, ANSI, 1983.

IEEE 85: IEEE Computer Society, Los Alamitos, CA. *ANSI/IEEE Standard 754-1985 for Binary Floating-Point Arithmetic*, 1985.

Ingres Corporation 90a: Ingres Corporation. „INGRES Embedded SQL Companion Guide for C". Manual INGRES UNIX Release 6.3, Ingres Corporation, 1080 Marina Village Parkway, Almeda, CA 94501, Dezember 1990.

Ingres Corporation 90b: Ingres Corporation. „Language Reference Manual for INGRES/Windows 4GL for the UNIX and VMS Operating Systems". Manual INGRES Release 6, Ingres Corporation, 1080 Marina Village Parkway, Almeda, CA 94501, August 1990.

Jarke, Koch 84: Jarke, M. and Koch, J. „Query Optimization in Database Systems". *ACM Computing Surveys*, 16(2):111–152, 1984.

Kanellakis, Schmidt 91: Kanellakis, P. and Schmidt, J.W., Hrsg. *Database Programming Languages: Bulk Types and Persistent Data*, Nafplion, Greece, 1991. Morgan Kaufmann Publishers.

Katiyar, Sankar 92: Katiyar, D. and Sankar, S. „Completely Bounded Quantification is Decidable". In: *Proceedings of the ACM SIGPLAN Workshop on ML and its Applications*, Juni 1992.

Kelsey 89: Kelsey, R.A. „Compilation By Program Transformation". Technical report, Yale University, Department of Computer Science, Mai 1989.

Khoshafian, Copeland 86: Khoshafian, S. and Copeland, G. „Object Identity". In: *Proceedings of the Object-Oriented Programming Systems, Languages and Applications Conference, Portland, Oregon*, Oktober 1986.

Kim, Lochowsky 89: Kim, W. and Lochowsky, F.H. *Object-Oriented Concepts, Databases and Applications.* ACM Press Books, 1989.

Kirby 92: Kirby, G.N.C. „Persistent Programming with Strongly Typed Linguistic Reflection". FIDE Technical Report FIDE/92/40, Fachbereich Informatik, Universität Hamburg, Germany, 1992.

Kirch, Müßig 92: Kirch, F. and Müßig, S. „Studienarbeit: Entwicklung eines generischen Datenbankbrowsers in einer polymorphen Programmiersprache". Master's thesis, Fachbereich Informatik, Universität Hamburg, Germany, April 1992.

Knuth 68: Knuth, D.E. „Semantics of Context-Free Languages". *Math. Syst. Theory*, 2:127–145, 1968.

Koch et al. 83: Koch, J., Mall, M., Putfarken, P., Reimer, M., Schmidt, J.W., and Zehnder, C.A. „Modula/R Report, Lilith Version". Technical report, Department Informatik, ETH Zürich, Switzerland, Februar 1983.

Kranz et al. 86: Kranz, D., Kelsey, R., Rees, J., Hudak, P., Philbin, J., and Adams, N. „ORBIT: An Optimizing Compiler for Scheme". *ACM SIGPLAN Notices*, 21(7):219–233, Juli 1986.

Lampson 83: Lampson, B. „A Description of the Cedar Language". Technical Report CSL-83-15, Xerox Palo Alto Research Center, Calif., Dezember 1983.

Lécluse, Richard 89: Lécluse, C. and Richard, P. „The O_2 Database Programming Language". Rapport Technique 26-89, GIP Altair, Domaine de Voluceau Rocquencourt 78153 Le Chesnay Cedex - France, Januar 1989.

Leroy, Weis 90: Leroy, X. and Weis, P. „Polymorphic Type Inference and Assignment". Rapport de Recherche 1327, INRIA, Domaine de Voluceau Rocquencourt 78153 Le Chesnay Cedex - France, November 1990.

Liskov, others 77: Liskov, B. et al. „Abstraction Mechanisms in CLU". *Communications of the ACM*, 20(8), August 1977.

MacQueen et al. 86: MacQueen, D.B., Plotkin, G.D., and Sethi, R. „An ideal model for recursive polymorphic types". *Information and Control*, 71:95–130, 1986.

MacQueen 86: MacQueen, D.B. „Using dependent types to express modular structure". In: *Conf. Record 13th Ann. Symp. Principles of Programming Languages*, Seite 277–26. ACM, Januar 1986.

MacQueen 90: MacQueen, D. „A Higher-Order Type System For Functional Programming". In: Turner, D., Hrsg., *Research Topics in Functional Programming*, Seite 353–367. Addison-Wesley, 1990.

Manthey 91: Manthey, R. „Declarative Languages – Paradigm of the Past or Challenge of the Future?". In: *Proceedings of the Kiev East/West Workshop on Next Generation Database Technology*, Band 504, *Lecture Notes in Computer Science*, April 1991.

Martin-Löf 75: Martin-Löf, P. „An intuitionistic theory of types: predicative part". In: Rose, H.E. and Sheperdson, J.C., Hrsg., *Logic Colloquium 1973*, Seite 73–118, Amsterdam, 1975. North Holland Publishing Company.

Martin-Löf 84: Martin-Löf, P. *Intuitionistic Type Theory.* Bibliopolis, Naples, 1984.

Matthes et al. 91: Matthes, F., Ohori, A., and Schmidt, J.W. „Typing Schemes for Objects with Locality". In: *Proceedings of the Kiev East/West Workshop on Next Generation Database Technology*, Band 504, *Lecture Notes in Computer Science*, April 1991. (also appeared as TR FIDE/91/12).

Matthes et al. 92: Matthes, F., Müller, R., and Schmidt, J.W. „Object Stores as Servers in Persistent Programming Environments – The P-Quest Experience". FIDE Technical Report TR/92/48, Fachbereich Informatik, Universität Hamburg, Germany, Juli 1992.

Matthes, Schmidt 89: Matthes, F. and Schmidt, J.W. „The Type System of DBPL". In: *Proceedings of the Second International Workshop on Database Programming Languages, Salishan, Oregon*, Seite 255–260, Juni 1989.

Matthes, Schmidt 91a: Matthes, F. and Schmidt, J.W. „Bulk Types: Built-In or Add-On?". In: *Proceedings of the Third International Workshop on Database Programming Languages, Nafplion, Greece.* Morgan Kaufmann Publishers, September 1991. (also appeared as TR FIDE/91/27).

Matthes, Schmidt 91b: Matthes, F. and Schmidt, J.W. „Towards Database Application Systems: Types, Kinds and Other Open Invitations". In: *Proceedings of the Kiev East/West Workshop on Next Generation Database Technology*, Band

504, *Lecture Notes in Computer Science*, April 1991. (also appeared as TR FIDE/91/14).

Matthes, Schmidt 92: Matthes, F. and Schmidt, J.W. „Das aktuelle Schlagwort: Datenbankprogrammiersprachen". *Informatik Spektrum*, 15(4), August 1992.

Matthes 88: Matthes, F. „Typvollständigkeit in Datenbankprogrammiersprachen — DBPL Sprachentwurf und Implementation". Master's thesis, Fachbereich Informatik, Johann Wolfgang Goethe-Universität, Frankfurt, Germany, November 1988.

Matthes 91: Matthes, F. „P-Quest: Installation and User Manual". DBIS Tycoon Report 101-91, Fachbereich Informatik, Universität Hamburg, Germany, Oktober 1991.

Matthews 87: Matthews, D. „Static and Dynamic Type Checking". In: *Proc. of the Workshop on Database Programming Languages, Roscoff, France*, Seite 43–52, September 1987.

Mauny 91: Mauny, M. „Functional Programming using CAML". Technical report, INRIA, Domaine de Voluceau Rocquencourt 78153 Le Chesnay Cedex - France, September 1991.

Meyer 86: Meyer, B. „Genericity versus Inheritance". In: *Proceedings of the Object-Oriented Programming Systems, Languages and Applications Conference, Portland, Oregon*, Seite 391–405, Oktober 1986.

Meyer 88: Meyer, B. *Object-oriented Software Construction.* International Series in Computer Science. Prentice Hall, 1988.

Meyer 89: Meyer, B. „Static Typing for Eiffel". (Technical report distributed with Eiffel Release 2), Juli 1989.

Meyer 90: Meyer, B. „Lessons from the Design of the Eiffel Libraries". *Communications of the ACM*, 33(9):69–88, September 1990.

Milner et al. 90: Milner, R., Tofte, M., and Harper, R. *The Definition of Standard ML.* MIT Press, Cambridge, MA, 1990.

Milner 78: Milner, R. „A Theory of Type Polymorphism in Programming". *Journal of Computer and System Sciences*, 17:348–375, 1978.

Minker 88: Minker, J. *Foundations of Deductive Databases and Logic Programming.* Morgan Kaufmann Publishers, 1988.

Mitchell 90: Mitchell, J.C. „Type Systems for Programming Languages". In: van Leeuwen, J., Hrsg., *Handbook of Theoretical Computer Science*, Band B, Seite 365–458. Elsevier Science Publishers, 1990.

ModISO 91: ISO/IEC JTC1/SC22/WG13. *Interim Version of the 4th Working Draft Modula-2 Standard*, 1991.

Morrison et al. 87a: Morrison, R., Atkinson, M.P., and Dearle, A. „Flexible Incremental Bindings in a Persistent Object Store". Persistent Programming Research Report 38, Univ. of St. Andrews, Dept. of Comp. Science, Juni 1987.

Morrison et al. 87b: Morrison, R., Brown, A. L., Carrick, R., Connor, R.C.H., Dearle, A., and Atkinson, M.P. „Polymorphism, Persistence and Software Reuse in a Strongly Typed Object-Oriented Environment". *Software Engineering Journal*, Seite 199–204, Dezember 1987.

Moss 89: Moss, J.E.B. „Addressing Large Distributed Collections of Persistent Objects: The Mneme Project's Approach". In: *Proc. of the 2nd Workshop on Database Programming Languages, Portland, Oregon*, Seite 358–374, Juni 1989.

Mössenböck et al. 89: Mössenböck, H., Templ, J., and Griesemer, R. „Object Oberon". Report 109, Department Informatik, ETH Zürich, Switzerland, 1989.

Mössenböck, Templ 89: Mössenböck, H. and Templ, J. „Object Oberon – A Modest Object-Oriented Language". *Structured Programming*, 10(4), 1989.

Mössenböck 91: Mössenböck, H. „Object Oberon". In: *Proc. of the Second International Modula-2 Conference*, September 1991.

Muchnick 90: Muchnick, S.S. „Optimizing Compilers for the SPARC Architecture". In: Hall, M. and Barry, J., Hrsg., *The Sun Technology Papers*. Springer-Verlag, 1990.

Müller 91: Müller, Rainer. „Sprachprozessoren und Objektspeicher: Schnittstellenentwurf und -implementierung". Master's thesis, Fachbereich Informatik, Johann Wolfgang Goethe-Universität, Frankfurt, Germany, November 1991.

Naqvi, Tsur 89: Naqvi, S. and Tsur, S. *A Logical Language for Data and Knowledge Bases*. Computer Science Press, 1989.

Nelson 91: Nelson, G., Hrsg. *Systems programming with Modula-3*. Prentice Hall series in innovative technology, 1991.

Niederée 92: Niederée, C. „Generische Dienste für datenintensive Anwendungen: Iterationsabstraktion, Integritätsüberwachung, Fehlererholung". Master's thesis, Fachbereich Informatik, Universität Hamburg, Germany, November 1992.

Nikhil 88: Nikhil, R.S. „Functional Databases, Functional Languages". In: Atkinson, M.P., Buneman, P., and Morrison, R., Hrsg., *Data Types and Persistence*, Topics in Information Systems. Springer-Verlag, 1988.

Ohori et al. 89: Ohori, A., Buneman, P., and Breazu-Tannen, V. „Database Programming in Machiavelli – a Polymorphic Language with Static Type Inference". In: *Proceedings of the ACM-SIGMOD International Conference on Management of Data, Portland, Oregon*, Seite 46–57, 1989.

Ohori, Buneman 88: Ohori, A. and Buneman, P. „Type Inference in a Database Programming Language". In: *ACM Conference on Lisp and Functional Programming*, Seite 174–183, Snowbird, Utah, 1988.

Ohori, Buneman 89: Ohori, A. and Buneman, P. „Static Type Inference for Parametric Classes". In: *Proceedings of the Object-Oriented Programming Systems, Languages and Applications Conference, New Orleans, Louisiana*, Seite 445–456, 1989.

Ohori 89: Ohori, A. *A Study of Semantics, Types and Languages for Databases and Object-Oriented Programming*. PhD thesis, University of Pennsylvania, 1989.

Ohori 90: Ohori, A. „Representing object identity in a pure functional language". In: *Proc. 3rd Int. Conf. on Database Theory*, Paris, France, 1990.

Oracle Corporation 91: Oracle Corporation. „PL/SQL User's Guide and Reference, Version 1.0". Manual Part No. 800-V1.0, Oracle Corporation, Juni 1991.

Peckham, Maryanski 88: Peckham, J. and Maryanski, F. „Semantic Data Models". *ACM Computing Surveys*, 20(3):153–189, September 1988.

Peyton Jones 87: Peyton Jones, S. L. *The Implementation of Functional Programming Languages*. Prentice-Hall International, Englewood Cliffs, N.J., 1987.

Pierce 92: Pierce, B. C. „Bounded Quantification is Undecidable". In: *Proceedings of the Nineteenth ACM Symposium on Principles of Programming Languages*, Seite 305–315, Januar 1992.

Plotkin 81: Plotkin, G.D. „A structural appraoch to operational semantics". DIAMI FN 19, Computer Science Department, Aarhus University, 1981.

Ponder, Bush 92: Ponder, C. and Bush, B. „Polymorphism Considered Harmful". *ACM SIGPLAN Notices*, 27(6):76–79, Juni 1992.

Rémy 91: Rémy, D. „Type Inference for Records in a Natural Extension of ML". Rapport de Recherche 1431, INRIA, Domaine de Voluceau Rocquencourt 78153 Le Chesnay Cedex - France, Mai 1991.

Reps, Teitelbaum 88: Reps, T.W. and Teitelbaum, T. *The Synthesizer Generator: A System For Constructing Language-Based Editors.* Texts and Monographs in Computer Science. Springer-Verlag, 1988.

Rosenberg, Koch 89: Rosenberg, J. and Koch, D., Hrsg. *Third International Workshop on Persistent Object Systems, Newcastle, Australia 1989.* Workshops in computing. Springer-Verlag, Januar 1989.

Rosolini 91: Rosolini, G. „An exper model for Quest". In: *Proc. 7th International Conference on Mathematical Foundations of Programming Semantics*, Band 598, *Lecture Notes in Computer Science.* Springer-Verlag, 1991.

Rovner et al. 85: Rovner, P., Levin, R., and Wick, J. „On Extending Modula-2 for Building Large, Integrated Systems". Digital Systems Research Center Reports 3, DEC SRC Palo Alto, Januar 1985.

Rowe, Shoens 79: Rowe, L. and Shoens, K. „Data Abstraction, Views and Updates in RIGEL". In: *Proceedings of the ACM-SIGMOD International Conference on Management of Data*, Seite 71–81, 1979.

RSRE 91: RSRE. „TDF Specification". Technical report, Defense Research Agency, RSRE, St. Andrews Road, Malvern, Worcestershire WR 14 3PS, UK, Oktober 1991. (2 parts).

Schaffert et al. 86: Schaffert, C., Cooper, T., Bullis, B., Kilian, M., and Wilpolt, C. „An Introduction to Trellis/Owl". In: *Proceedings of the Object-Oriented Programming Systems, Languages and Applications Conference, Portland, Oregon*, Seite 9–16, Oktober 1986.

Schewe et al. 91: Schewe, K.-D., Schmidt, J.W., and Wetzel, I. „Towards a Structured Specification Language for Database Applications". In: *Proc. Int. Workshop on Specifications of Database Systems, Glasgow)*, WICS. Springer-Verlag, Juli 1991.

Schewe et al. 92: Schewe, K.-D., Schmidt, J.W., and Wetzel, I. „Identification, Genericity and Consistency in Object-Oriented Databases". In: Biskup, J. and Hull, R., Hrsg., *Database Theory - ICDT '92*, Band 646, *Lecture Notes in Computer Science*, Seite 341–356. Springer-Verlag, Oktober 1992.

Schmidt, Matthes 89: Schmidt, J.W. and Matthes, F. „Advances in Database Programming: On Concepts, Languages and Methodologies". In: *Proc. 16th SOFSEM'89*, Ždiar, High Tatra, ČSSR, Dezember 1989. Available through Hamburg University.

Schmidt, Matthes 90: Schmidt, J.W. and Matthes, F. „Language Technology for Post-Relational Data Systems". In: Blaser, A., Hrsg., *Database Systems of the 90s*, Band 466, *Lecture Notes in Computer Science*, Seite 81–114, November 1990.

Schmidt, Matthes 91a: Schmidt, J.W. and Matthes, F. „Modular and Rule-Based Database Programming in DBPL". FIDE Technical Report FIDE/91/15, Fachbereich Informatik, Universität Hamburg, Germany, Februar 1991.

Schmidt, Matthes 91b: Schmidt, J.W. and Matthes, F. „Naming Schemes and Name Space Management in the DBPL Persistent Storage System". In: *Proceedings of the Fourth International Workshop on Persistent Object Systems, Martha's Vineyard, Massachusetts.* Morgan Kaufmann Publishers, Januar 1991.

Schmidt, Matthes 91c: Schmidt, J.W. and Matthes, F. „The Rationale behind DBPL". In: *3rd Symposium on Mathematical Fundamentals of Database and Knowledge Base Systems*, Band 495, *Lecture Notes in Computer Science.* Springer-Verlag, Mai 1991.

Schmidt, Matthes 92: Schmidt, J.W. and Matthes, F. „The Database Programming Language DBPL: User and System Manual". FIDE Technical Report FIDE/92/47, Fachbereich Informatik, Universität Hamburg, Germany, Juli 1992.

Schmidt 77: Schmidt, J.W. „Some High Level Language Constructs for Data of Type Relation". In: *Proceedings of the ACM-SIGMOD International Conference on Management of Data, Toronto, Canada*, August 1977.

Schmidt 78: Schmidt, J.W. „Type Concepts for Database Definition". In: Shneiderman, B., Hrsg., *Databases: Improving Usability and Responsiveness.* Academic Press, 1978.

Schröder, Matthes 92: Schröder, G. and Matthes, F. „Using the Tycoon Compiler Toolkit". DBIS Tycoon Report 061-92, Fachbereich Informatik, Universität Hamburg, Germany, Mai 1992.

Sebesta 89: Sebesta, R.W. *Concepts of Programming Languages.* Benjamin/Cummings Series in Computer Science. Benjamin/Cummings Publishing Company, Inc., 1989.

Smith et al. 83: Smith, J.M., Fox, S., and Landers, T. „ADAPLEX: Rationale and Reference Manual (2nd ed.)". Technical report, Computer Corporation of America, Cambridge, Mass., 1983.

Smith, Smith 77: Smith, J.M. and Smith, D.C.P. „Database Abstractions: Aggregation and Generalization". *ACM Transactions on Database Systems*, 2(2):105–133, Juni 1977.

Solomon 78: Solomon, M. „Type Definitions with Parameters". In: *Proceedings of the Fifth ACM Symposium on Principles of Programming Languages, Tucson, Arizona*, Seite 31–38, Januar 1978.

SQL 87: ISO. *Standard ISO 9075, Information processing systems - Database language SQL*, 1987.

Stansifer 88: Stansifer, R. „Type Inference with Subtypes". In: *Proc. 15th ACM Symposium on Principles of Programming Languages*, Seite 88–97, 1988.

Steele 86: Steele, G.L. Jr. „The Revised^3 Report on the Algorithmic Language Scheme". *ACM SIGPLAN Notices*, 21(12):37–79, Dezember 1986.

Steele 89: Steele, D.J. *Golden Common Lisp: A Hands-On Approach.* Addison-Wesley, 1989.

Steenkiste, Hennessy 87: Steenkiste, P. and Hennessy, J. „Tags and Type Checking in LISP: Hardware and Software Approaches". In: *ACM Conference on Lisp and Functional Programming*, Seite 50–59, 1987.

Stemple et al. 90: Stemple, D., Fegaras, L., Sheard, T., and Socorro, A. „Exceeding the Limits of Polymorphism in Database Programming Languages". In: *Advances in Database Technology, EDBT '90*, Band 416, *Lecture Notes in Computer Science*, Seite 269–285. Springer-Verlag, 1990.

Stemple et al. 92a: Stemple, D., Sheard, T., and Fegaras, L. „Linguistic Reflection: A Bridge from Programming to Database Languages". In: *Proc. HICSS, Hawaii*, Seite 46–55, 1992.

Stemple et al. 92b: Stemple, D., Stanton, R.B., Sheard, T., Philbrow, P., Morrison, R., Kirby, G.N.C., Fegaras, L., Cooper, R.L., Connor, R.C.H., Atkinson, M.P., and Alagic, S. „Type-Safe Linguistic Reflection: A Generator Technology". Research Report CS/92/6, Univ. of St. Andrews, Dept. of Comp. Science, Juli 1992.

Stonebraker et al. 90: Stonebraker, M., Rowe, L.A., Lindsay, B., Gray, J., Carey, M., Brodie, M., and Bernstein, P. „Third-Generation Data Base System Manifesto". Memorandum UCB/ERL M90/28, University of California, Berkeley, CA 94720, April 1990.

Stonebraker 90: Stonebraker, M. „Special Issue on Database Prototype Systems". *IEEE Transactions on Knowledge and Data Engineering*, 2(1), März 1990.

Strom et al. 91: Strom, R.E., Bacon, D.F., Goldberg, A.P., Lowry, A., Yellin, D.M., and Yemini, S.A. *Hermes: A Language for Distributed Computing.* Prentice Hall, 1991.

Stroustrup 86: Stroustrup, B. *The C++ Reference Manual.* Addison-Wesley, 1986.

Sun Microsystems 92: Sun Microsystems. „NeWS 2.1 Programmer's Guide". Manual 800-4888-10, Sun Microsystems, 1992.

Tesler 85: Tesler, L. „Object Pascal Report". *Structured Language World*, 9(3), 1985.

Tofte 88: Tofte, M. *Operational Semantics and Polymorphic Type Inference.* PhD thesis, Department of Computer Science, University of Edinburgh, 1988.

Trinder 89: Trinder, P. *A Functional Database.* D.Phil Thesis, Oxford University, Dezember 1989.

Trinder 91: Trinder, P. „Comprehensions, a Query Notation for DBPLs". In: *Proceedings of the Third International Workshop on Database Programming Languages, Nafplion, Greece.* Morgan Kaufmann Publishers, September 1991.

Turner 85: Turner, D.A. „Miranda: A non-strict functional language with polymorphic types". In: Jouannaud, J.P., Hrsg., *Functional Programming Languages and Computer Architecture*, Band 201, *Lecture Notes in Computer Science*, Seite 1–16, 1985.

Turner 90: Turner, D. „An Overview of Miranda". In: Turner, D., Hrsg., *Research Topics in Functional Programming*, Seite 1–16. Addison-Wesley, 1990.

Ungar, Smith 87: Ungar, D. and Smith, R.B. „Self: The Power of Simplicity". In: *Proceedings of the Object-Oriented Programming Systems, Languages and Applications Conference, Orlando, Florida*, Oktober 1987.

Velez et al. 89: Velez, F., Bernard, G., and Darnis, V. „The O_2 Object Manager: an Overview". Rapport Technique 27-89, GIP Altair, Domaine de Voluceau Rocquencourt 78153 Le Chesnay Cedex - France, Februar 1989.

Waite, Goos 85: Waite, W.M. and Goos, G. *Compiler Construction.* Texts and monographs in computer science. Springer-Verlag, 1985.

Wand 87: Wand, M. „Complete Type Inference for Simple Objects". In: *Proceedings of the Second Annual Symposium on Logic in Computer Science*, Seite 37–44, Ithaca, New York, Juni 1987.

Wasserman et al. 81: Wasserman, A.L., Sheretz, D.D., and Kerstin, M.L. „Revised Report on the Programming Language PLAIN". *ACM SIGPLAN Notices*, 16(5):59–80, Mai 1981.

Wegner 87: Wegner, P. „Dimensions of object-based language design". In: *Proceedings of the Object-Oriented Programming Systems, Languages and Applications Conference, Orlando, Florida*, 1987.

Wirth, Gutknecht 90: Wirth, N. and Gutknecht, J. „The Oberon System, System Release 1.2“. Report 138, Department Informatik, ETH Zürich, Switzerland, Oktober 1990.

Wirth 71: Wirth, N. „Program Development by Stepwise Refinement“. *Communications of the ACM*, 14(4):221–227, 1971.

Wirth 81: Wirth, N. *Compilerbau.* Teubner Studienbücher Informatik, 1981.

Wirth 83: Wirth, N. *Algorithmen und Datenstrukturen.* Teubner Verlag, 1983.

Wirth 87: Wirth, N. „The Programming Language Oberon“. Technical report, Department Informatik, ETH Zürich, Switzerland, 1987.

Zdonik, Maier 89: Zdonik, S.B. and Maier, D. *Readings in Object Oriented Database Management Systems.* Morgan Kaufmann Publishers, 1989.

Springer-Verlag und Umwelt

Als internationaler wissenschaftlicher Verlag sind wir uns unserer besonderen Verpflichtung der Umwelt gegenüber bewußt und beziehen umweltorientierte Grundsätze in Unternehmensentscheidungen mit ein.

Von unseren Geschäftspartnern (Druckereien, Papierfabriken, Verpackungsherstellern usw.) verlangen wir, daß sie sowohl beim Herstellungsprozeß selbst als auch beim Einsatz der zur Verwendung kommenden Materialien ökologische Gesichtspunkte berücksichtigen.

Das für dieses Buch verwendete Papier ist aus chlorfrei bzw. chlorarm hergestelltem Zellstoff gefertigt und im ph-Wert neutral.